U0611875

2011年度教育部人文社会科学研究规划基金一般项目"新时期我国支持农村义务教育发展的政策运行研究"（项目批准号11YJA880030）研究成果之一

2010年度江苏省哲学社会科学基金一般项目"支持农村义务教育发展的对策研究"（项目批准号10JYB013）研究成果之一

新世纪支持农村义务教育发展的政策执行考察

——以江苏省L县为例

何　杰　著

中国社会科学出版社

图书在版编目（CIP）数据

新世纪支持农村义务教育发展的政策执行考察：以江苏省 L 县
为例 / 何杰著 . —北京：中国社会科学出版社，2014.2
ISBN 978 – 7 – 5161 – 3972 – 1

Ⅰ.①新… Ⅱ.①何… Ⅲ.①农村—义务教育—教育事业—
发展—研究—江苏省 Ⅳ①G522.3

中国版本图书馆 CIP 数据核字（2014）第 036922 号

出 版 人	赵剑英
责任编辑	罗　莉
责任校对	王雪梅
责任印制	李　建

出　　版	中国社会科学出版社
社　　址	北京鼓楼西大街甲 158 号（邮编 100720）
网　　址	http://www.csspw.cn
	中文域名:中国社科网　　010 – 64070619
发 行 部	010 – 84083685
门 市 部	010 – 84029450
经　　销	新华书店及其他书店

印　　刷	北京市大兴区新魏印刷厂
装　　订	廊坊市广阳区广增装订厂
版　　次	2014 年 2 月第 1 版
印　　次	2014 年 2 月第 1 次印刷

开　　本	710×1000　1/16
印　　张	18.75
插　　页	2
字　　数	312 千字
定　　价	55.00 元

凡购买中国社会科学出版社图书，如有质量问题请与本社联系调换
电话：010 – 64009791

版权所有　侵权必究

目　录

序

何杰的博士学位论文《新世纪支持农村义务教育发展的政策执行考察——以江苏省 L 县为例》即将由中国社会科学出版社出版,闻之高兴。

这篇博士学位论文,首先表现出作者对农村教育发展尤其是对农村义务教育发展的关切。何杰生于农村,在农村小学和初中接受过教育,体验过农村生活和农村学校生活的艰辛。在农村人看来,他是成功地跳出"农门"的幸运者。今天,他在离老家并不太远却是一座已是中等规模的且颇具现代化气息的城市安家立业。他在一所有着良好声誉的师范院校执教,且也"荣任"为学院中的教育科学学院的副院长。在常人看来,他已是名副其实的城里人,且是在城市中"混得不错"、受人尊重的一族。然而,那种从小就植根于其心的农村情结并没有被城市的"灯红酒绿"所荡涤,在他的身上仍然留存有农村人身上的那种质朴和善良。多少年来,他一直关心家乡,关心农村教育。他今天所从事的工作,也主要是为农村教育事业的发展服务。因此,何杰以农村教育问题作为论文的选题是自然不过的。而农村教育的发展,首当其冲的该是义务教育的发展。

这篇博士学位论文,也表现出作者对教育政策问题的关注。何杰自进入南京师范大学攻读教育原理专业博士学位以来,是以教育政策研究为专业研究方向。这一研究方向,虽然属于"后来者",但它设置的必要性与重要性已得到认可。因为教育的改革和发展,总是与政策的调整与变革息息相关。在影响教育发展的诸多因素中,没有什么因素比政策因素更重要、更关键。今日我们"曲不离口"的改革开放,本身就是一种政策性表达。而其中所蕴含的政策力量与政策作用也广为人知。作为一位教育研究工作者,关注教育政策研究也是对教育怀有一种责任感的体现。何杰在南京师范大学随我攻读博士学位这几年,不仅对教育政策研究逐步建立了兴趣，甚至也建立了一种信念。他的博士学位论文，关注影响农村义务教育发展的政策问题，亦可视为受到责任感和信念的驱动与召唤。

进入 21 世纪以来，随着全面建设小康社会奋斗目标的确立，同时也随着建设社会主义新农村的重大历史任务的提出，我国在科学发展观的引领下，适时地提出了"工业反哺农业、城市支持农村"的方针。在这样的背景下，为了统筹城乡教育发展，我国又适时地制定和颁行了一系列旨在进一步加强农村教育发展的支持性政策。而在支持农村教育发展的政策中，对农村义务教育发展的支持性政策成为整个支持性政策的重心。推进城乡义务教育均衡化与一体化发展，已成为新世纪教育发展的一种时代强音。何杰的博士学位论文，呼应强音，跟踪重点与热点，聚焦于支持农村义务教育发展的政策执行的考察，这无疑是值得肯定的。

在这篇学位论文中，作者所做的主要工作是：在简要揭示支持性政策形成的背景和动因，系统地回顾和评述新世纪以来我国颁布的种种支持农村教育发展政策的基础上，以江苏省苏北某县为个案，重点选取城市教师支持农村义务教育学校教育、对农村留守儿童的教育支持和支持农村教育现代化这三大政策进行考察。这三大政策涉及农村学校教师、学生和物质条件三个方面，体现了对农村义务教育的人力、物力同时也是财力的支持。阅读论文，可以认识到，作者对政策执行的考察是深入、细致的，真实地描述了政策执行的主体和执行对象对政策的理解、感受和复杂的心理状态及应对策略，展现了政策执行过程中经济因素、文化因素以及其他环境因素的复杂影响，同时也展现了政策执行过程中的多种利益诉求与利益博弈。论文对支持性政策执行的过程状态和效果状况的分析读来令人认同，感到可信。

论文研究作出的贡献或许是：其一，紧贴教育发展的现实需要，运用"多源流"理论，对支持农村义务教育发展的政策执行状况进行了系统的考察。时至今日，有关农村教育政策研究的文章并不鲜见，但对支持性政策进行系统研究且形成博士学位论文的则属新见。这也是符合时下所要求的博士学位论文应有所创新的一种体现。其二，紧紧通过案例研究，清晰地也是深入地分析了政策执行中的积极成效、阻滞因素和问题成因，从而让我们认识到，即使是一种出于良好动机与目标的好的教育政策，在实际的执行过程中，或从执行的结果看，依然是"好"与"不好"的状态并存。其三，论文对现阶段支持性政策及其执行进行了深度反思，归纳了支持性政策的特征，重点反思了政策执行的现有路径。在此基础上，对增强支持性教育政策的有效执行提出建议。这些建议具有针对性、合理性和可操作性。

我国城乡教育的均衡发展还在持续推进中，对农村教育发展的支持也还需要继续加强。希望何杰继续关注支持农村教育发展的政策执行，不断深化对这一问题的研究，以更好地履行教育工作者的社会担当与学术使命。

是为序。

张乐天

2013 年 9 月于金陵

第一章

导　论

一　问题缘起

1. 农村义务教育是我国教育的重要组成部分，大力发展农村义务教育，对提高我国农村人口素质、全面建成小康社会具有重要的作用

据 2008 年国民经济和社会发展统计公报显示，2008 年年末全国总人口为 13 亿 2802 万人，其中农村人口数为 6 亿 667 万人，占 54.3%，其中 0—14 岁有 2 亿 5166 万人[①]，按此比例估算，农村义务教育阶段的人口约有 1 亿 3600 多万人。大力发展农村中小学校特别是农村义务教育，是直接关系 6 亿多农民切身利益，满足广大农村人口学习需求的一件大事，是提高劳动者素质，促进传统农业向现代农业转变，从根本上解决"三农"（农业、农民、农村）问题的关键所在。

教育水平的高低关系到各级各类人才的培养和整个教育事业的发展，关系到全民族素质的提高。我国农村中小学面广量大，农村中小学作为遍布乡村的基层公共教育服务机构，在培养学生的同时，还承担着面向广大农民传播先进文化和知识，提高广大农民素质的重要任务。而大力发展农村义务教育，就是要使广大农民群众子女享有接受良好教育的机会，实现教育公平和体现社会公正，促进社会的和谐发展。党的十七大报告提出我国要全面建设小康社会的奋斗目标，这就需要我国各级政府增强提供基本公共服务包括教育服务的能力。在当前的条件下，我国已经实现了"两基"（基本普及九年义务教育和基本扫除青壮年文盲）的历史性任务，农村义务教育管理体制改革也取得了突破性进展，

[①]　参见国家统计局 2009 年 2 月 26 日发布的 "2008 年国民经济和社会发展统计公报"。

为国家经济社会发展提供了大量较高素质的劳动者和丰富的人才资源。但是在我国农村义务教育整体薄弱的状况还没有得到根本扭转的情况下，随着我国城市化进程的加速推进，我国城乡教育差距还有扩大的趋势，农村义务教育为农村经济社会发展服务的能力亟待加强。在新的形势下，国家和政府一如既往地将农村义务教育作为教育工作的重中之重，实施了诸多政策和措施以促进农村义务教育发展，以更好地服务于全面建设小康社会的需要。

2. 农村义务教育的发展需要政府的政策支持，制定与实施良好的政策对于促进农村义务教育的健康发展具有特别重要的意义

长期以来，我国的社会经济发展采取的城乡分割对立的二元经济结构和社会体制，这是导致城乡教育产生严重差别的社会制度原因。而城乡二元经济结构及二元教育结构已内化成城乡人口不同的教育意识与教育观念，这种意识与观念的不同又会反作用于城乡教育差别的存在。① 自 1978年以来，我国城乡教育差距越来越大，城里城外仍然是两个不同的生活世界，城市人和农村人仍然处在两种不同的生存境遇中。而且，近几年城乡教育发展的差距还有扩大的迹象。城镇与农村相比，每 10 万人口高中阶段受教育水平的比率是 4∶1，大学阶段为 18∶1。② 我国农村义务教育面临诸多困难，例如当地经济发展较为落后，居民居住不集中致使学校分散，规模办学效益差，加上农村教育的升学模式单一，不能适应工业化生产和城市生活的需要，因而和城市学校相比，其获取国家教育资源的能力差，致使我国的农村义务教育发展处境愈加不利。这就需要政府制定系列的支持农村发展的倾斜性政策，发挥国家的教育政策对农村义务教育发展的导向性功能，以改变农村义务教育发展的不利境地。为了促进农村义务教育的发展，我国不仅通过加强教育法制建设，例如通过颁行《中华人民共和国义务教育法》以保障全国义务教育包括农村义务教育的发展；同时，国家和地方政府还出台了诸多的支持农村义务教育发展的政策以促进农村义务教育的发展，如江苏省教育厅宣布从 2001 年开始实施的中小学布局调整和危房改造工程，政府利用财政专项经费加大对农村中小学的

① 张乐天：《城乡教育差别的制度归因与缩小差别的政策建议》，《南京师范大学学报》（社会科学版）2004 年第 3 期。

② 高书国：《中国城乡教育转型模式》，北京师范大学出版社 2006 年版，第 6 页。

危房改造，使农村中小学布局更合理，学校校舍用房更安全；2006 年起实施"万名大学生支援农村教育工程"，"十一五"期间，每年选派 3000 名左右优秀大学毕业生赴苏北农村学校任教。从 2007 年开始组织实施的"千校万师支援农村教育工程"，在全省义务教育阶段遴选千所优质学校、万名骨干教师，与苏北农村千所薄弱学校实行"校对校"结对帮扶、对口支教。同时，各地市、县也纷纷制定支持农村义务教育发展的政策，如淮安市 2005 年在全市范围内规范开展城乡"百所学校结对帮扶"、"百名教干挂职进修"、"百名教师交流支教"活动（简称"三百工程"①）等，这些支持农村义务教育发展的诸多政策的实施，有效促进了农村义务教育的发展，促进一批相对薄弱学校提高了办学水平，在推进城乡教育均衡发展的进程中发挥了重要作用。

3. 当前支持农村义务教育发展的政策执行中存在诸多问题和困惑，影响了政策的运行绩效

近年来，我国政府越来越把教育政策看作是关注民生、解决教育问题的一种重要的教育治理手段。一项项有着较好价值理念和目标预期的教育政策相继颁布实施，但从这些教育政策的执行过程和执行效果来看，却存在着诸多不尽如人意的地方。比如，在 20 世纪 90 年代初我们国家就提出素质教育政策，在新的《义务教育法》当中也规定"推进实施素质教育"，但其在很多中小学的执行仍然是"素质教育轰轰烈烈，应试教育扎扎实实"；教师交流政策的执行让一些教师陷入了"事业追求与生活尊严的两难困境"；禁止择校政策的执行使得家长在学校不断飞涨的择校费潜规则运作中发出"无奈的叹息"；教育政策执行中出现了我们不愿看到的教育行政部门在执行过程中的"官本位"等现象的发生。而在政策执行过程中，地域文化也会对政策执行产生制约与影响，它有时会使得政策执行偏离了原有的政策目标，导致政策执行的失真现象。例如，在诸多支持农村义务教育发展的政策执行过程中，由于一些支持农村义务教育发展的政策在原先设计的时候对农村义务教育的区域文化因素考虑不周甚或根本没有考虑，致使政策在执行过程中遭遇极大的文化抗拒，政策的目标、执行程序或被修改，甚或执行终止的现象比比皆是。鲁洁教授认为：许多社

---

① 参见《淮安市教育局关于印发〈淮安市城乡教育结对帮扶"三百工程"实施意见〉的通知》。

会改革（包括教育改革）都尖锐地表现为一种文化问题，因为文化是社会的一部分，而教育是文化的一部分。① 支持农村义务教育发展的政策是对农村义务教育的一种"改革"，其政策过程当然也离不开"区域文化"的影响，而任何无视甚或试图削弱"区域文化"对政策执行产生影响的做法都将显得无奈和徒劳。另外，政策执行中的人（包括政策执行者、政策的目标群体等）也是影响政策执行效果的重要因素之一。由于政策目标群体的政策认知水平有限，政策的目标群体的政策认知水平相对较低，加之政策执行者对政策文本的理解差异，等等，都会导致政策的执行目标和政策的设定目标形成一定的差异，形成极大的"政策目标落差"，对政策执行的绩效产生严重的制约。而在一些地方实施的城镇教师支教的政策执行中，由于农村义务教育学校在政策执行中处于"被支持"弱势地位，致使学校层面上的政策执行出现较为明显的表面积极与背后消极的"虚于应对倾向"；加上政策资源的有限性和农村义务教育学校以及师生对政策的高期望之间存在的极大落差，也使得政策的目标群体对政策执行的效果产生一定的失落，等等。对于当前支持农村义务教育发展的政策在执行过程中出现的种种问题和现象，都应当引起政策理论与实践者的重视。

支持农村义务教育发展的政策从政策出台到教育行政部门以及学校层面的政策宣传、政策传达直至学校和教师的具体的政策执行过程中，"是一个充满着连续不断的交易、谈判和政治互动的复杂过程"②。在这个过程中，政策的执行者出于利益的考量和执行环境所具有的价值判断，而决定采取何种态度、方式和行为策略来执行政策。因而，教育政策执行者对收益的计算不仅仅是物质上的，还有专业的提升与发展；不仅仅是经济效益还包括政策执行所能带来的社会效益。较为典型的例子是，在江苏省实施的"城镇教师支援苏北"的支教政策执行中，很多大城市包括省城的教师就是因为"支教可以评职称、评先进优先"而"主动"去偏远的农村中小学去从事支教工作的。显然，当一项新出台的政策能够给执行者带来收益时，政策执行效率和效果就会明显。当然，任何一

---

① 鲁洁：《教育社会学》，人民教育出版社 1990 年版，第 125 页。
② ［英］米切尔·黑尧：《现代国家的政策过程》，赵成根译，中国青年出版社 2004 年版，第 129 页。

项政策的执行都是在利益博弈中完成的，不同的执行者在政策执行过程中会有不同的利益诉求，这个过程充满着各种权力、价值、利益的交换和分配，会产生大量的自由裁量行为。教育行政部门出于"政绩"的考虑，往往会对学校采取"行政命令"式的硬性规定；学校为了完成上级的任务甚至是指标、名额，而不得不对教师采取权威式的号召、动员以及制定奖惩措施；处于政策执行的最底层的教师以及其他一些利益团体或人员，往往会出于自身的利益考虑，致使政策执行中出现纷繁复杂而又生动的博弈图景，并产生诸多的政策执行问题，使得政策执行难以取得良好的效果。

　　基于上面的分析以及研究者对我国农村义务教育发展的现实关怀和学术旨趣，笔者以"支持农村义务教育发展的政策执行"为研究选题，并以"江苏省L县"为研究个案，对21世纪以来江苏省L县实施的支持农村义务教育发展的政策执行情况进行考察。至于笔者为什么选择江苏省及江苏省的L县而不是全国、X省或X县，是基于以下的考虑：一是江苏省是全国较为发达的省份，但在江苏省整体发达的同时，局部差异却较为明显，形成苏南、苏中、苏北的梯度发展状况，这种梯度发展状况，不仅仅表现在经济层面，在区域教育文化等层面也有明显的表现，这种情况在全国是不多见的。L县是江苏苏北的一个经济贫困县，但又是一个典型的教育文化大县，其历史悠久、人口众多，历来重视教育，教育文化事业在江苏省并不落后；因民间及政府极其重视文化教育，加之是革命老区，县域内可以说是人才辈出，具有浓郁的区域文化特征（L县的情况在后面的第三章有较为详细的论述）。二是因为研究者为江苏省籍人，并曾长期生活在L县，对江苏省及L县的社会、经济发展感同身受。加之工作上的关系，时常与L县的教育行政部门、学校及教师保持一种较为频繁而密切的联系，对L县的教育发展一方面从内心深处希望其更好，同时通过与L县相关人士的交往，笔者对L县教育发展情况的了解也在不断深入。而笔者所要开展的这项研究需要通过实地研究，需要甚或去建构一个"熟悉的场景"，笔者的研究任务和笔者的经历之间似乎存在着一种"吻合"，所以，L县也就自然而然成为研究者考察个案县的首选。通过L县支持农村义务教育发展的政策执行的考察，笔者试图描述支持农村义务教育发展的政策在县域执行的现状与成效，发现政策在县域执行中存在的问题，并对政策执行中为什么会产生这样问题而不是那样问题的原因进行分析和解释，同时就如何提高地方政府教育政策执行的效果提出一些建议和设想。通过本研究，研究者在对政策执行中种种问题的产生进行合理性的分析与解释的同时，也希望能够探索教育政策执行理论的本土化运行策略，实现教育政策执行理论和政策执行实践的合理统一，并能够为地方政府提高教育政策执行的实效提供参考。

二　选题意义

1. 理论价值

当代的教育研究已呈现出从纯理论研究转向关注教育实践、从教育领域内研究转向教育领域内外结合式的研究趋向。教育政策，是教育理论通向教育实践的重要桥梁，日益成为当代教育研究者所关注的学术领域。

从政策制定的过程来说，政府部门首先要界定公共问题，确立政策目标，进行政策方案的规划，然后经过政策合法化的过程，取得公共政策的权威性，配置执行政策的经费预算，这样就形成了公共政策。[①] 然而，公共政策的产生与形成并非就此结束，其一还将面临一个政策执行问题。一项政策的成功，不仅取决于好的政策制定，更取决于好的政策执行。一项政策之所以不成功，固然可能有政策设计的问题，例如目标设计不正确、方案没有包含多元价值等，但更重要的原因可能来自政策执行过程中出现的问题，例如政策执行的标准不够清晰，政策执行者的个人与团体素质等。因此，政策执行是政策实施过程的中枢，它是左右政策目标或政策理想能否落实的关键环节。"对政策执行的研究和控制迄今依然是公共行政和政策研究的核心问题。政策的执行是一个会受到内外多方面因素影响的过程，这一过程会受到参与其间的多元主体和卷入其中的各种资源的制约。因此，深入研究政策执行的制约因素和这些因素的影响方式及其关系，探讨优化执行资源配置和执行效果的路径，无疑具有十分重要的理论意义和实践意义。"[②]

---

① 李允杰、邱昌泰：《政策执行与评估》，北京大学出版社 2008 年版，第 3 页。

② ［英］迈克·希尔、［荷兰］彼特·休普：《执行公共政策：理论与实践中的治理》，黄健荣等译，商务印书馆 2008 年版，第 79 页。

首先，笔者从利益关系的视角出发对支持农村义务教育发展的政策执行开展研究。一直以来，利益关系都是研究公共政策问题（包括教育政策问题）极为重要的范畴。以利益关系为视角分析、研究教育政策执行，具有重要的理论意义和现实意义。从政策的本质看，政策是政府对社会利益实行的权威性分配。美国著名学者戴维·伊斯顿从政治系统分析的理论出发，认为公共政策是政治系统权威性决定的输出，因此它是对全社会的价值作有权威的分配。① 戴维的这个定义包含了四层内容：一是政策的实质是分配；二是分配的内容是价值；三是分配是面向全社会的；四是分配的行为与结果具有权威性。政策既是一定利益的确认形式，也是利益的调整工具和分配方案，政策所体现的意志的背后乃是各种利益。从过程来看，在政策问题的构建、政策方案的制定、政策内容的实施与政策效果的评价的全过程中，始终贯穿着利益关系。从方法论看，无论是事实分析、价值分析、规范分析，还是可行性分析，政策分析都离不开利益分析，利益分析是政策分析方法论中的重要组成部分。从我国的社会现实来看，在社会转型过程中，人们的利益意识不断觉醒，产生了多元化的社会利益群体，利益上的差距和冲突不断加剧，教育政策正是在解决这些利益冲突的过程中，不断产生并发挥其应有的功能。作为政策过程的关键环节的政策执行，本身就是一个充满利益冲突与竞争的过程，而且人们从事政策执行活动的动力也是由利益推动的。巴瑞特和福吉说过，政策执行过程是"一个政策（行动）的连续统一体，在这一连续统一体中，那些寻求将政策付诸实施的人和那些采取行动需要依靠的人之间的互动和谈判过程，随着时间的推移，一直进行着"②，正是在多元化的利益群体的互动与不断谈判过程中，教育政策的执行效果才会越来越体现出各方利益的平衡。所以在本研究中，笔者从利益关系出发，对江苏省 L 县实施的城镇教师支持农村义务教育发展、支持农村留守儿童学习、教育现代化（包括农村义务教育学校布局调整和危房改造、农村中小学"校校通"工程、教育现代化创建等政策内容）等诸多的政策执行过程进行分析，力求呈现政策执行过程中各种利益群体的

① David Easton. *The Political System: An Inquiry into the State of Political Science.* New York: Knopf, 1971: 129—134.

② 转引自谢炜《中国公共政策执行中的利益关系研究》，学林出版社 2009 年版，第 3 页。

利益冲突与利益平衡的动态性特征，避免过于静态的政策执行研究的弊端。

其次，探索支持农村义务教育发展的政策执行路径和本土化策略。教育政策研究的意义不仅仅在于解释教育现象和教育问题，更在于能够提供实现教育政策目标的路径和方法。美国公共政策专家保罗·A. 萨巴蒂尔（Paul A. Sabatier）曾指出，政策执行研究有自上而下（top - down approach）和自下而上（down - top approach）两种基本研究途径。① 爱尔莫尔在《向后探索：执行研究和政策制定》一文中认为，在政策执行研究中存在着"前向探索"（forward mapping）和"后向探索"（backward mapping）两种不同的路径。② 前向探索采取的方式是自上而下的，而后向探索则主张利用基层官员的自由裁量权来推进政策执行过程，其方式是自下而上的。后向探索的研究路径，我国台湾学者林永波称其为"草根途径"。③ 在我国，由于长期以来实行的中央集权的教育管理体制，教育组织机构具有明显的科层取向和官僚情结，政策执行的运行方式呈现上传下达的垂直走向，是在一个权力系统中纵向流动的。随着社会改革的不断深入，教育行政机构的效能化、教育政策执行过程中民间话语的扩张及专家团队质询作用的不断强化，教育政策执行中公众参与意识的兴起以及公共理性的张扬，仅从纵向上思考教育政策执行的路径就显得较为狭隘。因而，在对支持农村义务教育发展的政策执行研究中，需要对自上而下和自下而上或者前向探索和后向探索这两种政策执行的基本研究路径和方法进行整合，形成政策执行的双向互动沟通的整合机制，并切合农村义务教育所处的区域社会文化，探索具有地方特征的教育政策执行的本土运行策略。

2. 实践价值

2006 年党的十六届五中全会通过的《中共中央国务院关于推进社会主义新农村建设的若干意见》，提出了建设社会主义新农村的重大历史任务，明确了推进社会主义新农村建设的政策措施。推进社会主义新农村建

---

① Paul A. Sabatier, "Top - down and Bottom - up Approaches to Implementation Research: A Critical Analysis and Suggested Synthesis", *Journal of Public Policy*, 1986, No. 6, pp. 21 - 48.

② Richard F. Elmore, "Backward Mapping: Implementation Research and Policy Decisiongs", *Political Science Quarterly*, Vol. 94, No. 4（Winter）, 1979 - 1980, pp. 608 - 612.

③ 参见林永波《公共政策新论》，台北智胜出版公司 1999 年版，第 106 页。

设，是党中央从党和国家事业发展的全局出发作出的重大决策，是我国政府高度重视农业、农村、农民问题一贯战略思想的继承和发展。江苏省在推进社会主义新农村建设中，支持农村义务教育的发展，缩小城乡义务教育的差距，确实保障每一个儿童、少年接受均衡义务教育的权利成为江苏省委政府的重要举措，各级地方政府也纷纷制定支持农村义务教育发展的政策并付诸实践。

由于历史的原因，江苏省社会经济发展水平的南北差距较为显著，从全省范围来说，苏北地区的经济水平明显落后于苏南、苏中地区，属于经济欠发达区域。在这样的经济发展条件下，江苏省 L 县在支持农村义务教育发展的政策执行中，遭遇了什么样的问题？是否存在着因政策制定的随意性和偶然性而导致不同政策之间的相互矛盾？政策执行中利益相关者的参与情况如何？他们的利益表达渠道是否畅通？他们是如何进行利益博弈的？政策执行中是否存在着区域经济和文化的制约？政策执行者采取了什么样的行动策略来达成政策目标？上述问题都会或多或少地体现在支持农村义务教育发展的政策执行过程中。在本书中，笔者以江苏省 L 县为考察个案，通过对该县支持农村义务教育发展政策执行的实地考察，力图探寻政策执行过程中存在的问题及其原因，揭示当前支持农村义务教育发展的政策执行中存在的诸多困境，寻找解决政策执行阻滞的症结。更为重要的是，笔者希望通过江苏省 L 县支持农村义务教育发展政策执行的个案研究，揭示政策执行过程中政策与人、与经济、与文化是如何交互影响的，探索政策执行链条上的行动者是基于什么样的行动策略而采取行动的，并进一步对支持性教育政策的特征、县域执行的路径进行归纳和总结，最后深入思考支持性教育政策县域有效执行的问题，并提出一些政策建议，从而为提高支持农村义务教育发展政策的执行绩效，有效促进城乡教育的均衡发展，切实推进新农村建设的步伐，提供政策性建议和决策参考。

三 核心概念

1. 农村义务教育

在解释农村义务教育之前，首先需要弄清楚义务教育的概念。所谓义务教育，是根据法律规定，适龄儿童和青少年都必须接受，国家、社会、家庭必须予以保证的国民教育。1986 年我国颁布的《义务教育法》，确立实施九年制义务教育制度。2006 年新修订的《中华人民共和国义务教育法》规定："义务教育是国家统一实施的所有适龄儿童、少年必须接受的教育，是国家必须予以保障的公益性事业。"义务教育的实质是国家依照法律的规定对适龄儿童和青少年实施的一定年限的强迫教育的制度，它具有公益性、统一性和义务性的特点。

对于农村义务教育，笔者认为可以作广义和狭义的上理解。广义上的农村义务教育是指现阶段国家特别重视与关注的国民基础教育，它是全民教育的重要组成部分。狭义上的农村义务教育，则是与城市义务教育相对而言的，它专指那些办学地点在农村（包括乡镇所在地），主要为当地农村的村民子女提供的义务教育。本书中所指的农村义务教育是从狭义层面上来理解的。在我国当前的社会发展状况下，农村义务教育虽然占据半壁江山，但由于我国社会发展的城乡二元分割状态严重，在国家发展战略上长期存在着"农村支持城市"的城市中心取向，农村教育特别是农村义务教育成为国民基础教育薄弱环节。随着时代的发展，城乡教育公平、均衡发展成为当代教育发展的重要理念。新修订的《中华人民共和国义务教育法》特别强调在全国范围内实行统一的义务教育，并将义务教育的均衡发展纳入法制的轨道。中央和地方各级政府也多根据本地城乡义务教育的实际需要，制定诸多的支持农村义务教育发展的政策，以切实改善农村义务教育处境不利的状况。

2. 支持性教育政策

对于支持性教育政策，笔者认为可以从广义和狭义上对其界定。广义上的支持性教育政策是指再分配性的教育政策，它属于美国学者西奥多·洛伊提出的再分配政策的范畴。美国学者西奥多·洛伊（Theodore Lowi，1964）指出，政策分为分配性政策、规范性政策和再分配政策三类。① 30

---

① 洛伊提出的分配性政策指所有人都可以从中获得利益的政策，或不能阻止任何人从中获得利益的政策，通过分配性政策，政府给予公民各种"赠品"，这些"赠品"包括物品、服务或权利，分配性政策的特点具有充分的可分性，能够与其他政策或一般规则区分开来，能够使每个人都或多或少地、直接间接地从中受益。洛伊认为，"分配性政策"本质上是一种"恩赐"（patronage）。规范性政策是运用一般通用的术语表达的正式规则，它适用于许多人群，这些规则依靠政府强制性地实施，包括对违反规则的人员的惩罚、减少或者增加那些受到规范的人群可以利用的选择机会，等等。参见［美］弗朗西斯·C. 福勒著《教育政策学导论》（第二版），许庆豫译，江苏教育出版社 2007 年版，第 221—222 页。

年以后，洛伊和金斯伯格（Benjamin Ginsberg, 1994）又提出政策类型也包括控制策略，他们重新说明分配性政策，并运用了促进性政策这一概念。洛伊认为，再分配性政策是指那些使资源或权力从一种社会团体转移至另一社会团体的政策，在转移资源和权力的过程中，政府努力控制人们的行为，这种控制是通过改变行为的条件或操纵环境实现的，因而具有间接性（Lowi & Ginsberg, 1994）。其大致可以分为转移资源的再分配性政策和转移权力的再分配性政策两类。[①] 再分配性政策大量存在于教育领域，在美国就有各种资助性规划项目、废除种族隔离政策、《全国残疾儿童教育法案》、基于权力平等的学校财政制度，《初等和中等教育法案》第一章（对贫困家庭的补偿法案）、《性别平等法案》第四章、教育券计划，等等。很显然，这些再分配性政策涉及的教育问题都是教育领域中的一些热点话题。在 20 世纪 60 年代和 70 年代，再分配性政策使资源和权力从居于主导地位的团体移向那些实际上的或感觉上的社会弱势团体。在今天，再分配性政策主要在教育制度内部实行权力转移。然而，再分配性政策通常具有争议性，洛伊（Lowi, 1964）认为："比起其他任何政策都更为直接地影响阶层利益。"

狭义上的支持性教育政策是指政府为实现教育公平，对落后的农村地区、边远地区实施的一些补偿性的教育政策。从资源分配的角度，美国学者莱伊·道格拉斯（Rae. Douglas）从教育者利益最大化原则出发，提出当可供平等化的资源少于平等化的要求资源时，不平等地分配可以平等化的资源，以求缩小分配结果上的差异。诸如，美国在 20 世纪 60 年代教育机会均等运动的初期，实施了著名的"提前教育计划"（Project Head Start），该计划旨在对黑人或有色人种等少数民族的子女在教育中所处的不利地位进行补偿，使他们与白人儿童享有同等的教育机会。又如，我国支援西部地区教育发展，教育部推出"特岗计划"，"大学生支持西部计划"、江苏省 2007 年开始实施的"千校万师支持农村教育发展工程"，等等，都属于狭义层面的补偿性教育政策，也是本书所指称的支持性教育政策的种类。在我国，诸多支持农村义务教育发展的补偿性政策多以"工程"、"计划"等字样出现，从政策的内容上

---

① ［美］弗朗西斯·C. 福勒：《教育政策学导论》（第二版），许庆豫译，江苏教育出版社 2007 年版，第 224 页。

来看，一类是通过经费支持，以改善农村中小学的办学条件为目的，一类是人力支持，以提高农村中小学教师的教育教学能力和素质为目的，从支持性政策的层次来说，既有中央、国家层面的支持性政策，也有省级以及市、县等层面的支持性政策。

当前，我国提出全面建设小康社会和建设社会主义新农村的发展战略，需要各级政府从"城市反哺农村、工业支持农业"的方针出发，对广大的农村坚持"多予、少收、放活"原则，通过制定并实施系列化的促进、支持农村发展（包括农村义务教育发展）的补偿性政策以弥补因"城市中心主义取向"导致的农村发展滞后的状况。同时需要切实提高各项支持农村发展的政策执行绩效，达到补偿农村发展包括农村义务教育发展的根本目的。

3. 教育政策执行

对教育政策执行的理解是基于公共政策执行的理解基础之上的。对于"政策执行"，保罗·萨巴蒂尔（Panl A. Sabatier）和丹尼尔·马兹曼尼安（Daniel A. Mazmanian）认为：政策执行即用法律、上诉法院决定、行政命令，或用议会决定、内阁政令的形式，实施一种基本政策决定的过程。[1] 普雷斯曼（Jeffrey L. Pressman）和韦达夫斯基（Aaron B. Widavsky）将执行看作在目标的确立与实现这些目标的适应性行动之间的一种相互作用过程。[2] 国内学者陈振明认为，政策执行是一个动态的过程，它"是政策执行者通过建立组织机构，运用各种政策资源，采取解释、宣传、实验、实施、协调与监控等各种行动，将政策观念形态的内容转化为实际效果，从而实现既定政策目标的活动过程"。[3] 李成智认为："公共政策执行是政策被采纳后，把政策所规定的内容转变为现实的过程，具体地说，公共政策执行本质上是遵循政策指令所进行的变革，是为了实现政策目标而重新调整行为模式的过程，是将一种政策付诸实施的各项

---

①　[美]斯图亚特·S. 那格尔：《政策研究百科全书》，科学技术文献出版社 1990 年版，第 112 页。

②　蒋园园：《复杂理论视阈下的教育政策执行研究》，华东师范大学 2010 年博士学位论文，第 11—12 页。

③　陈振明：《政策科学——公共政策分析导论》，中国人民大学出版社 2003 年版，第 260页。

活动。"①

那么，什么是教育政策执行呢？袁振国认为："教育政策执行，就是政策的执行者依据政策的指示和要求，为实现教育政策目标，取得预期效果，不断采取积极措施的动态行动过程。教育政策经合法化之后，就进入教育政策执行阶段，并持续到政策终结为止。因而教育政策执行的起点应该放置到政策执行者正式接收到政策及其制定者的执行指令之时起，而终止于政策终结之时；而政策评估事实上是处于政策执行阶段之内。"② 张芳全提出："教育政策执行，就广义而言的，从教育问题认定、教育问题建构、教育政策分析、教育政策评估、教育政策执行、教育政策终结到教育政策检讨等都属于教育政策执行的范围，狭义言之，教育政策执行专指教育主管机关制定完成之教育政策、教育方案、教育预算及教育计划，在教育组织、教育人力及教育资源限定下，某段时间所进行的教育政策。"③

在本书中，笔者认为：教育政策执行是教育政策执行者依据国家制定的教育政策，通过建立教育政策执行组织机构，运用各种教育政策资源，在一定时期内为实现教育政策目标，把教育政策所规定的内容转化为教育政策行动、现实与效果的复杂多变的动态过程。它起于教育政策合法化之后，终于教育政策评估，在政策合法化和政策评估之间的一切政策执行活动皆是政策处于执行状态。教育政策执行在本质上是一个多元参与者互动的政治过程。

笔者认为，在一般情况下，教育政策执行包括以下三个阶段：一是政策执行的准备阶段，包括进行政策宣传、制定执行计划、进行物质准备和做好组织准备等互动环节；二是政策执行的实施阶段，包括政策实验、全面推广、指挥协调和监督控制等互动环节；三是政策执行的总结阶段，包括政策执行的效果评估、追踪决策等活动环节。从政策执行系统角度来看，教育政策执行包括教育政策文本、教育政策执行主体、教育政策执行客体、教育政策工具、教育政策执行环境五个方面的基本要素。这五个基本要素在教育政策执行过程中，相互联系、相互影响，共

---

① 李成智：《公共政策》，团结出版社 2000 年版，第 96 页。

② 袁振国：《教育政策学》，江苏教育出版社 2001 年版，第 287—288 页。

③ 张芳全：《教育政策导论》，台湾五南图书出版公司 2006 年版，第 267 页。

同构成教育政策执行系统。教育政策的本质是对社会利益进行的权威性分配的过程，教育政策在对社会利益的分配过程中，不同社会群体从本身的利益得失考虑往往会采取不同的行动，使得教育政策执行呈现出一种复杂的动态特征。

四　文献述评

本书的研究对象是"农村义务教育政策执行"，所以本书的文献主要从"农村义务教育"、"教育政策及其执行"这两个大的方面搜集相关的研究资料，并对其研究现状与趋势进行简要的述评。由于教育政策属于公共政策的重要组成部分，是伴随着公共政策的发展而发展的，因而研究者在相关部分的述评中也会涉及公共政策及其执行的有关文献。通过对相关文献的分析，能够很好地对前人研究成果进行较为系统的总结，审视现今该领域研究存在的问题，并对未来研究的方向进行判断和把握。

对于相关研究文献如何选取的问题，笔者主要通过 CNKI（中国知网）对中国期刊全文数据库、中国博士学位论文全文数据库、中国优秀硕士学位论文全文数据库进行计算机检索选取。CNKI 中国期刊全文数据库收录了自 1979 年以来的大部分的期刊论文，中国博士学位论文全文数据库和中国优秀硕士学位论文全文数据库收录了自 1999 年以来的大部分博士、硕士学位论文，因而这几个数据库所选取的网络资源是较有代表性的。同时，笔者通过手工检索的途径，对南京师范大学图书馆以及其他图书资料进行文献检索，以丰富本研究的文献资料。

（一）农村义务教育研究文献述评

1. 农村义务教育研究文献的趋势分析

从近几年来以"农村义务教育"为题名的书籍出版情况来看，我国对农村义务教育的研究成果是比较丰富的，其中代表性著作包括《农村义务教育经费保障新机制》①、《农村义务教育整体办学模式与评价》②、《社会

---

① 邬志辉：《农村义务教育经费保障新机制》，北京大学出版社 2008 年版。
② 王景英：《农村义务教育整体办学模式与评价》，北京大学出版社 2008 年版。

转型与压力总动员：改革后中国农村义务教育供给制度研究》①、《农村义务教育质量保障机制》②，等等③；如果搜索的范围再扩大到"基础教育"，则其研究成果更为丰富。④ 从已出版的书籍成果来看，我国对农村义务教育的研究体现出以下三个特点：一是众多研究者研究的重点集中于对农村义务教育经费保障以及财政体制改革问题的研究上。从上述所列举的代表性成果来看，大部分成果是关于对农村义务教育经费保障以及财政体制改革问题的研究，原因在于农村义务教育经费问题以及财政体制改革一直困扰我国农村义务教育发展的关键因素。二是关于农村义务教育办学模式以及教育质量保障机制建构问题的研究，这一研究正在成为该领域研究的新趋向。其原因在于随着我国政府建立农村义务教育经费保障新机制后，农村义

---

① 赵克全：《社会转型与压力总动员：改革后中国农村义务教育供给制度研究》，上海人民出版社 2009 年版。

② 陈敬朴：《农村义务教育质量保障机制》，南京师范大学出版社 2011 年版。

③ 其他关于农村义务教育研究的代表性著作有：魏向赤：《税费改革对农村义务教育影响的个案调查与经济学分析：兼论建立健全公共财政体制》，高等教育出版社 2006 年版；洪俊：《贫困地区农村义务教育课程改革研究报告》，东北师范大学出版社 2008 年版；张丽华、杨树淇、汪冲：《西部农村义务教育投入保障制度研究》，经济科学出版社 2009 年版；任世喧等：《云南农村义务教育研究》，中国书籍出版社 2009 年版；李艳、李双名：《农村义务教育制度选择论》，北京师范大学出版社 2009 年版；李瑞峰、郭大、辛贤：《中国农村义务教育投入：现状及政策建议》，中国农业出版社 2009 年版；吴春霞、郑小平：《农村义务教育及财政公平性研究》，中国农业出版社 2009 年版；郭建如：《西部民族贫困地区农村义务教育财政、资源配置与效益研究：基于云南、新疆、内蒙古等地贫困县的案例研究》，民族出版社 2010 年版；郭建如：《中国农村义务教育财政体制变革与义务教育发展：社会学透视——从税费改革到农村义务教育经费保障新机制》，民族出版社 2010 年版；马国贤、赵宏斌：《我国农村义务教育财政政策：现状与思考》，江苏大学出版社 2011 年版，等等。

④ 和农村义务教育相关的研究成果主要包括：王英杰等主编的《亚洲发展中国家的义务教育》，人民教育出版社 1997 年版；田正平、肖朗：《世纪之理想：中国近代义务教育研究》，浙江教育出版社 2000 年版；廖其发：《中国农村教育问题的研究》，四川教育出版社 2006 年版；高书国：《中国城乡教育转型模式》，北京师范大学出版社 2006 年版；刘欣：《基础教育政策与公平问题研究》，华中师范大学出版社 2008 年版；石绍斌：《城乡基础教育均等化供给研究》，经济科学出版社 2008 年版；于发友：《通向教育理想之路：县域义务教育均衡发展研究》，山东人民出版社 2008 年版；瞿瑛：《义务教育均衡发展政策问题研究：教育公平的视角》，浙江大学出版社 2010 年版；中央教育科学研究所教育督导评估研究中心：《义务教育均衡发展报告（2010）》，教育科学出版社 2010 年版；曾满超、丁小浩：《效率、公平与充足：中国义务教育财政改革》，北京大学出版社 2010 年版；等等。

务教育已经从"保生存"转向"求发展",如何进一步提高农村义务教育办学质量就成为新时期农村义务教育发展的中心任务。三是在研究方法上,农村义务教育相关研究体现出明显的调查研究、个案研究的特征,这既是农村义务教育研究的本身需要,同时也体现出研究者对实证研究的重视。

在博硕士学位论文方面,笔者以 1999—2012 年为时间跨度,通过中国博士学位论文全文数据库,以"农村义务教育"为题名进行检索,分别检索到 6 篇,其中最早的博士论文是 2005 年陈维青的《我国农村义务教育中的转移支付问题研究》,2006 年有 3 篇,2008 年、2009 年及 2010 年各有 1 篇。通过中国优秀硕士学位论文全文数据库,以"农村义务教育"为题名,查询到的硕士论文篇数为 163 篇,[①] 以"农村义务教育"为题名的硕士论文年度情况分别为:2002 年度 1 篇,2003 年度 4 篇、2004年度 12 篇、2005 年度 23 篇、2006 年度 25 篇、2007 年度 23 篇、2008 年度 20 篇、2009 年度 20 篇、2010 年度 17 篇、2011 年度 18 篇,其中最早的是 2002 年李光林的硕士学位论文《管理体制视野中的农村义务教育经费问题》。从博硕士学位论文年度情况看,我国对农村义务教育的研究高峰出现是 2006 年,而这一年也正是我国对《义务教育法》进行重新修订的一年,因而能够引起众多硕士、博士研究生对农村义务教育的关注和研究。

在论文发表数量方面,以"农村义务教育"为关键词进行检索,检索时间为 2000—2011 年,共检索"农村义务教育"[②] 相关论文 9513 篇。从各年度发表的论文情况来看,自 2000 年后,关于"农村义务教育"的研究论文呈现逐年上升的趋势,至 2008 年论文数量为 1246 篇,达到年度峰值,其后又出现一些下滑,但仍然保持在 800 篇以上。其中,论文数量最高年份是最低年份的 19 倍多,而 1986—1999 年 14 年间论文数量只有55 篇,比 2000 年一年的论文数量还要少(见图 1—1)。

---

① 检索子库为"教育与社会科学综合",检索项为"题名",匹配方式为"精确"。检索时间为 2012 年 2 月 27 日。

② 检索子库为"教育与社会科学综合",检索项为"关键词",匹配方式为"模糊"。检索时间为 2012 年 2 月 27 日。

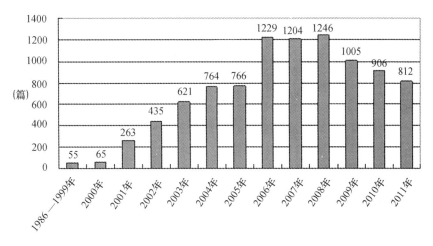

图1—1 2000 年至 2011 年各年发表的含 "农村义务教育"
关键词的论文数量趋势

2. 农村义务教育研究文献的内容述评

当前，围绕农村义务教育问题的研究成果是相当丰富的，面对搜集到的近万份纷繁芜杂的文献（书籍、学位论文和期刊论文），笔者对其进行归类，并主要从农村义务教育公平与均衡发展、农村义务教育政策、农村义务教育经费保障及财政体制改革、农村中小学办学资源配置、农村中小学教学与课程改革、农村留守儿童以及流动人口子女教育问题等 6 个方面对其进行述评。

（1）农村义务教育公平与均衡发展研究

公平是人类的永恒追求。社会的发展证明，教育是人类社会迈向和平、自由、社会公平和正义必不可少的途径。教育公平成为我国教育发展（包括农村义务教育发展）的重要理念，研究者对教育公平的理论研究取得了较为丰硕的成果，并不断指引着教育公平发展的实践。20 世纪 90 年代初我国就有学者研究教育公平问题，论及教育公平的文章日益增多。从现有的文献来看，有以下两个特点：第一，研究者从不同的理论视角出发对教育公平问题进行研究，从不同角度揭示了教育公平的本质。如刘成玉、蔡定昆[1]认为教育公平是人们接受某种教育的平等机会，教育公平也

---

[1] 刘成玉、蔡定昆：《教育公平：内涵、标准与实现途径》，《教育与经济》2009 年第 3 期。

是经济问题；李明阳①认为教育公平是国家职责，国家应该为所有公民提供公平的公共教育资源和平等的享有权；有研究者认为公平、正义是教育的当然内涵，从教育学的视角探讨了教育公平的概念定义、本质内涵、课程、教学、学习和评价等问题；有研究者从社会学角度出发，认为教育公平是社会公平的重要基础，教育始终是一个社会公益事业，这类文章运用胡森等的平等观点对我国教育公平问题进行研究，涉及东西部、城乡、贫富、性别、民族差异等问题。也有研究者认为教育公平是伦理学概念，是社会道德的主要内容，这类文章借助安东尼·吉登斯、罗尔斯等学者的公平理论对我国的教育公平进行研究，探讨了教育公平与社会正义及道德等的关系问题；有的研究者从法学的视角出发，对教育公平概念内涵进行了法学追问，认为教育公平是公民的法定权利，并对教育权利、机会、分配和结果以及对教育质量公平、入学和择校公平等问题进行了研究②；也有研究者借助布尔迪厄的文化再生产理论探讨教育公平与社会其他方面的关系问题③。第二，注重对教育公平与均衡的实践研究。周洪宇④较为系统地论述教育公平的基本理论、指标体系，对当前我国教育公平的现状和现实探索进行了深入的分析，并对我国教育公平提出了若干政策建议与立法建议。苏晓艳、范兆斌⑤认为我国农村义务教育深受义务教育管理体制及其他相关体制的影响，并对消除农村义务教育实践中的非公平性现象提出政策建议。瞿瑛⑥认为实现教育公平目标，应以均衡发展为手段，将"教育公平"与"均衡发展"融为一体，形成一个互相推动的过程。中央教育科学研究所教育督导评估研究中心主持编写的《义务教育均衡发展报告（2010）》一书论述了义务教育均衡发展这一国家的基本教育政策，通过对义务教育均衡发展的指标和测算方法的研究，构建了我国县域义务教

---

① 李明阳：《论教育公平》，《安徽大学学报》2009 年第 1 期。

② 苏延骏：《教育公平的法理意义分析》，《教育探索》2003 年第 5 期；易申波：《社会主义初级阶段教育公平理论浅析》，《才智》2008 年第 22 期；傅添：《法理学视角下的受教育权利分析——论就近入学和择校的可协调性》，《辽宁教育研究》2008 年第 4 期。

③ 林秀珠：《从文化再生产视角解析中国教育的城乡二元结构》，《教育科学研究》2009 年第 2 期。

④ 周洪宇：《教育公平论》，人民教育出版社 2001 年版。

⑤ 苏晓艳、范兆斌：《我国农村义务教育的公平性分析》，《软科学》2006 年第 1 期。

⑥ 瞿瑛：《义务教育均衡发展政策问题研究：教育公平的视角》，浙江大学出版社 2010 年版。

育均衡发展的指标体系和测算方法；并通过对义务教育均衡发展样本县的监测数据分析和案例研究，对我国县域义务教育发展的现状及水平、模式和经验进行深入的分析和提炼，提出了义务教育均衡发展的政策建议。冯建军[①]认为义务教育均衡发展有外延发展与内涵发展的两种不同方式，义务教育内涵发展是推进义务教育优质均衡的必然选择，当前学校均衡发展的核心应由资源均衡转向质量均衡，发展的场域由宏观转向微观，发展的性质由依赖转向自觉，发展的方式由外部输入转向实践改造；内涵发展应聚焦于学校教育教学的变革性实践，推动学校整体的转型升级，朝着现代优质学校的目标迈进。刘耀明、熊川武[②]认为内涵性均衡与外延性均衡是义务教育均衡发展两种不同的形态，也是两个不同的发展阶段，它们之间既有区别又有联系，存在着相对的边界，但又能在一定条件下相互转化。段兆兵[③]认为推进教育公平需要进行"顶层设计"，也需要"问计于民"，将"顶层设计"与"问计于民"有机结合，推进教育公平就应该重新定位政府的角色，建立政府、社会与学校之间的合作伙伴关系和相关制度和机制。众多学者对教育公平与均衡发展深入研究所取得的成果，将有助于推进我国农村义务教育公平与均衡发展的实践，也有助于促进社会公平发展。

（2）农村义务教育政策研究

近年来，由于国家对农村义务教育的高度重视，我国学者对农村义务教育政策日趋关注，相关研究成果也日益增多。在农村义务教育政策变迁研究方面，张乐天教授[④]通过对我国近三十年农村教育政策变迁的梳理，认为农村义务教育政策经历普及小学教育、有步骤地实施九年制义务教育、积极实施支持农村义务教育发展的教育政策三个阶段，而农村义务教育政策的演进与变迁是与国家宏观政策的调整与变革相呼应的，也是与农

---

① 冯建军：《内涵发展：推进义务教育优质均衡的路向选择》，《南京社会科学》2012 年第 1 期。

② 刘耀明、熊川武：《论义务教育内涵性均衡发展的边界》，《华东师范大学学报》（教育科学版）2011 年第 1 期。

③ 段兆兵：《论推进教育公平中的"顶层设计"与"问计于民"》，《教育理论与实践》2011 年第 8 期。

④ 张乐天：《我国农村教育政策 30 年的演进与变迁》，《南京师范大学学报》（社会科学版）2008 年第 6 期。

村经济体制改革和农村社会转型相适应的。王怀兴[1]基于人力资本投资的视角来审视我国现阶段的农村基础教育政策，他认为我国政府对农村基础教育的资源供给不足的主要原因是人力资本投资和教育投资的整体水平较低、教育资源分配不合理以及城乡基础教育投资的非均衡发展，其主要的政策原因在于我国农村基础教育政策的法制化水平较低，使得政府官员在缺少法律制度的约束下，依据个人的利益最大化原则来制定和执行农村基础教育政策，同时由于我国农民参与资源配置的程度较低，在资源的分利竞争中无法与强势的集团相抗衡，进而导致农村基础教育资源分配上的不公平。邬志辉[2]认为公平、质量和效率是新时期中国农村义务教育发展的基本价值追求，农村义务教育政策的价值追求应体现"有质量的公平"、"有效能的质量"和"有人性的效率"。

随着国家相继实施"国家西部地区'两基'攻坚计划"（2003）、资助贫困家庭学生就学的"两免一补"政策（2005）、"农村义务教育阶段学校教师特设岗位计划"（2006）等多项政策，地方政府亦出台了相应的政策与措施，有力地促进着我国农村义务教育的发展，如江苏省实施"千校万师支援农村教育工程"（2007），湖北省自2004年起启动了"农村教师资助行动计划"，等等。对于我国农村义务教育发展的支持性政策研究，主要集中于对这些支持性教育政策的执行研究。如：付卫东[3]通过问卷调查、深度访谈等方法对支教生参与"农村教师资助行动"的目的以及支教现状进行了调查和分析，在肯定支教政策的良好效果基础上，指出"农村教师资助行动"也面临个别支教生支教目的不纯、从事教学工作存在一定的困难、有相当部分支教生难以维持日常生活基本开支、大部分支教生的心理压力大等问题。于维涛[4]从系统论的角度对县域教师发展支持体系建设的理论与实践进行系统梳理、比较分析和综合研究，建构了县域教师发展支持体系的结构框架，设计了县域教师发展支持体系运行机

---

① 王怀兴：《中国农村基础教育政策研究》，东北师范大学博士学位论文，2009年。

② 邬志辉：《农村义务教育基本价值追求的政策表达》，《湖南师范大学教育科学学报》2011年第5期。

③ 付卫东：《支教生参与"农村教师资助行动"的调查与思考》，《教师教育研究》2009年第3期。

④ 参见于维涛《县域教师发展支持体系建设研究》，华东师范大学博士学位论文，2009年。

制，并提出了县域教师发展支持体系实施与保障的十大措施。这两者研究的共同之处在于运用了实证的研究方法，从农村教师支持政策实践出发并提出相应的政策及其改进措施，不足之处是此类研究缺乏政策过程的分析，对政策执行中人的能动性关注不够。吕开宇[①]对中国农村地区家庭子女教育的决策进行了实证研究，并对新时期我国农村非农就业和教育政策的完善提出了相关政策建议。魏峰[②]通过对乡土社会民办教师政策的系统考察，认为乡土社会教育政策的运行具有在社会变迁中走向现代化、以"情"为核心构成政策网络、运行中弹性与韧性并存的特征，该项研究运用了民族志的研究方法，在研究方法上对该领域来说是个较好的尝试。

上述有关农村义务教育政策的研究，不论是在研究结论，还是研究方法或研究视角的选择上，都具有一定的创新。从政策分析来看，公共选择理论假设[③]政治行动主体就像经济行动主体一样，为了利益（满意度）最大化而理性行动。政策的成功与失败，取决于各方参加者的"战略选择"。因而，对农村义务教育政策的研究在关注政策本身的同时，更需要关注政策执行，需要对政策执行中人的行动进行研究，从而能够更好地揭示政策的本质。

（3）关于农村义务教育投入的研究

我国农村义务教育存在着种种问题，其主要原因是我国的义务教育财政投入体制不合理。许多学者对农村义务教育财政投入体制进行了研究，尤其是对"以县为主"的农村义务教育财政体制进行了分析。刘泽云[④]指出，虽然实行了以县级政府为主的农村义务教育财政体制，然而由于一些深层次的体制问题没有得到有效解决，义务教育经费新旧问题相互交织，使得义务教育经费负担主体不明确、来源渠道不规范、调节机制不健全等

---

①　参见吕开宇《外出务工家庭子女教育决策机制及其政策内涵——以甘肃农村为例》，中国农业科学院博士学位论文，2006年。

②　见魏峰《弹性与韧性——乡土社会民办教师政策运行的民族志》，上海三联书店2009年版。

③　具体说来，以公共选择理论进行政策分析存在四方面的假设：（1）政策过程涉及多个政策主体，每个主体都有各自的利益所求；（2）各政策主体始终是理性地追求利益最大化；（3）政策主体都在规避着政策风险与损失；（4）各主体的"利益博弈"状况决定了政策的成败。见陈振明《政策科学》，中国人民大学出版社1998年版，第318页。

④　参见刘泽云《中国义务教育财政体制困境与对策研究》，北京师范大学博士论文，2003年。

问题更加尖锐，因而构建适应市场经济和公共财政要求的农村义务教育财政体制已经成为我国农村义务教育发展面临的最为紧迫的任务。高如峰[1]指出，以县级政府作为投资统筹主体的农村义务教育财政体制存在县级政府公共经费投入不足、未能体现我国经济发展水平的区域差异性、中央和省级政府在农村义务教育公共产品供给中承担的财政责任明显不够、未能建立规范的政府间财政转移支付制度等制度性缺陷。他认为，需要对我国东部、中部、西部三类地区中央和地方各级政府承担农村义务教育各项重要经费支出的分担机制进行制度设计。魏向赤[2]通过问卷和实地调查，提出解决农村义务教育的问题必须跳出就教育论教育的圈子，建议国家确立并实行"工业反哺农业，城市支持农村"的政策，健全我国的公共财政体制，以解决农村义务教育经费投入不足问题。针对农村义务教育经费不足的老大难问题，张乐天[3]对 20 世纪 90 年代以来中国、印度、马来西亚、尼泊尔四国实施农村教育补偿政策进行比较后认为，"我国农村教育的补偿政策需要继续实施且需要有更高的目标指向，它需要以普及义务教育为前提，而促进农村基础教育的发展关键在于进一步形成更为良好的教育管理体制"。刘惠林[4]认为我国农村经济发展落后，农村财力严重不足，依靠农村自身力量难以发展农村教育，要重构公共财政体制下的农村教育财政体制，由中央和省级财政承担起发展农村教育的主要财政责任。邬志辉[5]就我国农村义务教育公用经费、财政转移支付、教师工资、"两免一补"等问题进行了调查分析，对完善我国农村义务教育经费保障新机制提出了建议。可以说，只要我国城乡教育发展的差距不消失，农村义务教育投入以及财政体制如何改革，如何切实保障农村义务教育的发展，将依然会为众多研究者所关注。

---

[1]   高如峰：《对农村义务教育各级政府财政责任分工的建议方案》，《教育研究》2005 年第 3 期。

[2]   魏向赤：《税费改革对农村义务教育影响的个案调查与经济学分析：兼论建立健全公共财政体制》，高等教育出版社 2006 年版。

[3]   张乐天：《发展中国家农村教育补偿政策实施状况及其比较——中国、印度、马来西亚、尼泊尔四国案例分析》，《比较教育研究》2006 年第 11 期。

[4]   参见刘惠林《中国农村教育财政问题研究》，东北林业大学博士学位论文，2007 年。

[5]   邬志辉：《农村义务教育经费保障新机制》，北京大学出版社 2008 年版。

（4）关于农村中小学资源配置的研究

如何合理配置农村中小学资源，对提高农村中小学办学水平具有重要的现实意义。当前对农村中小学资源配置问题的研究，主要集中于农村中小学办学布局调整、教师配置等方面。自20世纪70年代以来，国外学者曾就学校布局调整进行过大量的研究，研究内容主要集中在学校布局调整的原因、学校布局及调整的标准、关闭学校的后果以及如何降低学校布局调整带来的不良影响等方面。① 国外对中小学办学布局调整的研究侧重于定量的分析，对于我国当前中小学布局调整具有参考价值。范先佐②指出，追求效益、追求教育的均衡发展和质量的提高是农村中小学布局调整的动力所在，其调整的方式有示范方式、强制方式和示范与强制结合等三种。也有研究者③结合对我国中西部地区6个省（自治区）38个县市177个乡镇中小学布局结构调整的调查情况，对我国农村中小学布局结构调整的背景、现状及问题进行了分析和探讨。王泽德、赵上帛④认为农村中小学布局调整的不合理现象不但增加了家庭担负的教育费用，也伤害了农民的切实利益和感情，同时也增加了政府财政支出，造成资源浪费。袁桂林⑤认为当前很多地方在规划农村学校布局调整时存在着"以农村儿童减少，提高教育质量和产生规模效益为理由，强制减少学校数量，忽略了保障服务半径问题"这一严重的失误，并对各地农民群众对农村学校布局调整的意见进行了归纳。

"教师是发生在所有各级各类学校和课堂中通过教育渠道进行教育变革的关键者"⑥，合理配置教师资源，既是教育平等思想和义务教育本质

---

① 石人炳：《国外关于学校布局调整的研究及启示》，2004年第11期。

② 范先佐：《农村中小学布局调整的原因、动力及方式选择》，《教育与经济》2006年第1期。

③ 中西部地区农村中小学合理布局结构研究课题组：《我国农村中小学布局调整的背景、目的和成效——基于中西部地区6省区38个县市177个乡镇的调查与分析》，《华中师范大学学报》（人文社会科学版）2008年第4期。

④ 王泽德、赵上帛：《我国农村中小学布局调整的现状及对策研究》，《现代教育科学》2009年第2期。

⑤ 袁桂林：《关注农村中小学布局调整：应充分考虑服务半径》，《中国教育报》2011年8月29日第1版。

⑥ 赵中建：《全球教育发展的历史轨迹——国际教育大会60年建议书》，教育科学出版社1999年版，第522页。

特征的要求，也是促进城乡教育均衡发展的重要举措和政府公共教育的必然选择。对教师资源配置的研究，一直是近几年来学者们关注的焦点。张盛仁①从人口流动的角度对湖北省农村义务教育资源配置进行了研究，唐松林②以农村现代化及农村教育面临的困境为背景，从历史和现实的角度探寻农村教师队伍建设问题产生的原因和解决农村教师队伍面临的主要问题与政策措施。郭安宁③认为义务教育阶段教师资源配置不均衡在于区域经济发展不均衡与教育政策长期倾斜，对此，研究者提出了义务教育教师资源均衡配置的填补、流动、指导、倾斜培训等备选策略以及策略实施所需要的支持条件和保障机制。杨玉琼④以"生师比、专任教师合格率和具有高级职称教师所占的比例"三个指标，分析我国义务教育教师资源配置均衡情况。何杰⑤认为当前义务教育师资配置存在着过分依赖政府、师资储量不足、教师流动缺失、学校师资结构不合理等问题，这将不同程度地影响当前学校教育质量的提高。邓涛、孔凡琴⑥在对吉林省城乡师资差异和教师流动意愿的调查上提出了基础教育师资配置均衡化的实践对策。2010 年我国发布的《国家中长期教育改革和发展规划纲要（2010—2020年）》明确提出："2020 年前分阶段完成义务教育学校标准化建设，均衡配置教师、设备、图书、校舍等各项资源……加快薄弱学校改造，着力提高师资水平……实行县域内教师和校长交流制度"，这些政策性要求，为我国均衡配置教师资源、促进义务教育均衡发展构建了宏观政策和制度框架。

（5）对农村留守儿童问题的研究

随着我国城镇化进程的加速，大量农村人口进城务工，带来了农村留

---

① 张盛仁：《基于人口流动的湖北省农村义务教育资源配置研究》，华中师范大学博士学位论文，2008 年。

② 唐松林：《农村中小学教师队伍建设研究》，华东师范大学博士学位论文，2004 年。

③ 郭安宁：《义务教育阶段教师资源均衡配置研究》，辽宁师范大学硕士学位论文，2005年。

④ 杨玉琼：《我国义务教育阶段教师资源配置均衡状况研究》，中国教育经济学年会会议论文集，2007 年。

⑤ 何杰：《新时期我国义务教育师资配置政策的变革论析》，《教育学术月刊》2011 年第 5期。

⑥ 邓涛、孔凡琴：《关于推进基础教育师资配置均衡化的思考——吉林省城乡师资差异和教师流动意愿的调查与分析》，《中国教育学刊》2007 年第 9 期。

守儿童和流动人口子女教育问题。对农村留守儿童的研究主要集中在以下
几个方面，一是通过调查，认为当前农村留守儿童的数量在不断增加。罗
汉书①认为，我国自 1996 年以来，农村初中学生流失情况持续回升，并
有愈演愈烈的趋势，个别地区的流失率已经高达 20% 以上。有研究者②认
为：随着大量农村劳动力的流动，农村"留守子女"比例越来越高，留
守儿童比例占到学生总数的 54.4%。二是对农村留守儿童的道德品质问
题、学习状况、心理健康问题、安全问题等开展研究。如张艳萍③认为农
村留守儿童问题主要表现为不遵守学校的规章制度、行为习惯不良，有的
孩子迷恋游戏机、夜不归宿，严重的甚至有敲诈等违法行为。何世雄④运
用个案研究方法对农村留守子女学习状况进行了研究，认为农村留守儿童
的学习现状很不理想，有的出现了严重的心理问题。有研究者⑤认为农村
留守儿童存在比较突出的心理问题，主要有情绪问题、交往问题和自卑等
问题，在人际关系和自信心方面显著地不如父母在家的儿童。吴霓⑥提出
解决留守儿童的生活与心理问题需要在社会力量帮扶力度、农村社区儿童
教育和监护体系、农村寄宿制学校建设、增设心理课程等多方面采取措
施。也有研究者⑦认为，农村留守儿童存在着受到他人的非法侵害和人身
伤害，自身行为失控以致走向违法犯罪甚至轻生自杀、危及自己和他人的
生命等安全问题。三是对农村留守儿童的教育对策研究。刘春花⑧认为因
社会时代发展导致家庭教育的责任转移，家庭教育的责任转移引发了教师
社会责任的功能性扩展，进而导致社会、家庭、学校教育责任的严重失

---

① 参见罗汉书《农村初中学生辍学问题研究》，东北师范大学硕士学位论文，2002 年。

② 李庆丰：《农村劳动力外出务工对"留守子女"发展的影响——来自湖南、河南、江西三地的调查报告》，《上海教育科研》2002 年第 9 期。

③ 张艳萍：《农村"留守子女"的教育问题及对策研究》，《当代教育科学》2005 年第 13期。

④ 何世雄：《农村"留守子女"学习状况研究——以甘肃省通渭县为例》，西北师范大学硕士学位论文，2003 年。

⑤ 王东宇、王丽芬：《影响中学留守孩心理健康的家庭因素》，《心理科学》2005 年第 2期。

⑥ 吴霓：《农村留守儿童问题调研报告》，《教育研究》2004 年第 10 期。

⑦ 周宗奎等：《农村留守儿童心理发展与教育研究》，《北京师范大学学报》（社会科学版）2005 年第 1 期。

⑧ 刘春花：《未成年学生家庭教育责任转移的思考》，《教育理论与实践》2006 年第 10 期。

衡，并就如何实现教育的责任分担提出了建议。康钊①针对农村留守儿童在生活、学习及心理发展等方面存在的问题，提出了"逐步消除城乡差距，完善家庭教育功能，充分发挥政府部门职能，加强对留守儿童的教育与管理，构建有利于留守儿童成长的社会氛围"等建议。

从我国当前对农村义务教育研究整体来看，可以说是研究人员众多，研究成果丰富，但我国对农村义务教育研究更多的是"问题研究"，尚缺乏深层次的"理论研究"，因而我国今后的农村义务教育研究应在注重农村义务教育研究的实证性分析的基础上，不断加强对农村义务教育研究理论的创新与建构，加强对保障农村义务教育发展的政策执行研究等。

（二）教育政策及政策执行研究文献述评

1. 教育政策及政策执行研究文献的现状与趋向

从专著出版线索看，我国教育政策及政策执行研究呈现出如下两个特点：一是在 20 世纪 80 年代至 90 年代初，在借鉴、吸收公共政策及政策执行的研究成果中，发展教育政策及政策执行的理论。② 二是自 20 世纪 90 年代中期以来，我国教育政策及政策执行研究取得较快的发展，出现了一批学术专著。③ 在这些教育政策以及政策执行研究的成

---

① 康钊：《农村留守儿童问题及对策》，《黑龙江社会科学》2007 年第 2 期。

② 这一时期公共政策及政策执行的代表性研究成果包括：《政策科学》（孙光，1988）；《现代政策研究全书》（郑新立，1991）；《政策科学导论》（张金马，1992）；《政策学》（兰秉洁，1994）；《公共政策分析》（陈庆云，1996）；《现代公共政策导论》（张国庆，1997）、《政策科学》（陈振明，1998）、《现代政策科学》（孙光，1998）、《政策执行研究》（郭渐强，1999），等等。

③ 这一时期代表性的研究成果主要包括：《教育政策学》（袁振国，1996）、《教育政策论》（孙绵涛，1997）、《教育政策的经济分析》（曾满超，2000）、《教育政策法规的理论与实践》（张乐天，2002）、《教育政策的价值分析》（刘复兴，2002）、《教育政策与教育法规》（吴志宏等，2003）、《超越利益之争——教育政策的价值研究》（祁型雨，2003）、《教育政策基础的经济学分析》（周彬，2003）、《农村义务教育——税费改革下的政策执行》（张强，2004）、《利益表达与整合——教育政策的决策模式研究》（祁型雨，2006）、《教育政策执行研究——以进城就业农民工子女义务教育政策执行为例》（周佳，2007）、《弹性与韧性——乡土社会民办教师政策运行的民族志》（魏峰，2009）、《教育政策执行研究——一种制度分析的范式》（邓旭，2010）、《教育政策学入门》（吴遵民，2010）、《学术的力量——教育研究与政策制定》（闵维方等，2010）、《教育政策伦理》（刘世清，2010）以及《中国教育政策评论》（袁振国，2000 年起每年都出版）等著作。

果中，有三个趋势值得关注：一是在建构教育政策学的学科框架基础上，出现运用经济学、政治学、伦理学等不同的学科或理论开展教育政策的基本理论研究的趋势。二是对"政策执行"的研究有上升趋势。如果算上公共政策执行的研究成果，政策执行的研究成果显得更为丰富。① 三是研究方法的多样化趋势。如在文献研究、调查访谈等一些方法的基础上，近年来出现民族志研究方法等一些新的研究方法。

从学位论文看，笔者以1999—2012年为时间跨度，通过中国博士学位论文全文数据库，分别以"教育政策"为题名检索到博士学位论文58篇，以"政策执行"为题名检索到博士学位论文8篇。② 最早以"教育政策"为题名的博士论文是祁型雨的《利益表达与整合——教育政策的决策模式研究》（华中师范大学，2003年）和周彬的《教育政策基础的经济学分析》（华东师范大学，2003年）两篇，最早以"政策执行"为题名的博士论文是丁煌的《政策执行阻滞及其防治对策探析》（武汉大学，1999年），最早以"教育政策执行"为题名的博士论文是周佳的《进城务工就业农民工子女义务教育政策执行研究》（北京师范大学，2005年）和胡春梅的《教育政策执行运行机制分析》（北京师范大学，2005年）。通过中国优秀硕士学位论文全文数据库，以"教育政策"、"政策执行"为题名的硕士论文篇数分别为332篇和50篇。自第一篇"教育政策"和"政策执行"研究的学位论文出现后，到2005年此类研究的数量上升到35篇，其中有3篇为博士学位论文③。由此可以推

① 这一时期公共政策领域中的政策执行研究的代表性专著有：《政策执行阻滞机制及其防治对策——一项基于行为和制度的分析》（丁煌，2002）；《公共政策——如何贯彻执行》（赵凯农等，2003）；《公共政策执行梗阻与消减》（金太军，2005）；《政策运行过程研究》（刘雪明，2005）；《公共政策的有效执行》（张俊生，2006）；《公共政策执行中的字符执行力问题研究》（莫永波，2007）；《博弈：公共政策执行力与利益主体》（周国雄，2008）《中国公共政策执行中的利益关系研究》（谢炜，2009）《政策执行论》（朴贞子等，2010）；《政策执行与行动者的策略：2003年上海市居委会直接选举的个案研究》（姚华等，2010），等等。

② 检索时间为2012年2月27日。

③ 这3篇博士学位论文分别是：周佳：《进城就业农民工子女义务教育政策执行研究》（北京师范大学，2005年）；胡春梅：《教育政策执行运行机制分析——以有关新课程改革在X省的执行为例》（北京师范大学，2005年）；杨润勇：《区域教育政策行为研究》（北京师范大学，2005年）。

知，"教育政策及政策执行"研究的学位论文发展的总体趋势体现为：一是教育政策及政策执行研究呈现不断深化、日益多元的特点；二是政策执行研究的数量不断增长，占总文献量的近 1/6；三是对我国政策科学而言，其兴起比较晚，发展比较快，但规模性的研究尚未形成，目前还处于前期奠基和探索阶段。

从发表的学术论文研究趋势来看，通过对中国期刊网全文数据库检索① 2000—2011 年的全文数据，共检索到"教育政策"为关键词的论文 17944 篇，以"政策执行"为关键词的论文 1691 篇。② 同时，笔者对 1980—1999 年的"教育政策"和"政策执行"进行检索，分别检索到 79 篇。其中，青士在《教育与职业》1933 年第 5 期上发表的《教育政策教育计划》可以算是最早的教育政策论文了，但它是非规范性的研究论文。1950 年刘冀农在《天津教育》第 6 期上发表的《切实提高教育政策理论水平是建设新教育的基础》为新中国成立后最早的论文。2001 年王世忠的《关于教育政策执行的涵义、特征及其功能的探讨》③ 学术论文可以称得上是大陆第一篇以教育政策执行为研究对象的研究性文献，比第一篇公共政策执行研究论文④晚了 12 年。有关教育政策的研究论文 17944 篇，至 2005 年之后，每年发表的论文均超过 1000 篇，至 2008 年以后，每年发表的论文均超过 2000 篇，峰值出现的 2010 年达到 2703 篇（见图 1—2）。有关"政策执行"的研究论文共检索到 1691 篇，至 2005 年之后，每年发表的论文均超过 100 篇，2007 年之后，每年发表的论文超过 200 篇，峰值出现的 2010 年达到 260 篇（见图 1—3）。需要说明的是，因文献检索时间为 2012 年 2 月 27 日，相关数据库的数据正处于不断补充之中，因而 2011 年关于"教育政策"、"政策执行"的研究论文会超过现有的检索数据。

---

① 检索子库为"教育与社会科学综合"，检索方式为"关键词"，范围为"全部期刊"，匹配方式为"模糊"，检索时间为 2012 年 2 月 27 日。

② 同上。

③ 王世忠：《关于教育政策执行的涵义、特征及其功能的探讨》，《湖北教育学院学报》2001 年第 1 期。

④ 孔永松：《1927—1937 年各革命根据地土地政策执行情况之比较》，《江西社会科学》1989 年第 3 期。

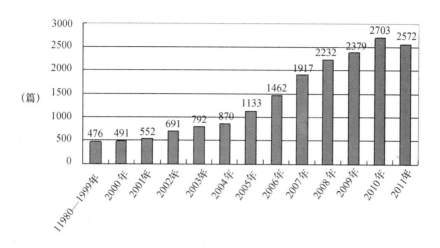

图 1—2　2000 年至 2011 年各年发表的含 "教育政策"
关键词的论文数量趋势图

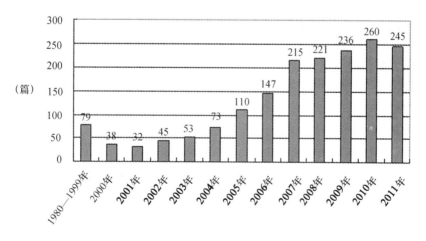

图 1—3　2000 年至 2011 年各年发表的含 "政策执行"
关键词的论文数量趋势

从图 1—2、图 1—3 可以看出，2010 年 "教育政策" 的研究论文数量是 1980 年至 1999 年 20 年的相关论文总量的 5.7 倍，是 2000 年的 5.5 倍，2005 年的 2.4 倍多；2010 年 "政策执行" 的研究论文数量是 1980 年至 1999 年 20 年的相关论文总量的 3.3 倍，是 2000 年的 6.8 倍，2005 年的

2.3 倍多。至此，笔者可以认为：在 2000 年前，我国教育政策及政策执行的研究尚未成为热点，其后该领域的研究不断推进，至 2005 年逐渐进入教育政策及政策执行的踊跃探索阶段。

从西方国家的研究情况看，20 世纪 50 年代以美国著名政治学家拉斯韦尔的《政策科学：在范围和立法上的最近发展》（1951）一书为标志，政策研究逐步和政治学分离，首次提出了政策科学的概念和体系，开始建构政策科学的理论框架。20 世纪 60 年代末 70 年代初以色列旅美学者德罗尔出版了《重新审查公共政策的制定过程》（1968）、《政策科学探索》（1971）、《关于政策科学的构想》（1971）等政策科学三部曲，为政策科学奠定了发展基础。但是，这一阶段的政策科学的研究主要集中于改善政策制定的方案、优化政策制定的模型等方面。20 世纪 70 年代，随着世界上第一本政策执行研究专著《执行——华盛顿的宏大期望是如何在奥克兰破灭的》出版，政策执行研究开始进入研究者的视野，在西方国家兴起了政策执行研究的热潮。其后，政策科学研究逐渐兴旺繁荣，取得了较多的公共政策研究成果，包括阿兰·奥登（Odden. Allan. R）的《教育政策执行》[1]、戴伊的《理解公共政策》[2] 和《自上而下的政策制定》[3]、格斯顿的《公共政策的制定——程序与原理》[4]、福勒的《教育政策学导论》[5]、林德布洛姆的《决策过程》[6]、德罗尔的《逆境中的政策制定》[7]、英国的斯蒂芬·鲍尔的《教育改革——批判和后结构主义的视角》[8]、《政

---

① Odden. Allan. R. : *Education Policy Implementation*. State University of New York Press, 1991.

② ［美］托马斯·戴伊：《理解公共政策》，彭勃译，华夏出版社 2004 年版。

③ ［美］托马斯·戴伊：《自上而下的政策制定》，鞠方安等译，中国人民大学出版社 2002 年版。

④ 拉雷·N. 格斯顿：《公共政策的制定——程序与原理》，朱子文译，重庆出版社 2001 年版。

⑤ ［美］弗朗西斯·C. 福勒：《理解公共政策》，许庆豫译，凤凰出版传媒集团、江苏教育出版社 2007 年版。

⑥ ［美］查尔斯·林德布洛姆：《决策过程》，竺乾威译，上海译文出版社 1999 年版。

⑦ ［美］叶海卡·德罗尔：《逆境中的政策制定》，王满传等译，上海远东出版社 1996 年版。

⑧ ［英］斯蒂芬·鲍尔：《教育改革——批判和后结构主义的视角》，侯定凯译，华东师范大学出版社 2002 年版。

治与教育政策制定——政策社会学探索》①，等等。

从国内外关于教育政策及政策执行的研究趋势来看，从以往注重教育政策制定、决策的研究逐渐转向政策执行的研究。这一方面说明对政策过程研究的进一步深入，同时也说明政策执行研究尚处于起步阶段，其理论和实践有待于进一步完善和提升。我国的教育政策及其执行研究较之西方而言，虽然起步迟，但是从研究成果数量的逐年增长说明教育政策及其执行研究已逐步进入政策研究者的视野并成为当今教育研究的一个较为热点的领域。

2. 教育政策及其执行研究文献的内容述评

综观当前的政策研究，大致可以分为两类：一类是对政策过程的研究，侧重于对理论的探讨；另一类是对因素、策略等的研究，侧重于应用研究。② 事实上，我们很难精确区分某一项研究到底是"政策理论研究"还是"政策应用研究"，因为政策理论和政策实践有时是紧密结合在一起的。因此，笔者从现有的文献内容出发，从教育政策的原理研究、教育政策制定与决策模式、教育政策执行（包括模式、机制、手段、过程及其影响因素）、教育政策评估等四个方面，对相关研究的代表性文献进行述评。

（1）关于教育政策的原理研究

从教育政策及其执行的原理探索方面看，研究者在教育政策学的学科框架建设方面，作出了较有价值的贡献。如：袁振国的《教育政策学》（1996）③ 一书沿着教育政策问题的认定、政策制定的影响因素、政策的能力限度、政策制定模式、政策制定的程序化与合法化、教育政策分析、政策执行、政策评价、教育政策与教育研究等内容进行深入的研究，构建了教育政策学的学科基本框架。孙绵涛的《教育政策学》（1997）一书从教育政策概述、中外教育政策简论、教育政策制定、教育政策执行、教育政策评价、教育政策分析等几个方面建构学科的基本框架。张乐天从教育政策及法规的含义、类型、体系与特征、价值基础、制定、执行、评价、

---

① ［英］斯蒂芬·鲍尔：《政治与教育政策制定——政策社会学探索》，王玉秋等译，华东师范大学出版社 2003 年版。

② 袁振国：《教育政策学》，江苏教育出版社 2001 年版，第 8 页。

③ 参见袁振国《教育政策学》，江苏教育出版社 2001 年版。

政策监控与法制监督等方面建构了《教育政策法规的理论与实践》（2002）一书的基本理论框架。上面三本书，均系统地论述了我国教育政策学的基本理论和基本架构，也是出现较早的同类书籍，对我国后续的相关研究影响较大。

　　在对教育政策的原理探索方面，研究者主要从教育政策的价值、伦理、公平性、合法性、道德性等方面开展研究。如祁型雨《超越利益之争——教育政策的价值研究》[①]（2003）一书，从主体需要、客体属性和实践活动三个基本范畴出发，较为全面深入地探讨了教育政策的价值概念、层级结构、价值实现等理论和实践问题，是我国第一部系统研究教育政策价值的专著。刘世清在《教育政策伦理》（2010）[②] 一书中，系统分析了教育政策的实质伦理、程序伦理、主体伦理、伦理观的基本取向等理论问题，从理论、历史与现实三个层面对教育政策所蕴含的道德性或公正性进行了全面考察。朱金花[③]（2005）以政策分析为研究视角，研究者以政策视角比较系统地分析了教育公平的基本内涵与价值属性，阐述了教育公平是教育政策基本出发点的价值理念。朱永坤[④]（2008）认为教育政策在实现教育公平过程中扮演着重要角色，教育政策应作为解决教育公平问题的出发点，研究者从伦理学的角度来分析教育政策，主张教育政策的公平性是教育公平问题解决的立足点。赵爽[⑤]（2005）论述了教育政策的合法性的内涵、类型和结构、影响教育政策合法性的因素、合法性危机等理论问题，并对当代中国教育政策系统的合法性进行了梳理。孙艳霞[⑥]（2006）从农村教育贫困根源和发展路径的学理分析出发，系统研究了教育政策的道德本质、道德维度、影响因素以及教育政策合道德性的路径。这些研究，均从不同的侧面对教育政策原理作出了有价值的探讨，对深化教育政策学科建设具有重要的作用。

[①]　祁型雨：《超越利益之争——教育政策的价值研究》，高等教育出版社 2003 年版。

[②]　刘世清：《教育政策伦理》，上海教育出版社 2010 年版。

[③]　参见朱金花《教育公平：政策的视角》，吉林大学博士学位论文，2005 年。

[④]　参见朱永坤《教育政策公平性研究——基于义务教育公平问题的分析》，东北师范大学博士学位论文，2008 年。

[⑤]　参见赵爽《教育政策合法性研究》，东北师范大学博士学位论文，2005 年。

[⑥]　参见孙艳霞《教育政策道德性研究》，东北师范大学博士学位论文，2006 年。

（2）教育政策制定与决策模式研究

教育政策有效运行依赖于教育政策制定与决策的科学化和民主化，我国学者在政策制定与决策模式的研究上也取得了不少成果。如：包海芹[①]（2009）在对西方政策科学发展过程中形成的政策制定的五种理论模式进行分析的基础上，探讨了这些政策制定模式在我国教育政策制定中的运用以及应用时要注意的基本问题。赵宁宁[②]（2007）以20世纪90年代初期R市初中招生办法改革政策为对象，对我国现有教育政策制定过程中研究基础的问题开展动态性的个案研究。关于教育政策决策及其模式的研究，李树峰[③]（2009）认为：宏观教育政策决策程序是否健康，取决于教育政策决策利益相关者之间的关系状态，取决于教育政策问题分析的合理性，取决于教育政策方案的针对性，取决于教育政策效果的真实性。研究认为教育政策利益相关者是宏观教育政策决策的核心，它涉及政策决策者、政策执行者、政策受众者、政策非受众者、政策反馈者和政策评价者等群体。祁型雨[④]（2003）认为应构建一种利益表达与整合的教育决策模式，以便有效协调教育领域的各种利益矛盾与冲突，研究者在分析我国转型期教育政策的6种决策模式基础上提出适应我国教育改革与发展的教育决策的"张力模式"及其构建策略。综观上述的一些研究，笔者认为：这类研究多是借鉴了"公共政策"的决策理论而进行的研究，后续的研究需要加强对我国教育政策制定过程的动态、复杂、独特性的特征认识，并能够选用合适的研究方法，从而实现教育政策制定与决策模式研究上的理论创新。

（3）关于政策执行的研究

对于教育政策执行模式的研究，近年来的研究在内容上不断深入。美国著名的政策学家史密斯（T. B. Smith）在《政策执行研究》（1973）中提出"政策执行的过程模式"；麦克拉夫林（M. Melaughlin）在《互适的政策执行：课堂组织变革》（1976）中提出政策执行的"互适模式"；爱尔莫尔（Richard F. Elmore）在《社会方案执行的组织模式》（1978）一

---

① 包海芹：《教育政策制定的理论模式评析》，《教育学术月刊》2009年第1期。
② 参见赵宁宁《寻找教育政策制定的研究基础》，北京师范大学博士学位论文，2007年。
③ 参见李树峰《宏观教育政策决策研究》，华东师范大学博士学位论文，2009年。
④ 参见祁型雨《利益表达与整合——关于教育政策的决策模式研究》，华中师范大学博士学位论文，2003年。

文中提出政策执行的"组织模式"；萨巴蒂尔（Paul Sabatier）和马兹曼尼（Daniel Mazmanian）在《公共政策执行：一个分析框架》（1979）一文中提出政策执行的"环境影响模式"。[①] 对于西方这些公共政策执行的模式，我国学者在充分吸收的基础上又有所创新。如袁振国在《教育政策学》一书中系统地阐述了教育政策执行的步骤，形成了教育政策执行的逻辑顺序，构建了教育政策执行的模型；毕正宇[②]（2006）在评析西方现有的过程模式、互适模式等执行模式后，建构了教育政策执行的"参与式互动链"模式，强调政策执行中注意人的因素和文化传统、风俗习惯等非正式制度的影响。李孔珍[③]从我国"自上而下、以县为主"的公共基础教育政策执行体制出发，提出我国公共基础教育政策执行的整体推进模式，并在分析其特征与不足的基础上，提出整体推进模式的改进方法。蒋园园[④]以复杂性思想为指导，运用复杂科学的原理研究教育政策执行，有助于我们加深对教育政策执行不稳定性、不可预测性的认识，从整体上把握教育政策执行系统。

　　在政策执行机制研究方面，胡春梅[⑤]建构了教育政策执行的行政机制、市场机制、法律机制以及教学机制的运行框架；霍海燕[⑥]提出了政策执行的"同体化"与"异体化"同步发展的构想，即政策执行机构和人员一方面部分参与政策的制定，另一方面政策执行可以部分面向社会，引入市场竞争机制，采取包租、承包、委托、签订合同等方式由非政府组织执行；林小英[⑦]针对教育政策执行的理论模式和委托代理问题进行了论述；林丽群等[⑧]提出了和谐社会背景下的公共政策执行的利益整合机制，

---

①　袁振国：《教育政策学》，江苏教育出版社 2001 年版，第 305—306 页。

②　毕正宇：《教育政策执行模式研究》，华中师范大学博士学位论文，2006 年。

③　李孔珍：《我国基础教育政策执行：整体推进模式》，《中国教育学刊》2010 年第 11 期。

④　蒋园园：《教育政策执行复杂性研究：复杂理论的视角》，《教育发展研究》2011 年第 7 期。

⑤　参见胡春梅《教育政策执行运行机制分析——以有关新课程改革在 X 省的执行为例》，北京师范大学博士学位论文，2005 年。

⑥　霍海燕：《优化公共政策执行体制的设想》，《理论探讨》2002 年第 3 期。

⑦　林小英：《教育政策执行的理论模式评析》，《民办教育研究》2006 年第 1 期。

⑧　林丽群等：《和谐社会构建中的政策执行利益整合机制创新研究》，《湘潭师范学院学报》2007 年第 11 期。

包括权威融合、利益诉求和冲突化解三种机制创新。宁国良[1]提出了"以信息沟通机制为渠道、优化公民参与机制为核心、健全政策激励机制为动力、优化责任追究机制为关键、完善执行监督机制为保障"的五位一体的公共政策执行机制；谭英俊[2]探讨了公共政策有效执行的利益平衡机制、民主参与机制、沟通协调机制、监督控制机制、权力配置机制、政治社会文化机制等。

在政策执行手段的研究上，秦长江[3]提出了政策执行的行政手段、经济手段、法律手段、科技手段和思想政治教育手段，并主张政策执行中手段运行的动态权变性和有机整合；陈振明和张国庆[4]提出了政策执行的行政手段、法律手段、经济手段、思想诱导手段，陈庆云[5]在这些常用的政策执行手段之外，提出政策执行的技术手段。对政策执行手段的研究，将有助于提高政策执行的有效性，但是从政策执行过程的复杂性出发，政策执行手段无疑需要多样化的整合，避免单一化手段的运行。

在对政策执行过程及影响因素的研究方面，政策执行研究的先驱者普勒斯曼（Jeffrey L. Pressman）和韦达夫斯基（Aeon B. Wildavsky）[6]视政策执行为目标的确立和适应与取得这些目标的行动之间的一种相互作用过程；萨巴蒂尔在《政策过程理论》[7]一书中对约翰·金通提出的"问题、政策、政治"的多源流框架进行了修正，以求更加贴近现实。豪利特[8]（Michael Howlett）论述了政策过程中议程设定、政策规划、公共政策决策、政策执行的设计与工具选择以及政策评估等几个政策循环系统。相对国外的研究而言，我国学者更多地从政策执行失效出发寻找政策执行的影

---

① 宁国良：《论公共政策执行机制问题》，《求索》2004年第6期。

② 谭英俊：《试论构建有效的公共政策执行机制》，《中共济南市委党校学报》2004年第3期。

③ 秦长江：《论公共政策执行手段的选择》，《决策探索》2004年第11期。

④ 陈振明：《政策科学——公共政策分析导论》（第二版），中国人民大学出版社2003年版，第266—269页；张国庆：《公共政策分析》，复旦大学出版社2005年版，第221—222页。

⑤ 陈庆云：《公共政策分析》，北京大学出版社2006年版，第189—192页。

⑥ 转引自陈振明《政策科学——公共政策分析导论》（第二版），中国人民大学出版社2003年版，第259页。

⑦ ［美］保罗·A. 萨巴蒂尔：《政策过程理论》，彭宗超等译，生活·读书·新知三联书店2004年版，第92—123页。

⑧ ［美］迈克尔·豪利特：《公共政策研究——政策循环与政策子系统》，庞诗译，生活·读书·新知三联书店2006年版，第298—331页。

响因素。张金马①认为，政策本身的合理性、明晰性、协调性、稳定性和公平性、政策执行的财力、人力和信息资源的合理提供、恰当的政策执行方式、顺从的目标群体、正确的沟通协调机制、适宜的政策执行环境以及政策执行的有效监督控制是影响政策执行的主要因素。周佳②（2004）以进城务工就业农民工子女就学政策为对象，深入分析了教育政策的特性与利益相关者对教育政策执行的影响。袁振国③从教育政策本身的缺陷和政策执行者两个方面分析了教育政策失真的主要原因，并对减少教育政策失真的对策进行了探讨。李江源④认为教育政策失真的主要因素是教育信息的失真、构成教育政策的知识工具欠缺、不确定性和外部性以及意识形态的时滞和刚性。李孔珍、张兴⑤从文化、经济发展环境、制度环境和组织环境四个方面分析了教育政策失真问题。许国动⑥从教育政策执行的政治潜文化、权力潜文化、官本潜文化和小农潜文化四个维度对地方政府教育行政组织的影响。吴群芳、张宇光⑦从政策环节出发，建构了基于集成化思想的政策网络管理理论模型。在对政策执行的资源分析上，陈玉云⑧指出，经济体制转型、执行与地域文化的关系以及政策信息传递与消耗是导致政策执行变异的主要因素；周彬⑨从公共选择理论出发认为个体利益和个体价值观是影响教育政策执行的主要因素；杨润勇⑩认为县级教育行政主体对教育政策实质精神不求甚解、教育政策执行手段单一以及政策调整

---

① 张金马：《公共政策：概念、过程、方法》，人民出版社 2004 年版，第 446 页。

② 周佳：《教育政策执行研究——以进城务工就业农民工子女义务教育政策执行为例》，教育科学出版社 2007 年版。

③ 袁振国：《教育政策学》，江苏教育出版社 2001 年版，第 323—335 页。

④ 李江源：《教育政策失真的因素分析》，《教育理论与实践》2001 年第 11 期。

⑤ 李孔珍、张兴：《教育政策失真的环境原因分析》，见袁振国《中国教育政策评论》，教育科学出版社 2003 年版，第 302—311 页。

⑥ 许国动：《我国地方教育政策执行异形病理探究》，《当代教育科学》2007 年第 5—6 合期。

⑦ 吴群芳，张宇光：《多维政策网络视野下的政策环节协调及政策执行力提升途径》，《理论月刊》2011 年第 7 期。

⑧ 陈玉云：《教育政策变异之我见——关于政策执行与政策实现的讨论》，《教育理论与实践》2005 年第 11 期。

⑨ 周彬：《教育政策过程中的个体选择》，见袁振国《中国教育政策评论》，教育科学出版社 2003 年版，第 343—356 页。

⑩ 参见杨润勇《区域教育政策行为研究——以县级区域为例》，北京师范大学博士学位论文，2005 年。

的极端化倾向是影响教育政策执行的主要因素。

（4）教育政策评估研究

教育政策评估是政策动态运行不可缺少的环节，只有通过政策评估，才能对政策目标是否达成、政策是否应该继续执行、修改或终结作出正确判断。我国社会正处于转型期，教育政策需要根据社会政治经济文化的发展和教育的发展变化，及时进行调整，以有效引领和指导教育改革和发展，而教育政策调整的主要依据是教育政策评估。王素荣[1]认为教育政策评估标准具有多样性、层次性、可操作性，研究者从教育政策主体、教育政策客体、教育政策环境三个指标建构教育政策评估一级指标。冉敏[2]运用模糊数学政策评估模型对欠发达地区义务教育政策进行定量评估分析，认为欠发达地区的义务教育政策效果分值有明显提高，但仍有很大的提升空间。高庆蓬[3]认为，目前我国教育政策评估没有相应的制度保障，研究者对教育政策评估的功能及限度、政策评估主体、评估标准、政策评估指标体系构建、评估过程等基本理论问题开展了系统的研究，力图为我国的教育政策评估实践提供规范的理论指导。胡伶[4]在借鉴国内外公共政策评估标准和我国教育政策评估标准的研究成果基础上，架构了我国教育政策评估"3E"（公平、效果、效率）＋"3F"（可行性、可预测性、程序公正性）＋"3C"（兼容性、简明性、满意度）标准体系。林敏娟[5]认为当前我国以"绩效"视角作为教育政策绩效评估的较少，研究者从研究主体、研究主题和研究特征等内容对中外教育政策绩效评估研究进行了比较分析。高庆蓬、朱安妮[6]认为，随着社会利益的多元化和公共行政的民主化，利益相关者模式将成为转型期我国教育政策评估的较为适合的模式。

从现有的教育政策及其执行的研究成果来看，中外学者关于教育政策的原理探索、教育政策决策模式、教育政策执行（包括模式、机制、

---

[1] 王素荣：《教育政策评估指标体系研究》，《教育理论与实践》2006 年第 6 期。

[2] 参见冉敏《我国欠发达地区义务教育政策评估与展望》，兰州大学硕士学位论文，2007年。

[3] 参见高庆蓬《教育政策评估研究》，东北师范大学博士学位论文，2008 年。

[4] 胡伶：《教育政策评估标准体系的架构研究》，《教育理论与实践》2008 年第 12 期。

[5] 林敏娟：《国内外教育政策绩效评估研究若干问题探析》，《社科纵横》2011 年第 3 期。

[6] 高庆鹏、朱安妮：《转型期我国教育政策评估模式的选择》，《教育理论与实践》2011 年第 8 期。

手段、过程及其影响因素)、教育政策评估等方面的研究为后续的深入研究提供了基本理论依据和实践参考。我国学者在借鉴国外政策理论的同时，也注重从我国教育政策实践出发，开展了诸多有价值的教育政策及其执行的理论研究，但其研究的系统性不够，且对实践的研究尚不够深入，这就需要后续的研究者能够从以往偏重经验性的研究转向思辨与实证结合的研究，以便更好地发挥教育政策及其执行理论研究成果对实践的指导作用。

五　研究方法

研究方法是研究者对所研究问题所采取的手段和技术，其包括方法论的选择和具体研究方法的选择两个方面。选择合适的研究方法对一项研究来说是取得成功的重要一环。研究方法的选择是极其复杂的，其与研究者对研究方法论的思考、研究者自身的学科立场、对研究问题性质认识、研究对象的特性、研究者研究方法的喜好等密切关联。

(一) 方法论思考

1. 关于教育政策研究的思维方式

剑桥大学的吉布森 (Rex Gibson) 把对社会事件的分析水平划分为三个：一是个人、个体间的 (the personal and interpersonal)；二是制度的 (the institutional)；三是结构的 (the structureal)。① 我们以解释"玛丽为什么在学校成绩不好?"为例。分析水平一是："她笨"，"她不喜欢数学 (或者其他课程)"，"考虑到她母亲的因素"；分析水平二是："她家住在郊区，离校比较远"、"她学错了课程 (这个课程不适合她)"；分析水平三是："她来自于贫困家庭"、"她的老师陷入了工具理性"。本书追求的是一种结构的解释，把教育问题、教育现象与更大的教育制度、教育政策安排相联系。正如迈克尔·阿普尔 (Michacl W. Apple) 所言："我们需要尽可能把一切发展放到更大的背景中去，包括我们传授的知识、支配课堂的社会关系、作为文化和经济保存和分配机制的学校，以及在这些背景

① Gibson. Rex (1986). Critical Theory and Education. London：Hodder and Stoughton, pp. 14—15.

中工作的我们。"① 法国社会学家布尔迪厄是关系论的极力推崇者，他认为，纯粹的统计数字毫无意义，除非把它放到教育制度和阶级关系结构之间的关系系统中考虑。② 这种结构的思维方式并不是狭隘的、机械的结构决定论，而是一种关系论的思维方式，强调把教育与更为广泛的社会问题联系起来。

教育政策执行者依据国家制定的教育政策，通过建立教育政策执行组织机构，运用各种教育政策资源，在一定时期内为实现教育政策目标，把教育政策所规定的内容转化为教育政策行动、现实与效果的复杂多变的动态过程。因而，对于教育政策以及教育政策执行问题的研究，研究者在对方法论的选择中就预设了这样一个前提：从结构的、关系的角度思考教育政策执行问题，有助于揭示和解决当前支持农村义务教育发展的政策执行中的诸多问题。正是在这层意义上，笔者认为，以结构的、关系的思维方式思考、研究教育政策执行问题，不仅仅是教育政策研究中需要建立一种有效的思维方式，也是教育政策研究的特质所需。

2. 关于教育政策理论与实践的关系

教育政策理论与教育政策实践的关系是学界永久性探讨的一个问题，这个问题本身就可以化为诸多方面的思考，比如：教育政策理论是怎样产生的？ 教育政策理论对教育政策实践的意义何在？ 教育政策理论与教育政策实践是如何沟通的？ 教育政策理论与教育政策实践关系的现状如何？ 等等。而现实中的问题是，教育政策理论与教育政策实践之间存在着分裂的鸿沟。"至于教育研究，中国在 1949 年以后的很长时期，反而以'大教育学'取代原有的包括教育基础学科与实用性的教育学科在内的教育学科群，从而使教育学背上沉重的翅膀，既不成其为谨严的理论，又相当脱离实际。"③ 美国著名的教育家欧内斯特·博耶指出："在教育理论工作者与实际工作者之间存在着严重的分裂现象。在表面的分裂现象背后，隐藏

---

① ［美］迈克尔·W. 阿普尔：《意识形态与课程》，黄忠敬译，华东师范大学出版社 2001 年版，第 3 页。

② ［法］布尔迪厄、华康德：《反思与实践——反思社会学导引》，李猛、李康译，中央编译出版社 1998 年版，第 133 页。

③ 陈桂生：《"教育理论与实践关系问题"的再认识》，《湖南师范大学教育科学学报》2005 年第 1 期。

着两部分人之间深深的怀疑和某种程度的冲突与对抗。"① 因而，教育政策理论与政策实践的脱节问题，在教育政策实践中和教育政策理论界都有所存在。理论者的"言说"特质，使其基本上有着教育界的"话语霸权"。教育政策理论者大多时候习惯于只是基于自我的教育感知、理解和思考来言说和建构着教育政策，为教育政策实践界"谋划"和"圈定"实践路线，而较少关注到政策实践者"在行动、态度、价值中"的"缄默教育理解"。

理论可以说是基于一种绝对的单一视角的透视，因而便成为一种绝对的非个别化，一种理想化的普遍性，而实践必定是非单一化的模糊的多元视角。出于同样的理解，同时基于对教育政策理论认知和对实践的复杂性认识，从结构的、关系的思维方式出发，要求我们既不是从理论看实践，实践只是理论观照、裁剪的对象，也不是从实践看理论，理论变成实践的附庸，归属于实践的层次而丧失自身。教育政策理论的实践，首先是超越了主体与客体对立思维的实践，超越的路径是将生命价值基因渗透其中，是将两者结成合作共同体，在共同的价值基因追求中实现相融共生。其次，这样的实践是在理论与实践关系中的实践。不是脱离了理论的实践，也不是将理论消解成为实践的一部分，从而在消解两者对立的同时也消解了理论自身，最终也将导致实践的消解。因而，对于教育政策理论研究工作者来说，实现教育政策理论与政策实践的融通，需要教育政策理论研究者走进实践、关注实践、研究实践，并在实践中实现政策理论的新生。唯有如此，方能使教育政策理论研究永葆活力，也能使政策实践充满生机。

3. 关于教育政策实践活动中的人性假设

每一个研究社会现象的社会科学学科，每一种相对来说比较成熟的社会科学理论都应有自己学科的理论出发点。社会是由人的实践活动和人与人的关系构成的，人性假设也就成为社会科学学科或理论的根本出发点。作为教育政策学研究对象的教育政策背后隐藏的是人和人的关系，对人性的基本假设毫无疑问也是教育政策学理论的出发点和归宿，也是教育政策研究的基点。

关于人性假设，我国古代就有"性善说"和"性恶说"之争。在西

---

① ［美］欧内斯特·博耶：《关于美国教育改革的演讲》，涂艳国等译，教育科学出版社2002 年版，第 39 页。

方则存在着"理性人"、"经济人"、"社会人"、"复杂人"、"文化人"、"理性经济人"等各种假设，① 这些人性假设都有立足点，也有其局限性。公共政策的本质一定意义上是以权威性价值分配的现实对社会利益关系的反映。在公共政策实践中，每一个人都承载着各种各样的利益要求，这是他们从事公共政策实践活动的真正动力。因此，把公共政策实践活动中的人设定为"利益人"是符合人的一般本性的。而从事公共政策实践活动的"利益人"，既不是完全理性的，也不是完全非理性的，而是"有限理性"。在西蒙看来，有限理性介于完全理性和非理性之间。"有限理性很大程度上刻画为一种剩余类型——理性在它缺乏全知全能时是有限的。不能全知全能大多是指不能知道所有选项，相关外生事件的不确定性，以及不能计算各种后果。"② 因而，笔者以"有限理性利益人"人性假设作为教育政策执行研究的根本出发点，就是把从事政策实践活动的人，包括政策主体和政策对象，都看做是有限理性利益人。在政策活动中，有限理性利益人的行为选择具有价值偏好多元性、智能活动有限性、追求满意性和时效性的基本特征。这既符合人的一般本性，也符合公共政策实践活动的人的特殊本性。③

　　通过对教育政策实践活动中的"有限理性利益人"人性假设，并在此基础上对教育政策执行进行考察与解读，可以把教育政策执行的本质和规律以更合理的形式展现在人们面前。

---

　　① 古希腊思想家苏格拉底认为人区别于一般动物的最主要特征就是人的灵魂有理性，因而人能追求知识，人的行为都要服从理性的指导。柏拉图认为人的本性就是人的"灵魂"，人的灵魂是由理性、意志和欲望三部分构成的。亚里士多德在探讨人性时提出了"人是理性的动物"和"人是天生的政治动物"的著名论断。在近代西方，随着市场经济的发展，英国的亚当·斯密提出了"自利人"假设，英国的政治经济学家大卫·李嘉图认为，人是"理性人"，每一个人都以计算利弊的方式为了个人的保存和利益而行动，为了达到目的，都尽可能合乎逻辑地思考和行动。意大利经济学家帕累托提出了"经济人"概念。新古典经济学把"理性人"和"经济人"联系在一起就形成了"理性经济人"的人性假设，并成为西方科学管理理论的基本前提。哈佛大学教授梅奥通过"霍桑试验"研究，提出了"社会人"假设。另外，在管理理论发展中，美国心理学家马斯洛提出了"自我实现人"假设，美国行为科学家 E. H. 沙因提出"复杂人"假设，美国加州大学管理学家威廉·大内提出"文化人"假设等。

　　② ［美］赫伯特·西蒙：《西蒙选集》，黄涛译，首都经济贸易大学出版社 2002 年版，第289 页。

　　③ 参见王春福《有限理性利益人与公共政策》，中国社会科学出版社 2008 年版，第 23—44 页。

（二）具体研究方法

1. 文献研究

由于"一个民族、一个国家在某些方面取得的成就的大小可以在他们积累、发表文献的数量与质量上反映出来"，[①] 从教育政策学科结构来看，教育政策研究涉及社会科学的诸多学科，因而本书需要对政治学、社会学、管理学、教育学、教育行政学、教育政策学等学科领域的相关文献进行充分的检索。文献检索的目的在于，明晰中外学者已做了哪些基础性的工作，把握中外教育政策执行理论与实践的发展趋势，了解已有的教育政策执行研究取得的前沿成果，为本书所要探讨的主要问题和主要观点提供佐证。本书获得的文献档案资料，一方面搜集了和本书相关的书籍和论文资料，同时按照自上而下的政策执行链条，搜集了以下几类文献：（1）中央层面出台和公布的支持农村义务教育发展的政策；（2）新世纪以来江苏省支持农村义务教育发展的政策文本及相关资料；（3）江苏省地级 H 市政府部门或教育行政部门出台的支持农村义务教育发展的政策文本及相关资料；（4）江苏省 H 市 L 县政府及其教育选择部门出台的支持农村义务教育发展的政策文本及相关资料，包括 L 县支持农村义务教育发展的相关政策文件，政策规划及活动方案、工作计划与总结，相关的会议记录等；（5）学校层面的文献资料，包括教师支教工作日志，以及与研究相关的其他第一手材料（如支教实施方案、支教名单、支教集锦等）。

2. 实地研究

实地研究是指教育研究者离开自己熟悉的教学科研场域，较长时段地"沉入"到相对陌生的研究对象的生活环境中去，采用参与观察和非结构访谈等获取资料的方法，系统详尽地描述、理解乃至批判反思研究对象的物理和精神特征、思想信念与行动逻辑的相对松散的研究方式体系。[②] 实地研究并不是一种高度契合的单一研究方式，而是指深入"实地"开展研究的种种方式的系统。[③] 因而，实地研究并非就是单一的研究方法，它

---

① 李秉德：《教育科学研究方法》，人民教育出版社 1986 年版，第 136 页。

② 张新平：《实地研究：教育管理研究的第三道路》，《教育理论与实践》2005 年第 5 期。

③ 张新平：《教育管理实践个案研究：实地研究方式》，上海教育出版社 2007 年版，第 5 页。

可以说是多种研究方法的集合。在本书中，笔者的实地研究包括实地考察、对亲历者问卷调查与访谈等。研究者从 2010 年 2 月开始至 2012 年 5 月底，分三个阶段开展了实地研究。

第一个阶段：对江苏省教育厅基教处、师资处、南京市 B 区教育局、H 市教育局以及 L 县教育局有关领导和农村义务教育学校的校长等进行访谈，通过对这些管理者的访谈，了解当前支持农村义务教育发展的政策内容以及执行现状，对现行的支持农村义务教育发展的政策执行所面临的矛盾以及问题有了较为直观的了解。

第二个阶段：对江苏省 L 县就实施支持农村义务教育发展政策的系列活动进行了细致的观察；同时，继续对县教育局领导、学校校长、教师、家长等人员开展访谈和问卷调查工作。

第三阶段：针对政策执行链条上的县教育管理部门的一些相关官员、校长等人员进行重点访谈，同时，还对江苏省 L 县的中小学学校校长及部分老师进行了多次回访，以弥补前面访谈中的不足，获取更丰富的政策执行信息。

在这三个阶段的调查过程中，不仅得到了大量的访谈资料，也得到了大量的相关文献档案资料。总之，笔者通过采取实地研究方法，通过非参与性观察、重点访谈和文献收集等方法来获得资料，并在此基础上进行个案分析。具体而言，通过实地研究获取的本书所需的第一手资料主要有以下方面：

第一，非参与观察。从 2010 年 5 月 10 日至 6 月 30 日，笔者以研究观察员的身份，一是对 L 县所属的 H 中学、T 中学、Y 中心小学的参与支教学校的老师的一系列活动进行了细致的观察；二是对 L 县支持农村留守儿童发展的政策执行情况进行抽样调查与访谈；三是对 L 县农村义务教育现代化政策执行过程中的相关行动者进行访谈考察。也就是说，笔者观察了 L 县支持农村学校政策执行过程中的相关利益人群、政策目标群体在政策执行过程中的"言行"，掌握了许多第一手资料。

第二，重点访谈。笔者就 L 县在支持农村义务教育学校发展的政策执行过程中的关键人物进行重点访谈，这些关键人物包括江苏省教育厅基础教育处、师资处等处室领导、H 市教育局以及南京市 B 区教育局的有关处室领导、L 县教育局 LJN 局长、ZHF 副局长、人事科 X 科长、教育科 W 副科长、财务科 Y 科长、县委办 LFW 主任、H 镇 Y 镇长等，进行了有针对性的深度访谈。另外，笔者还对 L 县支持农村义务教育发展的政策执行的一线人员包括学校的校长、教师、学生、家长、村民等人员进行了多次访谈。此后，因研究所需，还对南京市 B 区派遣到 L 县支教的部分教师通过网络进行了跟踪访谈。在访谈中，笔者均对访谈过程进行了录音。通过对政策执行链条上的关键人物以及相关人员的深度访谈，有利于加深对在支持农村义务教育发展的政策执行过程中不同行动者的决策逻辑和行动策略的理解。

3. 政策分析

政策分析是指在政策研究中对问题的性质、症结、不同政策方案的选择、方案执行后可能产生的结果、方案实施后是否达到了政策的目标，等等，进行判断、建议、咨询以及评估的活动与过程。当前的政策科学研究大致可以分为两大类：一类是对政策过程的研究，也就是对一项政策是怎样制定出来的研究，这通常被定义为"政策研究"，或"政策的研究"，也称政策的描述性研究，侧重于理论探讨；另一类是对因素、策略和方法等的研究，是对怎样才能制定出一项好政策的研究，这通常被定义为"政策分析"，或"为政策的研究"，也称政策的规范性研究，侧重于应用研究。对政策的评价界乎于这两者之间，关乎评价标准的研究很接近于政策研究，评价的方法、手段更接近于政策分析。[①] 美国的查尔斯·沃尔夫认为，公共政策分析是把科学理论方法应用于解决政策的选择和实施。政策分析不仅仅是简单的技术工具，它并非只需要部分人写出研究报告并付诸实施即可，政策分析的目的不是产生某种一锤定音的政策建议，而是要帮助人们对现实可能性和期望之间有逐渐一致的认识，产生一种新型的社会相互关系与"社会心理"模式。这种模式使人们对政府的某项职能有了新的共同认识，其结果是使政治集团之间的活动或行为更趋一致，冲突趋于减少。从这一观点出发，政策分析又是在公共政策领域内创造和应用知识的复杂的社会过程。怀特把"社会"放在政策分析的突出地位，在政策分析的技术前景和理想社会之间建立起更好的桥梁。因而，公共政策分析是政府为解决各类公共政策问题所采取的对政策的本质、产生的原因及实施效果的研究。[②]

---

① 袁振国：《教育政策学》，江苏教育出版社 2001 年版，第 7—8 页。
② 陈庆云：《公共政策分析》，北京师范大学出版社 2006 年版，第 17—18 页。

一般而言，教育政策的分析内容（包括支持性教育政策在内）可以概括为四个方面：问题、目标、方案和实施方法，它们构成了教育政策分析的基本要素。教育政策分析的四个要素缺一不可，对这些要素分析越细致，最后得出的教育政策方案就可能完备和可行。

六　研究框架

（一）研究思路

本研究以"新世纪支持农村义务教育发展的政策执行考察"为主题，以"江苏省 L 县为例"，以"政策执行过程逻辑"和"政策目标构成逻辑"这两条线索来展开对本课题的研究工作。

第一，政策执行过程逻辑。政策过程是一个包含政策产生、政策执行、政策执行监控、政策执行评估等一系列环节的过程。在 21 世纪，江苏省产生支持农村义务教育发展政策的背景是什么？换言之，为什么会在新世纪初产生诸多的支持性教育政策？世纪之交江苏省农村义务教育发展中遭遇的种种困难以及因此而导致的城乡教育不均衡，成为江苏省社会发展中的一个民生问题，而世纪之交从国家到包括江苏省的全国各地，"关注民生、改善民生"成为各级政府治理的价值诉求，这两者在"世纪之交"的结合就打开了"政策窗口"，这和"多源流理论"① 所提出的"问题源流"与"政治源流"的结合启动"政策源流"是非常吻合的。而当政策产生后，政策就将进入执行的程序。因而，本书即是对江苏省支持农村义务教育发展的政策执行过程进行的研究，笔者对这些政策执行的考察沿着"政策执行成效—政策执行中存在的问题—政策执行问题的原因分析"这一思路，对具体的支持性教育政策执行情况进行考察。

第二，政策目标构成逻辑思路。新世纪江苏省实施的支持农村义务教

---

① 多源流理论是美国的公共政策学家约翰·金通（John W. Kingdon）等人在 20 世纪 80 年代提出的关于政策过程的一种理论。该理论认为，政策过程是由行为者和过程的三个源头组成的，即由各种问题的数据以及各种问题界定内容所形成的问题源流、涉及政策问题解决方案内容的政策源流和由各种选举活动和被选举官员组成的政治源流。只有当问题特征（问题源流）和政治制度与环境（政治源流）互相耦合的情况下，才会导致政策解决方案的产生（政策源流）。参见保罗·A. 萨巴蒂尔《政策过程理论》，彭宗超、钟开斌等译，生活·读书·新知三联书店 2004 年版，第 13 页。

育发展的政策种类多，涉及面广，选择什么样的政策对其考察就成为笔者需要解决的一个重要问题。在研究中，笔者沿着"支持教师发展—支持特殊学生群体发展—支持办学条件改善"这一政策目标构成思路对江苏省支持农村义务教育发展的政策进行筛选，选择江苏省的支教政策、支持农村留守儿童发展的政策、农村义务教育现代化政策这三个政策作为研究的对象。从政策内容构成来说，江苏省的支教政策主要指向支持农村教师的教学业务提升，支持留守儿童发展的政策是指向农村义务教育中留守儿童这一特殊群体的，而农村义务教育现代化政策是对支持农村义务教育办学条件改善的种种政策实施的总体成效性追求。基于这一逻辑思考，对这三项政策的执行考察就构成了三项政策文本间的关联。

从上述的研究思路出发，研究者建构了本书的研究框架，并在具体的研究过程中，通过实地研究、文献研究、政策分析等研究方法的运用，对江苏省实施的支持农村义务教育发展的政策执行进行了考察。

（二）研究内容

本书的基本内容和框架由以下七部分构成：

第一章，导论。在这部分，研究者首先阐释选题的理由以及意义，对本书涉及的核心概念进行界定和介绍；其次是对已有的相关研究文献进行述评，寻找研究问题的空间；再次，是对研究采用的方法论和具体研究方法的选择以及研究框架进行分析和说明。

第二章，新世纪支持农村义务教育发展政策的产生与行动。本部分主要解决"为什么执行农村义务教育政策在新世纪产生"和"采取了哪些支持农村义务教育发展的政策"这两个问题。在本章中，笔者首先运用政策的"多源流理论"对支持性教育政策的产生进行分析，解决新世纪支持农村义务教育发展的政策产生的背景和动因；其次，对国家和江苏省新世纪以来实施的支持农村义务教育发展的政策进行梳理，并分析这些支持性教育政策执行的总体成效。

第三章，个案县情：江苏省 L 县的社会经济发展与教育。在本部分，笔者首先是对江苏省 L 县的社会经济发展、教育变迁以及教育现状作总体性描述，为支持性教育政策在 L 县的执行寻求历史和现实的土壤。其次，对当前实施的支持农村义务教育发展的政策在 L 县的执行情况进行整体考察，并分析其取得的总体成效。

　　第四章，L县教师支教政策执行考察。在本部分，笔者首先对L县支教政策执行情况进行调查，分析该项政策在L县实施取得的积极成效；其次是进一步分析L县支教政策执行中存在的一些问题；最后是对产生这些政策执行问题的原因进行分析，目的在于为支教政策在L县的继续实施以及在其他区域的实施提高有效性，避免和减少政策执行的失真现象。

　　第五章，L县支持农村留守儿童发展政策执行考察。在本章中，笔者通过问卷调查，对L县农村留守儿童发展的现状进行描述，并对其发展中存在的问题进行揭示。然后，笔者在对L县支持农村留守儿童发展的政策执行情况和取得的成效进行分析的基础上，对L县在支持留守儿童发展的政策执行过程中产生的问题与原因进行归纳和解释。

　　第六章，L县支持农村义务教育现代化政策执行考察。本部分首先从宏观上分析江苏省教育现代化（其重点是农村义务教育现代化）政策的由来及其政策实践进程，为L县实施支持农村义务教育现代化政策提供政策背景支持。其次，从政策链条上行动者的行动策略角度，对L县支持农村义务教育现代化的政策执行情况进行具体考察。最后，进一步分析L县在该项政策执行中存在的问题及该问题产生的原因。

　　第七章，支持性教育政策县域执行的反思与建议。支持性教育政策作为对弱势群体的补偿性政策，其政策特征与一般意义上的教育政策相比有什么样的独特性？支持性教育政策在县域采取了什么样的执行路径？其现有的政策执行路径有何利弊？支持性教育政策县域有效执行需要采取什么样的策略？在本章中，笔者首先对支持性教育政策的特征进行分析，进而对支持性教育政策的县域执行的行政驱动与民间驱动两种路径进行反思，最后就支持性教育政策的县域有效执行提出相应的政策建议。对这些问题的回答既是本章的主要任务，也是对前面研究内容的归纳和总结。

第二章

新世纪支持农村义务教育发展政策的
产生与行动

2003 年，国务院颁发了《关于进一步加强农村教育工作的决定》（国发［2003］19 号），提出要"加大城市对农村教育的支持和服务，促进城市和农村教育协调发展"。21 世纪以来，国家相继实施了"国家西部地区'两基'攻坚计划"（2003）、"农村中小学现代远程教育工程"（2003）、资助贫困家庭学生就学的"两免一补"政策（2005）、"农村义务教育阶段学校教师特设岗位计划"（2006）等多项政策。为进一步推进城镇教师支援农村教育工作，加强农村教师队伍建设，教育部发布了《关于大力推进城镇教师支援农村教育工作的意见》（教人［2006］2 号），明确提出"推进城镇教师支援农村教育工作，是贯彻落实'城市支持农村、工业反哺农业'重要方针的具体行动，是统筹城乡教育协调发展、优化教师资源配置、解决农村师资力量薄弱问题的重大举措，也是适应农村城镇化进程加快、农村学龄人口和教师供求关系变化的必然要求，对于提高农村教育质量、促进义务教育均衡发展、加快社会主义新农村建设具有重要的战略意义和现实意义。"《意见》就推进城镇教师支援农村教育工作提出了明确要求，做出了全面部署，重点措施包括积极做好大中城市中小学教师到农村支教工作，认真组织县域内城镇中小学教师定期到农村任教，探索实施农村教师特设岗位计划，等等。与此同时，为了落实国务院以及教育部关于加强农村教育工作的政策，地方各级政府（主要是省一级的政府）亦出台了相应的政策与措施，这些政策与措施有力地促进了我国农村义务教育的发展。如江苏省，新世纪以来相继实施了农村中小学"布局调整和危房改造工程"（2001）、"三新一亮工程"（2003）、

"六有"工程（2004）、"校校通"工程（2005）、"四配套工程"（2006）、"送优质教学资源下乡工程"（2007）、"千校万师支援农村教育工程"（2007）、"教育现代化工程"（2007）、"留守少年儿童食宿条件改善工程"（2008）、"校舍安全工程"（2009）等。这些支持农村义务教育发展的政策，标志着新世纪以来江苏省农村义务教育的支持性政策已经形成了系列化，并在实践过程中对新世纪以来的江苏农村义务教育的发展起到了极大的促进作用。

面对这一系列的支持性教育政策文本，人们感到困惑的问题是：为什么在新世纪初，国家和江苏省会出现这么多的支持农村义务教育发展的政策？难道说"政策窗口"是自动打开的吗？政府密集颁行这些支持性教育政策，它又有什么样的政策思考或者说政治上的考虑？这些种类繁多的支持农村义务教育发展的政策有什么内在的脉络吗？如果有，其内在的脉络又是什么？对这些问题的解答就成为本章所要研究的内容。

一　政策产生

一般说来，教育政策的产生首先是政策所指事项要能够成为"教育问题"，而后再从"教育问题"到"教育政策问题"。而一项政策之所以产生，是多方面因素促进的。金通（John W. Kingdon，1984）等人在20世纪八九十年代提出的多源流理论认为：把政策过程看成是由行为者和过程的三个源头组成的。这三个源流是：由各种问题的数据以及各种问题界定内容所形成的问题源流；涉及政策问题解决方案内容的政策源流；由各种选举活动和被选举官员组成的政治源流。在金通看来，只有当问题特征（问题源流）同政治制度和环境（政治源流）互相耦合，才导致了政策解决方案的形成（政策源流）。[①] 从金通等人的多源流理论出发对我国的教育政策进行审视，笔者认为：我国支持农村义务教育发展的政策也同样经历了由"问题的出现—政治制度和环境需要—政策产生"这样一个过程。

---

① 保罗·A. 萨巴蒂尔：《政策过程理论》，彭宗超、钟开斌等译，生活·读书·新知三联书店 2004 年版，第 13 页。

（一）农村义务教育的发展困境

20 世纪末到 21 世纪初，我国农村义务教育在发展过程中存在着诸多的困难，主要表现为：农村义务教育经费投入低、办学条件差、硬件落后、部分学校欠债严重；农村教师整体素质偏低、待遇不高、人才引进困难、知识难以更新；学生辍学率高、学校教育质量难以得到有效保障；等等。农村义务教育发展中这些问题的存在，使得农村义务教育处于一种发展困境，其主要表现为：

1. 农村义务教育经费投入的体制性制约

制约我国农村义务教育发展的根源在于农村义务教育经费投入体制这一根本性的因素。1985 年我国颁布《中共中央关于教育体制改革的决定》，提出"基础教育由地方负责、分级管理的原则"。农村义务教育实行"三级办学、两级管理"的体制，即县、乡、村三级办学，县、乡两级管理，在实践中转化为"县办高中、乡办初中、村办小学"的办学模式。1986 年颁行的《中华人民共和国义务教育法》规定我国义务教育实行"地方负责、分级管理"的管理体制，《义务教育法实施细则》要求教育经费"由乡级人民政府负责统筹安排，主要用于支付国家补助、集体支付工资的教师的工资，改善办学条件和补充学校公用经费等"。而且规定"实施义务教育的学校新建、改建、扩建所需资金，在农村由乡、村负责筹措，县级人民政府对有困难的乡、村可酌情予以补助"。这一时期的农村义务教育经费投入，是由财政拨款、收取杂费和教育费附加、捐集资等多元化渠道共同支撑的，实际上很多筹资责任是以乡村为主的。这种义务教育经费投入体制，充分调动了地方政府尤其是县、乡两级政府和社会各界投资办学的积极性，有利于形成"人民教育人民办、办好教育为人民"①的全民办教局面，对大力普及农村义务教育起到了巨大的推动作用。但自 20 世纪 90 年代后，由于县、乡政府的财力增长势头开始减弱，而实行的"财政大包干"体制致使乡镇政府对农村义务教育财力供给力不从心，举步维艰，落后地区情况尤甚。为扩大地方教育经费的资金来源，1990 年 6 月，国务院又发出《关于修改〈征收教育费附加的暂行规

---

① 国家教育发展研究中心：《2006 年中国教育绿皮书——中国教育政策年度分析报告，教育科学出版社 2006 年版，第 26 页。

定〉的规定》，将教育费附加率从 1986 年的 1% 调整为 2% 。到了 1994
年，由于实行分税制改革，《国务院关于教育费附加征收问题的紧急通
知》文件中又一次将教育费附加率提高到 3% 。尽管教育费附加率一再提
高，但是县、乡政府对农村义务教育的公共投资却变得捉襟见肘，弱小的
乡镇财政无法满足农村义务教育的需求，于是，拖欠教师工资、教育乱收
费、乱集资等问题越发突出。[①]

　　1993 年《中国教育改革和发展纲要》确定到 2000 年实现"两基"目
标，为扶持贫困地区普及义务教育，中央省级财政加大了转移支付和专项
支持力度，并从 1995 年起实施"国家贫困地区义务教育工程"等项目，
两期投入了 200 多亿元，重点建设校舍、改善办学条件、改造危房和培训
师资等，同时鼓励东部和城市学校开展对西部农村的对口支援。虽然
1994 年国务院关于《中国教育改革和发展纲要》的"实施意见"提出，
县级政府在组织义务教育实施方面负有主要责任，包括统筹管理教育经费
等，乡级政府负责落实义务教育具体工作，并说明"有条件的经济发展
程度较高的地区，义务教育经费可仍由县、乡共管，充分发挥乡财政的作
用"。但多数农村地区仍靠乡和村保证学校运转及安全。1994 年分税制改
革后县乡财力不足问题日益凸显，虽然"教育事权和财权相统一的原
则"[②] 难以落实，却承担着义务教育责任，其中，教育费附加及集资政策
发挥了关键性作用。以 1997 年农村义务教育总经费结构为例，财政性和
非财政性经费的比例是 75：25，预算内拨款和教育费附加分别占 54.8%
和 20.2%，杂费，社会捐集、杂费和其他投入的比例分别是 10.2%、
11.8% 和 3% （见表 2—1）。

表 2—1　　　　　农村税费改革前后义务教育经费结构变化

经费来源	1993 年		2003 年	
	亿元	百分比（%）	亿元	百分比（%）
1. 财政性经费	588.82	75.0	1142.83	83.7
预算内拨款	430.01	54.8	1094.3	80.2

[①] 江文涛：《改革以来我国农村义务教育相关投入政策问题与评价》，《农业经济问题》
2006 年第 6 期。

[②] 王善迈、李春玲：《我国中小学教育经费的拨款体制》，《教育与经济》1991 年第 1 期。

续表

经费来源	1993 年		2003 年	
	亿元	百分比（%）	亿元	百分比（%）
教育费附加	158.81	20.2	48.53	3.5
2. 非财政性投入	196.13	25.0	222.47	16.3
社会捐资	92.94	11.8	18.31	1.3
杂费	79.44	10.2	134.26	9.8
其他	23.75	3.0	69.9	5.2
1、2 项合计	784.93	100	1365.3	100

资料来源：教育部财务司、国家统计局和社会科技统计司：《中国教育经费统计年鉴 2003》，中国统计出版社 2004 年版。

2001 年国家全面启动农村税费改革，在农村义务教育方面，取消了约占农村中小学教育经费总投入 30% 的教育费附加和教育集资。从 1997 年与 2003 年全国农村义务教育经费结构变化来看，经费总投入 6 年间增长 73.9%，主要是教育预算内拨款翻番所致，其百分比也从 54.8% 提高到 80.2%；教育费附加从 20.2% 下降到 3.5%，社会捐集资从 11.8% 锐减到 1.3%，[①] 表明农村税费改革成效明显，在多数地区免征农村教育费附加的情况下，县及以上各地财政开始担负起重要责任。但是，教育费附加和教育集资这两项费用原本是用于维持学校正常运转的经费，取消之后，农村义务教育学校的运行更是困难。这就需要省及中央财政给予比税费改革前多得多的转移支付，以弥补因取消教育费附加和教育集资而形成的经费缺口，缓减一些经济贫困地区县乡财政吃紧、难以承受的局面。

2. 农村义务教育的教师生存与发展危机

就我国而言，教师工作是在农村还是在城市，完全是两种身份、两种境遇。正如豪斯坦因和 W. 斯坦利（Hothstein，W. Stanley）所言，个体在出生以前，在进入学校以前，在进入劳动市场以前，就已经获得了他的阶级身份。[②] 由于我国是一个城乡二元结构对立较为显著的国家，在改革开放后，其割裂、对立的情形显得尤为严重，其表现在政治、经济、文化等方面，

---

① 邬志辉、于胜刚：《农村义务教育经费保障新机制》，北京大学出版社 2008 年版，第 13 页。

② Hothstein, W. Stanley (1991). Identity and Ideology：Socioculureal Theories of Schooling. New York：Greenwood Press, p. 121.

并深刻地渗透在社会生活的各个层面。反映在教育领域中，主要表现为城乡教育的差异，包括城乡学校办学条件、教育教学质量、教师待遇等诸多方面。

我国作为一个有着 13 亿多人口的大国，农村人口占有 6 亿多，80%以上的小学、64% 以上的初中设置在农村，农村教育成为我国教育工作的重中之重。教育部《国家教育督导报告 2008》在肯定了农村义务教育取得巨大成就的同时，也尖锐地指出了农村义务教育中目前存在的种种问题。这份报告综合了 2002—2007 年义务教育教师全国县一级的统计数据，2007 年全国 32 万份抽样调查结果以及对 7 个省、自治区的实地调研情况，对义务阶段教育教师基本状况进行了分析。报告指出，全国义务教育教师总体规模按现行编制标准基本满足需求，保证了普及九年义务教育目标的实现。但目前教师配备结构性问题依然突出，农村边远地区教师数量不足、补充困难，直接影响了义务教育均衡发展。据统计数据显示，2007年，全国普通小学、普通初中有专任教师 907.7 万人。从城乡分布看，县镇和农村的教师占 82.7%。全国义务教育阶段约有 1/4 的教师工作在艰苦地区。[①] 正是这 900 多万的农村义务教育阶段的教师，他们默默地工作，无私地奉献，担负起义务教育的重任，撑起了我国义务教育的半壁江山。与城市里的学校与教师相比，他们的工作条件并不优越，他们的工资水平和福利不高，他们职后进修与培训的机会也不多。而农村义务教育要发展，从根本上说离不开农村义务教育教师的发展，没有一支稳定的高素质的农村义务教育教师队伍。在基本实现普及九年义务教育和全面建设小康社会的时代背景下，建设一支数量足够、质量合格、队伍稳定的农村义务教育教师队伍就成为加快发展农村义务教育，大力提高农村义务教育质量和劳动者素质的关键。

（1）教师队伍整体状况令人担忧

一是教师学历尚未完全达标。2004 年我国农村小学、初中教师的研究生、本科、专科、高中（含中师）和高中以下学历比例分别为 0.01%、2.14%、38.00%、57.64%、2.22% 和 0.06%、18.94%、72.31%、8.50%、0.19%。[②] 据此，农村义务教育阶段的学历达标任务仍然艰巨。

---

① 《国家教育督导报告 2008——关注义务教育教师》（摘要），《中国教育报》2008 年 12月 5 日第 2 版。

② 资料来源：见教育部发展规划司《中国教育统计年鉴 2004》，人民教育出版社 2005 年版。

二是教师年龄上老化现象严重。由于地处农村，交通条件和经济发展落后，刚毕业的大学生不愿去农村任教，原有的年轻教师多流向城市学校，致使农村学校的教师队伍老龄化，有的地区甚至出现了教师队伍年龄结构的断层现象。三是相当部分教师的教育观念陈旧，学科知识老化，教育方法落后，难以适应基础教育改革发展的需要，尤其是新一轮基础教育课程改革的需要。四是教师的教学能力有待提高。经过近年来大规模的学历补偿教育和在职培训，农村义务教育教师的学历达标率有所提高，但不少教师实际教学能力并没有通过培训而得到相应的提高。五是农村义务教育教师的职业道德建设问题凸显。由于工资低、待遇低、专业教育程度低，师资来源渠道多样，加之放松了教师的师德建设等多方面原因，致使农村义务教育阶段的一些教师教学敷衍了事，工作马马虎虎，职业意识淡漠，师德修养差，严重地影响了教师的职业形象。

（2）教师发展的经济基础不厚实

近年来，我国中小学教师工资水平虽然呈现逐年增加的趋势。2005年中小学教师平均工资达到了 1.33 万元，比 20 年前增长了 10.9 倍。但整体上农村义务教育阶段的教师工资收入水平不高，且农村义务教育教师的工资水平低于城市同类教师的工资水平，发达地区的农村义务教育教师工资水平高于不发达地区农村义务教育教师的工资水平。如烟台福山区的城乡教师月工资收入差距达到千元以上，农村教师没有阳光工资。湖北荆门市教师工资的城乡差距尤其明显，人均差距达到 955 元。[1]

自实行农村税费改革后，取消了教育费附加和教育集资，但在取消了原有的教育经费来源渠道的同时，新的教育经费投入机制和转移支付机制在不少地区尚未建立起来，这使得原有的教育经费短缺的矛盾进一步加剧，拖欠教师工资情况必然成为一种现实。农村义务教育教师的经济基础薄弱，就使得很多教师选择放弃有关的进修、培训等发展的机会，其对农村义务教育教师进一步发展的制约作用更为明显。

（3）农村义务教育教师向城镇中小学流动加剧

随着城市化水平的提高，城镇人口激剧增多，农村人口相应地在减少。在一些农村地区，年轻的一代常年在外地打工，子女也随之流动，形成农村入学子女向城市流动的趋势，农村地区出现一些办学规模不大、学

---

① 杨玉春：《中小学教师待遇问题调研报告》，《当代教育科学》2009 年第 5 期。

生数量较少、办学效益差的中小学，这势必需要对农村办学布局进行相应的调整。自 20 世纪 90 年代中后期开始，我国农村地区特别是中西部农村地区开始了新一轮中小学布局的大调整，调整的具体方式就是撤点并校，把一些教学质量差、生源不足的教学点撤并到中心学校，扩大学校规模，集中人、财、物等资源，以改善农村中小学的教学条件和教育质量。而随着农村义务教育办学布局的调整，一些年富力强的骨干教师就会想方设法向城镇中小学流动，在教学点上留下来的大多是一些年龄偏大、教学能力偏弱的教师，这无形中也使得农村义务教育教师素质整体下降。

在边远地区，农村义务教育阶段的学校由于教师待遇低、生活条件差、工作环境艰苦，导致教师个人发展机会少，造成骨干教师流失严重。对艰苦地区学校的抽样调查表明，38.7% 的校长反映近 3 年中有教师流失情况，其中，74.6% 的校长反映主要流失的是骨干教师，92.5% 的校长反映主要流失的是 35 岁以下的青年教师。外语、音乐、体育、美术和信息技术等学科教师严重不足、相关课程难以开齐。调查数据表明，2006 年，全国有 508 个县每县平均 5 所小学不足一名外语教师；西部山区农村小学平均 10 所才有一名音乐教师；中西部贫困地区、少数民族地区农村初中音乐、美术、信息技术三门学科教师平均每校都不足一人，致使部分学校无法正常开设规定课程。[①]

近年来，随着我国农村义务教育事业的全面进步，农村义务教育教师发展取得了显著成绩。教师政治地位提高，经济待遇提升，教师队伍数量扩大，教师学历层次明显提高，教师生存与发展的外部基本条件得到了显著的改善。但是，外部条件的改善也使得教师发展面临着一些更为突出的问题，农村义务教育发展中教师的境遇依然不容乐观，农村教师生存和发展的境遇远远落后于同一地区的城市教师，他们之间存在着天壤之别。

3. 城乡义务教育发展的失衡

自改革开放后，我国农村义务教育虽然取得了长足的发展，但是城乡教育差距仍然非常明显。2005 年 11 月，21 世纪教育发展研究院与搜狐网进行的"2005 年中国教育满意度调查"结果显示，公众最不满意的是教育公平状况，其中城乡教育差距、地区教育差距分别排在第 1 位、第 2

---

① 《国家教育督导报告 2008——关注义务教育教师》（摘要），《中国教育报》2008 年 12 月 5 日第 2 版。

位，其满意度分值（按照百分计）分别为 29.02 分、31.56 分。其低满意度群体达到 94.5%、91.5%。① 城乡义务教育发展的不均衡状况，可以通过城乡义务教育学校的教育经费、办学条件、师资对队伍等三个方面来考察。

（1）城乡义务教育经费投入差距大

统计资料显示，近几年来，我国义务教育阶段财政预算内经费投入在生均经费、生均事业费、生均公用经费、生均基建经费等方面城乡之间的分配差距趋于平衡，虽然城镇仍然高于农村（见表 2—2、表 2—3）。

表 2—2　　　　　2003 年、2008 年我国城乡小学生均预算内
教育经费支出情况　　　　（单位：元）

年份 经费项目	2003 年		2008 年	
	城镇	农村	城镇	农村
生均经费	834.07	723.36	2230.97	2099.65
生均事业费	812.94	708.39	2206.90	2084.28
生均公用经费	60.10	42.73	424.89	403.76
生均基建经费	21.13	14.97	24.07	15.37
合计	1728.24	1489.45	4886.83	4603.06

资料来源：据《中国教育统计年鉴》2003 年、2008 年的相关数据整理。

表 2—3　　　　　2003 年、2008 年我国城乡初中均预算内
教育经费支出情况　　　　（单位：元）

年份 经费项目	2003 年		2008 年	
	城镇	农村	城镇	农村
生均经费	998.09	815.95	2731.27	2465.46
生均事业费	960.18	795.84	2679.04	2433.28
生均公用经费	103.98	66.58	614.23	573.44
生均基建经费	37.91	20.11	52.29	32.19
合计	2100.16	1698.48	6176.83	5504.37

---

① 21 世纪教育发展研究院：《2005 年中国教育满意度调查报告》，http://learning.so-hu.com/20060120/n241511600.shtml。

资料来源：据《中国教育统计年鉴》2003 年、2008 年的相关数据整理。

从表 2—2 可以看出，相较于 2003 年，2008 年我国城乡小学生均预算内教育经费支出有了较大幅度的增长，城镇生均经费增长 167.46%，生均事业费增长 171.47%，生均公用经费增长 606.97%，生均基建经费增长 13.91%；农村生均经费增长 190.26%，生均事业费增长 194.23%，生均公用经费增长 844.91%，生均基建经费增长 2.67%。农村在生均经费、生均事业费、生均公用经费三项预算内教育经费支出的增长幅度明显高于同一时期的城镇，只有在生均基建经费方面，农村预算内教育经费支出的增长幅度小于城镇（见表 2—4）。

表 2—4　　　　2003 年、2008 年我国城乡小学生均预算内教育
经费支出的比较（城镇/农村）

经费项目	2003 年	2008 年
生均经费	1.15	1.06
生均事业费	1.15	1.06
生均公用经费	1.41	1.05
生均基建经费	1.41	1.57

资料来源：根据《中国教育统计年鉴》2003 年、2008 年的相关数据整理。

农村和城镇在预算内教育经费支出总体上逐渐趋于平衡的情况，原因主要是 2003 年国务院召开了全国农村教育工作会议，颁布了《国务院关于进一步加强农村教育工作的决定》，确立了"在国务院领导下，由地方各级政府负责，分级管理，以县为主"的农村义务教育管理体制，政府逐步将农村义务教育纳入公共财政保障范围。各级政府按照新增教育经费主要用于农村的要求，进一步加大了对农村义务教育的投入力度。实施了国家贫困地区义务教育工程、农村中小学危房改造工程、国家西部地区"两基"攻坚计划、农村中小学现代远程教育工程、农村贫困家庭中小学生"两免一补"等政策，政府在缩小城乡教育投入差距方面作出了极大的努力。

（2）城乡义务教育办学条件差异显著

在办学条件方面，我们从生均校舍建筑面积每千人计算机拥有量、生

均图书藏量、每千人电子图书藏量、生均固定资产总值、每千人仪器设备总值等六项指标来观测和比较。在 2007 年，我国城乡小学生均校舍建筑面积全国为 5.55 平方米，城市和县镇均低于全国平均水平，农村高于全国平均水平，比城市多出 0.56 平方米。在每千人计算机拥有量、生均图书藏量、每千人电子图书藏量、生均固定资产总值、每千人仪器设备总值等指标上，农村小学的情况均低于城市小学的情况。尤其是在计算机拥有量、每千人仪器设备总值上，城市小学是农村小学的 2.79 倍和 3.60 倍。（见表 2—5）在生均校舍建筑面积这一项指标上，农村小学之所以高于城市、县镇，这是由于农村小学生源进城所致。有的农村小学空有几间校舍建筑和基本的课桌椅和基本的办公设备，在计算机拥有量、仪器设备总值等项目上农村小学的情况是严重不足。

表 2—5　　　　　　　　2007 年我国城乡小学办学条件情况比较

办学条件指标	全国	城市	农村
生均校舍建筑面积（平方米）	5.55	5.30	5.86
每千人计算机拥有量（台）	40.29	76.68	27.45
生均图书藏量（册）	14.08	16.65	13.38
每千人电子图书藏量（片）	1065.21	2795.42	1494.57
生均固定资产总值（万元）	0.35	0.54	0.28
每千人仪器设备总值（万元）	30.98	66.65	18.52

资料来源：根据《中国教育统计年鉴》（2008 年）的相关数据整理。

农村初中的情况大抵情况也如小学一样，和城市初中的办学条件差距较大。2007 年，全国初中生均校舍建筑面积为 6.82 平方米，城市初中的情况低于全国平均水平，农村初中高于全国平均水平，比城市初中的生均校舍建筑面积多出 0.76 平方米。在每千人电子图书藏量、生均固定资产总值、每千人仪器设备总值等指标上，城市初中的各项指标均高于农村初中，且高于全国平均水平，而农村初中没有一项达到全国平均水平。其中，每千人电子图书数量，农村初中比城市少 1869.38 片，城市初中每千人电子图书数量是农村初中的 3.48 倍；生均固定资产总值方面，农村初中比城市初中少了 0.25 万元，城市初中是农村初中的 1.63 倍；每千人仪器设备总值上，农村初中比城市初中少了 35.42 万元，城市初中是农村初中的 1.98 倍。随着近年来对农村义务教育学校投入的加大，城市初中和农村初中的办学条件虽然有所改善，但是城乡差异是十分明显的，尤其是在现代电子图书藏量上，农村初中生的生均电子图书藏量严重不足，农村初中的生均电子图书藏量达全国平均水平的 61.89%，只有城市初中生均水平的 28.73%，占 1/4 多一点（见表 2—6）。

表 2—6　　　　　2007 年我国城市、农村地区初中办学条件情况

办学条件指标	全国	城市	农村
生均校舍建筑面积（平方米）	6.82	6.59	7.35
每千人计算机拥有量（台）	59.38	79.54	59.93
生均图书藏量（册）	15.93	14.56	18.07
每千人电子图书藏量（片）	1204.49	2594.78	745.40
生均固定资产总值（万元）	0.47	0.65	0.40
每千人仪器设备总值（万元）	43.72	71.58	36.11

资料来源：根据《中国教育统计年鉴》（2008 年）的相关数据整理。

从上面农村义务教育学校与城市义务教育学校的办学情况来看，不论是小学还是初中，城市明显好于农村。农村义务教育学校在计算机拥有量、电子图书藏量、固定资产总值、仪器设备总值等反映办学条件的指标均低于全国平均水平（小学电子图书藏量、初中计算机拥有量除外），需要大幅度加强经费的投入，以改善农村义务教育学校的基本办学条件。

（3）城乡义务教育师资队伍不均衡

相比于城市中小学而言，这些年来我国农村教师数量虽然增加不少，但是农村教师的数量仍然不足，很多偏远地区或者经济落后的农村县教师缺编现象依然很严重，城乡中小学教师如何进行合理配置在较长一段时间内仍然是我国城乡义务教育均衡发展进程中一个非常艰巨而又需要解决的一个任务。20 世纪 80 年代以来，我国农村教师数量呈增长趋势，2003 年，我国农村教师达 536.47 万人，其中农村小学教师 371.81 万人，农村普通中学教师 164.66 万人，农村中小学的生师比分别为 20.01∶1 和 21.90∶1，而全国中小学的生师比分别为 18.94∶1

和 21.04∶1。农村中小学的生师比与全国的平均值相比还有一定的差距，若要单独与城市中小学相比（城市普通中学为 16.80∶1，小学为 19.02∶1），那差距就更大。① 在河南淮阳县，全县共有中小学生 20 多万人，教师 9000 多人，如果根据《国务院办公厅转发中央编办教育部财政部关于制定中小学教职工编制标准的意见的通知》（国办发〔2001〕74 号）设编，尚缺编教师 3500 人。由于教师少，没法多设教学班，使很多班学生达 100 多人，严重影响了农村中小学素质教育的开展。② 农村教师在数量不足的同时，人员分布也极为不均，城乡差异和地区间的差异较大。在一些城市和县镇中小学，由于待遇和条件较好，教师数量就比较多，很少存在缺编的问题，甚至出现超编的问题。而在条件较为艰苦的老、少、边、穷地区和偏远的山区、农村里，教师缺编现象就严重得多。由于农村教师工资待遇低，往往是想方设法调进城，或者干脆流向经济发达地区从事教育工作。而每年新分配的教师也不愿意到边远地区和落后的农村地区从事教育工作，农村中小学教师短缺问题不断加剧。例如湖北省蕲春县县城中小学大都超编，而该县檀林镇槐树村小学原有 9 名教师，2003 年初实行"一费制"后走了 8 个，一名"光杆"校长管 6 个班，到 4 月份还没有上课。③ 重庆市綦江县东溪镇，地处高原山区，全镇 600 多名教师中，就有 100 多名是代课教师。而处于綦江县城区的古南镇，则基本不存在师资短缺问题。④

　　城乡义务教育师资队伍发展的不均衡，还表现在师资队伍的学历和职称方面。一般说来，学历高、职称高，意味着教师的教学水平高，能够带来较高的教学质量。由于我国经济发展水平以及区域教育条件的差异，加之农村学校"普九"达标欠债严重，农村中小学存在一支庞大的学历不达标的"代课"教师队伍。据统计，2007 年全国小学代课教师占专任教师的比例为 4.85%，城镇代课教师占其专任教师的比例为 2.82%，农村地区代课教师占其专任教师的比例为 6.17%，农村地区是全国平均比例的 1.27 倍，是城镇的 2.19 倍。在教师学历方面，至 2007 年，农村小学

---

① 中国教育年鉴编辑部：《中国教育年鉴 2003》，人民教育出版社 2003 年版，第 93、94、99、100 页。

② 廖其发：《中国农村教育问题研究》，四川教育出版社 2006 年版，第 157—158 页。

③ 《乡村教师为何大量流失》，《教育文摘周刊》2003 年 5 月 7 日。

④ 廖其发：《中国农村教育问题研究》，四川教育出版社 2006 年版，第 158 页。

教师主要以专科毕业和高中阶段毕业为主，专科毕业的教师占 51.93%，高中阶段毕业的教师占 40.19%，而本科毕业的教师只占 6.59%。在城市小学，教师专科以上毕业的比例较农村小学明显加大，其中专科毕业的占 54.13%，本科毕业的占 30.99%。农村初中教师中，本科毕业的占 35.86%，专科毕业的占 60.02%，城市初中教师中，本科毕业的占 70.93%，专科毕业的占 27.07%，而且城市初中教师中研究生毕业的比例占 1.03%，而农村初中教师中研究生毕业的只占 0.10%。可以说，农村义务教育学校的教师学历整体水平远远落后于城市义务教育学校的教师学历水平。在职称方面，农村小学中小学一级职称占 42.39%，高级职称的教师少，占 44.80%，低于全国平均水平的 47.59%。尤其是拥有中学高级职称的教师少之又少，只占 0.38%。在城市，小学高级职称占 53.45%，中学高级职称占 1.24%。在初中，农村教师中具有高级职称的教师偏少，具有中学高级、中学一级职称的农村教师比例均低于全国平均水平。其中，具有中学高级职称的教师比例，城市是农村的 3.38 倍。农村初中教师具有中学三级职称的教师比例明显高于城市，是城市的 3.69 倍。① 城市和农村小学、初中教师在学历、职称方面的差距是明显的，这种差距并非短时期内就能解决，政府需要 5 年乃至更长的时间，采取多样的途径和方法，付出更大的努力，才能逐步改善农村教师的学历、职称的结构，使城乡义务教育学校的师资质量整体上处于一种均衡的状态。

（二）公平：城乡教育发展的时代使命

面对农村义务教育发展中困境，不能不呼唤教育公平。面对城乡教育发展的巨大差异，公平发展城乡教育，维护社会和谐，成为当代中国社会发展、教育发展的时代使命。

1. 公平

在语义上，公平与平等、公正是意思相近的词，很多情况下我们都是在互换的意义上使用这些词语的，甚至把这些词语混用。在《现代汉语小词典》中，公平是指"处理事情合情合理，不偏袒哪一方面"，② 公正

---

① 瞿瑛：《义务教育均衡发展政策问题研究：教育公平的视角》，浙江大学出版社 2010 年版，第 86—91 页。

② 《现代汉语小词典》，商务印书馆 1983 年修订本，1988 年第 2 版，第 182 页。

是指"公平正直，没有偏私"；① 在《辞海》中，公平是"作为一种道德要求和品质，指按照一定的社会标准（法律、道德、政策等）、正当的秩序合理地待人处世。是制度、系统、主要活动的重要道德性质"；② 英语中的"公平"一词为 fair，指 treating people equally just or appropriate in the circumstances③，意即公正或者合理的情况下平等待人。

公平有狭义和广义之分，狭义的公平专指对合理的社会制度、规范、原则和政府政策、行为的反映和评价；广义的公平是指对人们之间合理的社会利益关系的反映和评价。因社会制度、规范、原则、政府政策与行为等本身涉及的就是人与人的社会利益关系，是人与人社会利益关系的具体体现。因而，狭义公平包含在广义公平中。从公平蕴含的实质性内容、人们广泛的社会实践活动以及人类社会历史变迁发展轨迹来看，公平实际上是指社会成员社会、政治、经济等方面地位平等，共同遵守公平的社会原则，享有同等的各种社会权利，实现利益分配机会均等、结果公正平等。公平最本质的内容是社会成员间的合理的社会经济关系或财产的分配关系。公平作为社会成员的基本要求、基本的或最高的价值取向，其原则调节着社会成员的社会经济关系或财产的分配关系。所以，公平是指一定社会中人们之间利益和权利分配的合理化，是反映和评价人们之间合理的社会利益关系的范畴。显然，从本质上说，公平是作为一种道德原则而存在，它是对人与人、人与社会之间平等地享有社会的基本价值的道德关系和道德要求，其立足点在于全体社会成员的普遍利益，要求在所有人社会地位平等的前提下，每个人在社会生活的各个层面都有全面发展自己和获得自己正当利益的机会，实现权利和义务的平等。伦理学家威廉·弗兰克纳认为，"公正的分配的首要标准……是平等"④。公平是以人的平等的基本权利为准则对社会成员之间的利益关系的一种评价，即对社会成员之间各种权利及利益的分配是否合理，是否符合人的平等权利的一种评价。⑤

---

① 《现代汉语小词典》，商务印书馆 1983 年修订本，1988 年第 2 版，第 183 页。

② 《辞海》（上），上海辞书出版社 1999 年版，第 793 页。

③ Judy Pearsall：《牛津简明英语词典》（英语版），外语教学与研究出版社 2004 年版，第 510 页。

④ ［美］威廉·K. 弗兰克纳：《善的求索：道德哲学导论》，黄伟合等译，辽宁人民出版社 1987 年版，第 107 页。

⑤ 陈燕：《公平与效率》，中国社会科学出版社 2007 年版，第 27 页。

简言之，公平即公正的平等。

论及"平等"，人们视为"相同"、"一样"，即"均等"的状态或结果。其在《现代汉语小词典》中的解释是"指人们在社会、政治、经济、法律等方面享有相等待遇"或"泛指地位相等"①。对于"平等"的解释，乔·萨托利认为："平等表达了相同性的概念……两个或更多的人或个体，只要在某些或所有方面处于同样的、相同的或相似的状态，那么可以说他们是平等的。"② 艾德勒主张："当一个事物在某一认同的方面不比另一事物多，也不比另一事物少时，我们就可以说这两个事物是平等的。"③ 而作为一种系统价值观的"平等"，其作为一种道德原则，即公正的平等，它包含了平等的方方面面，"相似性"只是其中的一方面，"不同性"与"相同性"的统一才构成了完整的平等观。米尔恩明确指出：（1）某种待遇在一种特定的场合是恰当的，那么在与这种待遇相关的特定方面是相等的所有情况，必须受到平等的对待；（2）待遇的相对不平等必须与情况的相对不同是成比例。④ 也就是说，虽然处于分配的对象实际拥有的某种待遇不同，但只要这种不同是因为与这种待遇相关的特定方面相异，而且待遇的相对不平等与情况的相对不同是成比例的，那么这种不同的待遇也是平等的。所以，公正的平等，即公平，它的本质是"合理性"，"合理"的平等既是公平的核心价值，也是衡量公平的尺度。

2. 教育公平

教育公平是作为公平这一道德关系与道德要求在教育领域的体现，是对社会成员之间受教育权利及权益的分配是否合理、是否符合人的平等权利的一种评价。因而，教育公平会随着社会的发展而有所变化，是一个动态的历史的概念。

教育公平的观念源远流长，孔子在两千多年前就已提出"有教无类"的朴素思想，古希腊雅典的公民教育也隐含了民主教育的思想。近代社

---

① 《现代汉语小词典》，商务印书馆 1983 年修订本，1988 年第 2 版，第 429—430 页。

② ［美］乔·萨托利：《民主新论》，冯克利、阎克文译，东方出版社 1993 年版，第 340 页。

③ ［美］艾德勒：《六大观念》，陈德中译，生活·读书·新知三联书店 1998 年版，第 188 页。

④ ［美］米尔恩：《人的权利与人的多样性——人权哲学》，夏勇等译，中国大百科全书出版社 1995 年版，第 59 页。

会，新兴的市民阶级要求把平等思想融入教育方面，寻求教育公平的途径。到了 18 世纪末，教育公平的思想已经在一些西方国家转为立法措施，并在法律上确定了人人都有受教育的平等权利。马克思在 1886 年提出"教育是'人类发展的正常条件'和每一个公民的'真正利益'"的教育平等性含义。[①] 1960 年 12 月联合国教科文组织大会详尽地阐释了教育均等的概念，明确提出这一概念由消除歧视和不平等两部分组成："歧视"是指"基于种族、肤色、性别、语言、宗教、政治或其他观点、民族或社会出身、经济条件或家庭背景之上的任何差别，排斥、限制或给予某些人以优先权，其目的在于取消或减弱教育中的均等对待"。它表现在：（1）剥夺某个体或某团体进入各级各类教育的机会；（2）把某个体或某团体限于接受低标准的教育；（3）为了某些人或团体的利益，坚持分流教育制度；（4）使某些人或团体处于与人的尊严不相容的处境。而"不平等"是指某些地区之间和团体之间存在的不是故意造成也不是因偏见形成的差别对待。教科文组织还确认了教育机会均等的三原则：（1）提供免费教育到一定水平，提供进入劳动力市场的机会，为此必须消除机会不平等的经济原因；（2）必须提供不同的教育机会以适应不同学生的能力和态度；（3）在学生无法维持学习生活时，由国家提供奖学金或赞助。[②] 詹姆士·科尔曼（James S. Coleman）则最早提出了教育机会均等的概念，他指出教育机会均等的含义包括：一是指每个人都不受任何歧视地开始其学习生涯的机会（起点均等论）；二是以平等为基础对待不同人种和社会出身的人（过程均等论）；三是促使学业成就的机会平等（结果均等论）。这里的"机会"则是指几组变量：学校外部的各种物质因素；学校的各种物质设施；家庭环境中某些心理因素；学校环境中某些心理因素；学习机会（即教学条件）。[③] 因而从层次而言，教育公平可以区分为起点公平、过程公平和结果公平这样三个不同类型的公平。起点公平、过程公平和结果公平各自表现为教育权利、教育机会、受教育者成就机会的平等。亦即每个人都有实现他自己的潜力和享有创造他自己未来的权

---

①　《马克思恩格斯论教育》，人民教育出版社 1979 年版，第 127 页。

②　马和民、高旭平：《教育社会学研究》，上海教育出版社 1998 年版，第 86 页。

③　扈中平、陈东升：《中国教育两难问题》，湖南教育出版社 1995 年版，第 209—210 页。

利。① 从教育权利平等、教育机会平等到受教育者成就机会的平等，这个演变的序列代表着"教育公平"的不同尺度，标志着"教育公平"的不同程度。

教育权利平等的基本含义是公民不分民族、种族、性别、职业、财产状况、宗教信仰等，平等地享有在国家提供的各类学校和机构中学习文化科学知识的权利。联合国《世界人权宣言》提出：人人都有受教育的权利。我国的《宪法》规定：中华人民共和国公民有受教育的权利和义务。受教育权是《宪法》规定的公民的基本权利之一。为了保障公民享有平等的受教育权，世界各国均不遗余力地推行普及教育，实现义务教育。当今社会，接受一定程度的教育，既是公民的一项生存权，也是一个人的发展权，是满足现代人的基本生存和发展的需要。

教育机会平等，即让每一个人获得同样的教育机会。首先，教育条件的平等在一定程度上应该成为教育机会平等的前提。弗兰克纳说："只有当每一个人都有平等的机会获得他能够获得的所有那种美德时，承认任何一种美德作为分配的基础才是合理的（不能假定人们全都已经有了这种机会，因为人们并不是全部有这种机会）。如果那些财物、地位等的个人，没有平等的机会取得他们有能力得到的一切美德，那么，美德就不能成为在人们中间分配这些东西的合理基础。如果是那样的话，那么，至少在人类社会控制范围内能做到的情形下，必须首先平等地分配获得美德的条件，然后，才能合理地把美德作为分配的基础。"② 所以，人必须拥有相同的教育条件后才能取得平等的教育机会。

教育结果的公平并不是教育结果的标准化、统一化，它是指受教育者成就机会的平等，每个人都有同样的实现他自己潜力和享有创造他自己未来的可能性。要实现受教育者成就机会的平等，必须实现受教育者的教育权利、教育机会的平等。没有受教育者的教育权利和教育机会的平等，就谈不上实现受教育者成就机会的平等这一最终目标。

就性质来说，教育公平有均等性公平和非均等性公平之分。所谓均等性公平，它是一种水平性的、横向的、平均性的公平，即平等地对待相同

---

① 陈桂生：《教育实话》，华东师范大学出版社 2003 年版，第 305 页。
② ［美］威廉·K. 弗兰克纳：《善的求索：道德哲学导论》，黄伟合等译，辽宁人民出版社 1987 年版，第 106—107 页。

者。所谓非均等性公平，它是一种垂直性的、纵向的、不均等的公平，即不均等地对待不同者。教育权利平等属于均等性的公平，无论人与人之间存在着多大的差异，他们都应该拥有均等的受教育权。教育机会平等是均等性公平和非均等性公平的有机结合。因为，作为教育对象的人，一方面具有共同的类特性，即人性，人性的平等是一种绝对的种类平等。诚如艾德勒所言："作为人，我们是平等的。我们作为个人是平等的，在人性上也是平等的。一个人，在人性和个性上都不可能超过他人或低于他人。我们认为，人所具有的尊严是没有程度差别的。世间人人平等，是指他们作为人在尊严上的平等。"① 基于所有人在种类上的平等，基于人类建立在人性内在需要基础上的同一，对相同者应该给予平等的对待。另一方面，对一个发展的个体而言，根本不存在两个完完全全相同的人，因而就存在着人与人之间因程度上的差异而产生的不平等。因此，对不同者应该给予不平等的对待。受教育者成就机会的平等主要是非均等性的公平，即以承认个体差异、发展的不平衡为前提，为每个学生提供不同的教育，使其天赋、个性得以充分发展。这样的公平，是教育发展的目标。正如《学会生存——教育世界的今天和明天》中所主张的："给每一个人平等的机会，并不是指名义上的平等，即对每一个人一视同仁，如目前许多人所认为的那样。机会平等是要肯定每一个人都能受到适当的教育，而且这种教育的进度和方法是适合个人特点的。"②

3. 基于公平的教育补偿政策实践

教育补偿政策是指从为了从根本上扭转弱势群体的不利处境，教育政策在设计上从弱势倾斜走向弱势补偿，以缩小教育资源配置差距，实现教育公平发展。损害补偿与正义维护是教育补偿的两个基本要义。教育补偿的对象是特定的弱势群体，政府既是教育补偿的道义责任主体，也是教育补偿的法律责任主体。

20 世纪 60 年代的美国有一种社会现象，黑人子女的学业成绩比白人子女的学业成绩差。对这一现象的解释是多种多样的，有一种说法是黑人

---

① ［美］艾德勒：《六大观念》，陈德中译，生活·读书·新知三联书店 1998 年版，第 200 页。

② 联合国教科文组织、国际教育发展委员会：《学会生存——教育世界的今天和明天》，华东师范大学比较教育研究所译，教育科学出版社 1996 年版，第 105 页。

的智能低。詹姆士·科尔曼（James S. Coleman）受美国国会的委托，对这一问题进行了深入的研究后得出了一个不同的结论：黑人子女的成绩之所以低，是因为黑人子女与白人子女分校，无法与白人文化交流，而主导美国教育评价的标准来自白人文化。未来解决这个问题，最好的办法就是让黑人子女和白人子女在一起学习，接受同等的教育。但黑人居住地离白人的学校一般都比较远，为此，美国联邦政府决定拨出一笔巨款，购置大量的巴士，将黑人子女送到白人的学校，这就是著名的"巴士运动"。显然，"巴士运动"的出发点不是在于经济因素，它的意义远不是可以用经济的价值来考量的。

教育公平主要表现为起点公平、过程公平和结果公平这样三个不同类型的公平。教育起点公平，指给予每一个受教育者均等的入学机会，体现"有教无类"的原则；教育过程公平，指在起点公平的基础上采用各种不同的方式来对待每一个人，给予不同的受教育者以公平的心理影响、和谐的文化氛围和公平的竞争机会等，体现"因材施教"；教育结果公平，即争取使每一个受教育者都能有效利用社会提供的平等的教育机会和教育条件，取得学业上的成功，从而为其未来发展创造条件，使学生"学有所得，学有所成"。然而，教育公平本就是教育领域中各主体（学生、教师、学校等）及其行为之间等利益交换的社会关系的度量和评价[1]，且"机会均等的概念没有一条可以确定的边界线"[2]。因此，我们对教育公平及其中的机会均等问题只能进行相对的而非绝对的衡量和评价，那样做的话，既不可行也没有意义。正是基于这样的考虑，才有可能采取对弱势群体的补偿政策，并在实践中可行，以消除教育上的不平等。

联合国教科文组织强调"弱势补偿"，即对教育领域中的弱势群体进行某种补偿教育。在 1969 年，发展中国家接受的援助[3]约计 88 亿美元，其中 57 亿美元来自资本主义国家，19 亿美元来自社会主义国家，12 亿美元来自多边组织。在 1968 年，教育援助的总额相当于发展中国家教育支

---

① 马晓燕：《关于教育公平的现实选择之我见》，《教育与经济》2000 年第 2 期。

② 刘复兴：《教育政策活动中的价值问题》，《北京师范大学学报》（人文社会科学版）2002 年第 3 期。

③ 援助主要有技术援助和财政援助以及教育贷款等方式。只有赠予和利息 3% 或低于 3% 的贷款才算是援助。有些人认为所有贷款以及企业的直接投资都是国际援助，这类贷款往往受营业动机支配而非受援助的动机所支配。

出的 10%。这个百分比各国之间相差很大，在一些法语非洲国家达到 40%。几乎所有的联合国机构都对教育、训练和科研提供了援助。这种援助计划有：派遣专家、给予研究补助金、办训练班、对全国的或地区的教学机构提供津贴、供应设备与书刊等。到 1971 年底，泛美开发银行已向近 600 所高等、技术和职业教育的院校共贷款 15050 万美元，用于校舍建筑、实验室设备与图书馆，此外，尚有 600 万美元用于训练高级人员。①另外，联合国通过颁布文件和宣言，对教育领域中的不平等问题提出了要求，包括 1989 年联合国《儿童权利公约》、1990 年《儿童生存、保护和发展世界宣言》和《世界全民教育宣言》、1995 年联合国第四次世界妇女大会的《北京宣言》等。特别是 1990 年 3 月由世界银行、联合国开发计划署、联合国教科文组织和联合国儿童基金会联合发起的"世界公民教育大会"通过的《世界公民教育宣言》明确提出，"全民教育"的基本目标是满足全体儿童、青年和成人的"基本学习需要"，以使他们可以生存下去，充分发展自己的能力，有尊严地生活和工作，充分参与发展、改善自己的生活质量，并作出决策。1994 年 6 月，联合国教科文组织和西班牙政府在西班牙的萨拉曼卡联合召开了"世界特殊教育大会"，大会通过了《萨拉卡曼宣言》，提出了全纳教育的五条原则：（1）每个儿童都有受教育的基本权利，必须获得可达到的并保持可接受的学习水平的机会。（2）每个儿童都有独特的特性、兴趣、能力和学习需要。（3）教育制度的设计和教育计划的实施应该考虑到这些特性和需要的广泛差异。（4）有特殊需求的学生应该有机会进入普通学校学习，而这些学校应以一种能满足其特殊需要的儿童中心教育思想接纳他们。（5）全纳学校是反对歧视、创建人人受欢迎的社区，是建立全纳社会和实现全民教育的最有效的途径。这些学校能为大多数儿童提供有效的教育，最终改善整个教育制度的成本效益。显然，解决广大农村人口子女受教育问题及农村义务教育的问题，应贯彻联合国教科文组织所倡导的"全民教育"、"全纳教育"思想，保障所有儿童特别是农村儿童接受平等的教育提供新的领域和新的支点。2000 年 4 月，"世界全民教育论坛"在塞内加尔首都达喀尔举行，会议主要总结了 1990 年泰国"世界全民教育大会"以来各国、各

---

① 联合国教科文组织、国际教育发展委员会：《学会生存——教育世界的今天和明天》，华东师范大学比较教育研究所译，教育科学出版社 1996 年版，第 295—296 页。

地区在开展基础教育方面的经验和教训，研讨实现全民教育的途径。会议通过的《达喀尔行动纲领》提出了高质量和免费普及初等教育的目标，并且将消除性别差异与妇女教育作为优先发展的领域，提出到 2005 年要消除中小学生的性别差异，到 2015 年实现所有儿童都能够完成高质量的初等教育的目标。① 全民教育对所有儿童受教育权的尊重以及对高质量教育的倡导，应体现在我国政府和教育行政部门在解决农村义务教育问题的政策制定及执行过程中。对广大农村地区的义务教育尤其是落后地区的义务教育实施教育补偿政策，将成为我国能否实现全民教育目标，能否实现普及九年义务教育，扫除青壮年文盲目标的关键一环。

4. 消除教育差异的原则

科尔曼提出的消解教育差异奉行矫正平等和补偿平等的原则。矫正平等的内容是采取经济措施补偿那些能力优秀但没有好背景的人；补偿平等的核心是对那些生来基因不良，或者处于恶劣环境中的人进行补偿。社会生活中存在这样一个事实：现有的不平等是造成弱势群体的根源，现有的社会和教育不平等是造成新的社会与教育不平等的根源。社会成员由于社会地位、权利、经济、社会关系等的不平等造成受教育的不平等，受教育的不平等又往往导致处境不利群体知识与文化的贫乏，从而造成处境不利群体对于教育的漠视和其在子女受教育方面的短视。他们的教育价值观是其子女受教育状况不良的一个重要原因。而处境不利群体的子女受教育条件、受教育水平的低下，又必然会导致他们成为新一代的弱势群体。如此恶性循环下去，社会则陷入无休止的矛盾和冲突之中。美国学者埃弗里特·M. 罗吉斯认为，父母的教育价值观决定子女是继续上学进入更高的社会阶层，还是退学继续留在低社会阶层当中。父母与子女的生活往往不断循环往复，年轻一代是继续留在恶性循环之中还是进入社会的更高阶层，家庭、父母的教育价值观具有决定作用。②

因而，对于处境不利的教育弱势群体来说，仅仅强调平等对待、机会均等并不能从根本上消除这种恶性循环。约翰·罗尔斯（John

① 周佳：《教育政策执行研究——以进城务工就业农民工子女义务教育政策执行为例》，教育科学出版社 2007 年版，第 37—38 页。

② ［美］埃弗里特·M. 罗吉斯：《乡村社会变迁》，王晓毅等译，浙江人民出版社 1988 年版，第 104 页。

Rawls）提出一个关于弱势补偿的重要原则，即对教育弱势群体在分配教育资源时给予倾斜，实行对弱势群体的"优先扶持"，在强势群体和弱势群体之间采用不平等的手段来达到真正的教育平等的目的。教育公平除了要求对每一个教育对象公平和对教育对象评价的公平外，还要求具有相应的救济或制度保障。① 因此，当我们从制度层面上理解公平时，它就不仅仅是一种公平分配资源的理想，还必须是一种相应的规范和制度。救济在法律上的意义旨在补救由于规范的破坏或者制度的缺陷而造成的权益损害，它本身就是法律规范得以体现的制度保证。所以，我们可以将教育公平理解为一种在社会成员间按比例平等分配的理想以及有关该理想和制度实施的救济，而且这种补偿是落实教育公平要求的根本保证。

（三）政策窗口打开：支持性教育政策产生

美国的社会问题研究者赫伯特·布鲁默（Herbert Blumer）曾把政策问题的形成过程分为五个阶段：（1）社会问题的出现；（2）社会问题取得合法性；（3）动员种种活动研讨该问题；（4）形成官方行动；（5）将官方计划付诸实施的执行。② 这个阶段的划分，清晰地表明了一般社会问题与政策问题的界限。只有当社会问题成为教育政策问题时，政策所指事项才有可能成为教育决策部门认为有责任、有必要加以解决的一种教育问题。

而一些问题是否为政策制定者关注取决于官员对实际情况的了解。官员们了解实际情况的途径主要有三种：一是以一系列指数形式反映的项目情况和重要程度；二是焦点事件、危机事件将导致人们对某个问题的关注；三是关于现行项目运行情况的反馈信息，常常会使一些问题受到决策者的重视。③ 当然，并不是所有的情况都能够转化成问题，赫伯特·希鲁默指出，问题中必须包含明确的可感知因素。因而，政策形成所涉及的第一个问题就是成为社会问题。一个社会问题只有以一定的形式，经过一定的渠道进入政策议程，成为决策者研究和分析的对象，才能成为政策问

---

① 朱晓斌：《流动人口子女义务教育政策的价值分析》，《教育评论》2003 年第 2 期。
② 林永波、张世贤：《公共政策》，台湾五南图书出版公司 1999 年版，第 71—72 页。
③ 杨冠琼：《公共政策学》，北京师范大学出版社 2009 年版，第 139 页。

题，这个问题也只有通过政策议程才能得到解决和处理。①

科布（Roger W. Cobb）和埃尔德（Charles D. Elder）把政策议程区分为系统议程和政府议程，它们是政策议程的两个不同阶段，存在本质区别。② 系统议程是由那些被政治社区的成员普遍认为值得公众注意，并由与现代政府权威中的立法范围内的事务相关的一些问题组成。系统议程本质上属于讨论议程，表现为众说纷纭的情形，传媒视点、专家评论都属于这一范畴。它仅仅是发现问题、提出问题，可以不提出政策方案或解决办法。然而，正是由于这种广泛的社会讨论，形成了一股强大的社会力量，使政策制定者注意和认识到这些问题，经过政策分析把它列入政府自己的议事日程，这是政策的第一个阶段。政府议程是决策机关和人员对有关问题依照特定程序予以解决的实际活动过程。它比系统程序更为具体、更明确。政府议程是对政策问题进行界定或陈述的阶段。问题经过一定的描述，为决策系统正式接受，并采取具体的方案试图解决的时候，系统议程就转入政府议程。

农村义务教育问题，同样也经历了从社会问题发展到政策问题，再进入政府议程的整个过程。我国在 20 世纪改革开放以来，教育行政部门颁布了大量的教育政策法规，有力地规范并促进了农村基础教育的发展。1980 年 12 月 3 日，中共中央、国务院发布了《关于普及小学教育若干问题的决定》，明确规定："在 80 年代，全国应基本实现普及小学教育的历史任务，有条件的地区还可以进而普及初中教育。我国的各地区经济、文化基础和其他条件的不同，对于教育普及不能搞'一刀切'，在经济、文化基础比较好的地区可以普及初中教育，而在经济、文化基础都比较弱的地方就要努力普及小学教育。"基于我国的国情，普及小学教育的重点无疑在农村。1983 年 5 月，《中共中央、国务院关于加强和改革农村学校教育若干问题的通知》中提出了农村普及初等教育的目标，要求"普及初等教育的规划和措施要落实到县和区、社队"，并强调改进农村小学的办学形式，使其灵活多样；要求小学教学内容联系农村生产、生活实际。该通知对推动和促进农村初等教育的发展发挥了有效的政策影响。1985 年 5

---

① 周佳：《教育政策执行研究——以进城务工就业农民工子女义务教育政策执行为例》，教育科学出版社 2007 年版，第 19 页。

② 陈振明：《公共政策分析》，中国人民大学出版社 2004 年版，第 184 页。

月发布的《中共中央关于教育体制改革的决定》，提出分地区、有步骤地实现普及九年义务教育的规划，同时指出："建立一支足够数量的、合格而稳定的师资队伍，是实行义务教育、提高基础教育水平的根本大计。"《决定》还对基础教育的管理体制作出了重大调整，确定基础教育在国家宏观指导下，主要实行由地方负责、分级管理的体制。新的管理体制的确立，对于强化地方政府责任，激发地方发展基础教育的积极性具有重要意义。1986 年 4 月 12 日第六届全国人民代表大会第四次会议通过了《中华人民共和国义务教育法》，确立了义务教育的指导思想和基本原则，进一步明确了义务教育在国务院领导下，实行地方负责、分级管理的体制，对义务教育经费的投入与经费筹措作出了规定，同时也明确了义务教育的主体职责和法律责任，为我国有步骤实行九年制义务教育提供了法律支持与保障。自《义务教育法》颁布以后，我国又相继颁布了《中华人民共和国教师法》（1994 年 1 月 1 日起施行）、《中华人民共和国教育法》（1995 年 9 月 1 日起施行），我国基础教育发展的法律体系逐渐完善。但是，我们也看到，从 20 世纪 80 年代中期以来一直到 21 世纪初，我国农村义务教育的发展一直遭遇了极大的困难，而最先进入政府决策视野的是：由于农村义务教育的经费保障问题、教师问题以及农村义务教育发展的不均衡等问题，严重地影响了我国农村义务教育的正常发展。至此，21 世纪初我国农村义务教育发展中的种种问题逐渐汇集成为支持性教育政策产生的问题特征（问题源流）；而与此同时，教育公平发展成为社会公平发展、城乡公平发展的应有之义，并逐渐深刻影响到我国社会经济发展的各个领域，形成了关注农村义务教育的政治制度和环境（政治源流）；这两者在21 世纪之初互相耦合，导致支持农村义务教育问题成为政府决策的议程，并通过一定的决策程序正式成为政府的政策并予以实施。

二　政策行动

（一）国家层面的政策行动

进入 21 世纪以来，为贯彻"教育优先发展"战略，我国政府针对不同时期农村义务教育办学所面临的困难与问题，采用经济、人力和物资等方式，对西部地区、少数民族地区、偏远山区等地区的农村义务教育进行补偿，以促进这些经济落后的"老少边穷"地区的农村义务教育在办学条件、师资质量等方面得以改善，实现城乡教育的公平发展。其采取的主要政策行动有以下几个方面。

1. 促进学校条件改善

（1）中小学布局调整

为了适应由"有学上"到"上好学"的历史性转变，改变一些地方办学过于分散的状况，2001 年我国颁行了《国务院关于基础教育改革与发展的决定》（国发〔2001〕21 号），将调整农村义务教育学校布局作为一项重要的工作，并要求"省级人民政府要统筹制定农村义务教育发展和中小学布局调整的规划"，按照小学就近入学、初中相对集中、优化教育资源配置的原则，合理规划和调整学校布局。农村小学和教学点要在方便学生就近入学的前提下适当合并，在交通不便的地区仍需保留必要的教学点，防止因布局调整造成学生辍学。学校布局调整要与危房改造、规范学制、城镇化发展、移民搬迁等统筹规划。调整后的校舍等资产要保证用于发展教育事业。在有需要又有条件的地方，可举办寄宿制学校。从此，我国开始了大范围的农村义务教育学校布局调整。总体上看，布局调整形成了适度集中办学，提高了农村学校的办学规模和效益、优化了农村教师队伍、改善了农村学校办学条件、提高了农村学校的教学质量，对于促进农村义务教育发展发挥了积极作用。但是，农村义务教育学校布局调整中也相应带来了一些问题，对此，国务院办公厅于 2012 年 9 月印发了《关于规范农村义务教育学校布局调整的意见》，要求加强对农村义务教育学校布局调整的政策指导。

（2）对口支援

2003 年《国务院关于进一步加强农村教育工作的决定》（国发〔2003〕19 号），要求继续实施"东部地区学校对口支援西部贫困地区学校工程"和"大中城市学校对口支援本省（自治区、直辖市）贫困地区学校工程"，建立东部地区经济比较发达的县（市、区）对口支援西部地区贫困县、大中城市对口支援本省（自治区、直辖市）贫困县的制度。进一步加大中央对民族自治地区农村教育的扶持力度，继续办好内地西藏中学（班）和新疆班。

（3）"2003—2007 年教育振兴行动计划"

2004 年国务院批转教育部《2003 — 2007 年教育振兴行动计划》。《振兴计划》要求实施国家西部地区"两基"攻坚计划，继续实施"国家贫困地区义务教育工程"和"中小学危房改造工程",明确各级政府保障农村义务教育投入的责任;中央、省和地(市)级政府通过增加转移支付,增强财政困难县义务教育经费的保障能力。建立和完善农村中小学投入保障机制,确保农村中小学教职工工资按时足额发放,确保农村中小学校舍的维护、改造和建设,确保维持学校正常运转的基本支出需要。实施"农村中小学现代远程教育计划",按照"总体规划、先行试点、重点突破、分步实施"的原则,争取用五年左右时间,使农村初中基本具备计算机教室,农村小学基本具备数字电视教学收视系统,农村小学教学点具备教学光盘播放设备和光盘资源,并初步建立远程教育系统运行管理保障机制。《振兴计划》提出,"农村中小学现代远程教育计划"要以地方投入为主,多渠道筹集经费,中央对中西部地区重点支持。

(4)化解农村学校债务

2006 年,《国务院办公厅关于做好清理化解乡村债务工作的意见》(国办发〔2006〕86 号)明确规定,对举办农村义务教育形成的债务要明确政府责任,全面核实,摸清底数,并采取有力措施优先予以化解。为此,教育部办公厅印发《积极化解农村教育债务有关问题的通知》(教财厅〔2006〕9 号),文件要求:按照当地清理乡村债务的工作安排,积极配合有关部门,对因举办农村义务教育形成的债务认真清理核实,逐项认定,锁定债务数额,明确由政府承担。要将学校从债务中解脱出来,不得挪用农村义务教育经费保障机制改革资金用于还债,不得再出现封锁学校等干扰学校正常秩序的现象。国务院办公厅转发国务院农村综合改革工作小组《关于开展清理化解农村义务教育"普九"债务试点工作意见的通知》(国办发〔2007〕70 号),要求各试点省(区)要按照国务院关于"制止新债、摸清旧债、明确责任、分类处理、逐步化解"的总体要求,按照"谁举债谁负责、先清理后化解、先化解后补助"的原则,在严格制止发生新的农村义务教育债务的基础上,从 2007 年 12 月起,用两年左右的时间,基本完成"普九"债务化解工作,同时建立起制止发生新的农村义务教育债务的稳定机制;在此期间,已完成或基本完成"普九"债务化解的,可着手化解农村义务教育的其他债务。

(5)"两免一补"

国务院办公厅转发财政部、教育部《关于加快国家扶贫开发工作重点县"两免一补"实施步伐有关工作的意见》(国办发〔2005〕7 号),

要求从 2005 年春季学期起，中央对国家扶贫开发工作重点县的农村义务教育阶段贫困家庭学生全部免费发放教科书，地方政府对这些学生要相应落实免杂费，并逐步补助寄宿生生活费的责任。"两免一补"资金不得用于城区、农村比较富裕家庭的学生，也不得平均分配、轮流享受。对国家扶贫开发工作重点县中的少数民族特别是人口较少民族地区、边境地区要予以重点支持。对符合计划生育政策的贫困家庭学生优先进行资助。中央免费教科书专项资金应统一纳入省级财政国库管理，实行分账核算，集中支付。中央财政从 2005 年春季起提高免费教科书补助标准，小学每学期每人 35 元、初中 70 元、特教 35 元。《国务院关于做好免除城市义务教育阶段学生学杂费工作的通知》（国发〔2008〕25 号）要求，从 2008 年秋季学期开始，全部免除城市义务教育阶段公办学校学生学杂费。

2. 促进教师发展的政策行动

（1）联合国专项扶持项目

在促进农村义务教育教师发展方面，国家以及教育部多利用联合国的专项经费，对西部贫困地区的进行专项扶持。如 2002 年教育部国际合作与交流司制定的《逻辑框架：应用远程教育和 ICT 技术提高中国西部贫困地区教师质量》，为甘肃、四川、云南三省的九个县中最贫困社区的小学教师（特别是代课教师、女教师和少数民族教师）传输高质量的远程教师培训资源。按照项目安排，2 万名小学教师（其中至少有 50% 是女教师）将接受每五年 240 学时的专业发展继续教育培训活动。

（2）"校校通"工程

为了使中小学师生都能共享网上教育资源，提高所有中小学的教育教学质量，同时使全体教师能普遍接受旨在提高实施素质教育水平和能力的继续教育，教育部在 2000 年印发了《关于在中小学实施"校校通"工程的通知》（教基〔2000〕34 号），"校校通"工程的目标是：加快中小学普及信息技术教育的步伐，用 5—10 年时间，使全国 90% 左右独立建制的中小学校能够上网。（从"校校通"工程的情况来看，政府基本出发点是提高教师实施素质教育的能力，因而把它归为支持教师发展的政策一类。当然，从实施的内容来看，它又可以归为促进学校办学条件改善一类政策。）

（3）全国教师教育网络联盟计划

为构建教师终身学习体系，提高教师队伍尤其是农村教师队伍整体素质，推进教育信息化和教育现代化建设，不断推进教师教育改革创新，2003 年 9 月 5 日，教育部印发了《关于实施全国教师教育网络联盟计划的指导意见》，旨在通过实施教师网联计划，把教师网联打造成为推动教师队伍建设的工作平台、教师教育事业发展的支持平台和教师发展的学习平台。2003 年 9 月 7 日全国教师网联召开了第一次全体理事会议，通过了全国教师网联章程和实施方案。2003 年 12 月 7 日，全国教师网联理事会召开第二次全体会议，研究并原则通过了教师网联招生工作、门户网站建设和支持农村中小学教师学历提升和非学历培训的意见，在学分互认、课程互选机制和"新课程"教师培训课程建设等方面达成共识。

（4）农村学校教育硕士师资培养计划

为加强农村学校教师队伍建设，提升农村教师学历水平，教育部于 2004 年启动实施"农村学校教育硕士师资培养计划"。在前两年试行的基础上，根据《教育部 2006 年工作要点》中关于"扩大农村学校教育硕士师资培养规模"的要求，农村学校培养教育硕士师资招生推荐录取工作全面展开。

（二）江苏省的政策行动

作为对国家政策的呼应和执行，在 21 世纪，为促进农村义务教育发展，江苏省一方面贯彻执行国家制定的有关支持农村义务教育发展的政策，同时也结合江苏省本省的社会、经济发展情况，制定实施了一些具有本省特色的支持农村义务教育发展的政策，使全省农村义务教育的办学条件得到有效改善，促进了全省农村义务教育的优质均衡发展。从江苏省对农村义务教育实施的支持性教育政策的内容来看，其主要是从改善农村义务教育办学条件、提高农村义务教育师资素质、改善农村留守儿童教育状况等三个主要方面开展政策行动的。

1. 办学条件：从布局调整到办学条件改善

（1）"布局调整和危房改造工程"

2001 年 4 月 30 日发布的《江苏省人民政府关于加快基础教育改革与发展的意见》（苏政发［2001］第 68 号）指出，"十五"是江苏省全面建设宽裕的小康社会，为率先基本实现现代化奠定坚实基础的关键时期。全省基础教育工作的主要任务是：进一步巩固"两基"成果，遏制部分地区辍学率逐年升高的趋势；全面调整基础教育布局结构，合理配置教育资源；基本完成改造薄弱学校任务，缩小城乡基础教育差距；大力推进教育人事制度改革，精简和优化教职工队伍；深化教育管理体制改革，建立义务教育经费保障机制；形成适应素质教育和创新教育的完整教育体系，提高基础教育整体水平。为了提高教育质量和办学效益、适应城镇化发展需要和农村税费改革形势，按照适度规模办学要求，采取积极措施，争取用 3 年左右时间，基本完成中小学布局调整任务。《意见》要求各地要以县为单位对中小学布局调整进行统筹规划。按照城市和农村乡镇村发展规划要求，综合人口密度、地理环境、交通状况等各方面因素，确定中小学校布局调整方案。《意见》还指出：中小学布局调整要与危房改造相结合。各地要在中小学布局调整规划的基础上，对按规划需要改造的中小学危房进行一次彻底排查、核实，以此为依据制订中小学危房改造计划。不在学校布局规划内的危房应坚决拆除。为推进全省的中小学布局调整工作，江苏省财政从 2001 年开始，连续 3 年每年拿出 2.5 亿元专项经费用于中小学布局调整与危房改造。

2002 年 6 月 2 日，发布的《江苏省政府关于完善农村义务教育管理体制的通知》（苏政发［2002］66 号）中要求：建立消除农村中小学危房、推进中小学布局调整的工作机制，安排危房改造和布局调整专项资金，指导和督促农村中小学危房改造和布局调整工作。重点扶持经济薄弱地区的农村中小学危房改造。2002 年，苏南、苏中地区要消除所有现存的中小学危房，苏北地区要消除中小学 C、D 级危房。2003 年，全省全面消除中小学危房。2001 年，全省调减中小学超过 4000 所，超额完成了年度任务。2002 年 5 月，江苏省省政府常务会议明确要求 3 年危改任务两年完成，全省农村中小学 2002 年底前全部消除 C、D 级危房。2002 年 1 月至 10 月，江苏全省共投入危房改造资金 15.25 亿元，拆除 220 万平方米的 C、D 级危房，新建扩建校舍 406.8 万平方米，其中竣工 298.9 万平方米，B 级危房大部分完成维修任务。[①]

（2）"三新一亮"工程

中小学布局调整和危房改造的实施，使得全省农村中小学布局结构更趋合理，农村义务教育学校办学基本条件得到极大的改善。但是，在苏北地区不少农村中小学还存在破课桌、破板凳、破讲台、教室光线暗等问

---

① 《江苏农村中小学危房改造任务有望年内完成》，人民网 2002 年 11 月 15 日。

题，为改善农村中小学办学条件，促进义务教育均衡发展，从 2003 年起江苏省教育厅下发了《关于全省农村中小学实施"三新一亮"工程的意见》，要求结合农村中小学布局调整和危房改造，在全面消除中小学危房以后，实施"三新一亮"工程（即课桌新、板凳新、讲台新、电灯亮），计划用两年时间为每个学生配齐符合标准的课桌凳，为每个教室配齐符合标准的照明设备和讲台，彻底改变农村学校"三破一暗"的状况。"三新一亮"工程实施的重点为苏北部分市、县（市、区）。《意见》对"三新一亮"工程的目标要求、组织实施和检查督导提出了具体要求。2003 年 9 月 5 日，首批新课桌椅从南京运往苏北 5 县。到 2005 年，整个工程总投入 4.2 亿元，其中江苏省教育厅募集资金近 2000 万元，定制 80 万套双人课桌椅，送达最贫困的地区。至 2005 年 5 月，全省累计新增单人课桌凳290.7 万套；累计维修单人课桌凳 293.1 万套、讲台 4.4 万张；通电并安装照明设备教室 13.2 万个。"三新一亮"工程全面完成后，教室里高高低低的破旧课桌不见了，两条腿的椅子、三条腿的凳子彻底绝迹，所有教室告别了黑暗，迎来了光明。①

（3）"六有"工程

2004 年 5 月 22 日，江苏省教育厅下发《关于全省农村中小学实施"六有"工程的意见》（苏教办〔2004〕24 号），《意见》指出：实施"六有"工程，是江苏省继中小学危房改造、布局调整和"三新一亮"工程之后进一步改善农村中小学办学条件、促进农村教育均衡发展的重要举措，是全面建设农村合格学校的配套工程。但由于区域经济发展不平衡等原因，苏北农村地区办学条件特别是卫生设施和食宿条件仍然较差，成为当前农村学校基础设施建设和管理中的薄弱环节，严重影响中小学生的身体健康。江苏省教育厅决定，从 2004 年开始，用两年左右时间，实施农村中小学校"六有"工程：有整洁的校园，有满足师生就餐需要的卫生食堂，有冷热饮用水，有水冲式（符合农村改厕要求）厕所，有安全宿舍，寄宿生 1 人有 1 张床。同时，还印发了《江苏省农村中小学"六有"工程实施标准》，实施"六有"工程，须因地制宜、因校制宜，采用分层推进、分类推进、分项推进相结合的工作机制，采取先个别试点、后全面

---

① 华中文：《江苏"三新一亮"工程造福苏北农村中小学生》，《现代快报》2005 年 5 月31 日。

推进的工作方法。同时，成立"六有"工程建设领导小组，以切实加强对"六有"工程的组织领导，切实加强对"六有"工程的规划、组织、督察和指导工作。

（4）"校校通"工程

为落实教育部2000年印发的《关于在中小学实施"校校通"工程的通知》（教基［2000］34号），江苏省经过若干年的试点，省教育厅于2005年7月28日下发了《关于加快推进"校校通"工程建设的意见》（苏教办［2005］28号），决定在全省范围内全面实施"校校通"工程。《意见》要求各地在实施"校校通"工程的过程中，应主要采用计算机网络教室和多媒体教室的模式来进行建设，并严格按照省教育厅《关于大力推进中小学教育信息化的意见》（苏教基［2001］32号）的要求，通过科学规划，制定出切实可行的"校校通"工程建设方案。对凡列入省帮扶范围的县（市、区）在布局调整后保留的公办乡镇初中、乡镇中心小学，配置1个50台计算机的网络教室和1个多媒体教室；农村定点完全小学，配置1个20台计算机的网络教室。

（5）"四项配套"工程

为了在更规范的条件下、更高的水平上发展农村教育，针对大部分农村中小学理、化、生、史、地、实验设备，图书资料，体育、艺术教育器材等设施的现状、设备的现状与教育教学的实际需要还有较大差距等问题，江苏省教育厅于2006年4月30日下发了《关于继续推进全省农村中小学基本办学条件合格学校建设的实施意见》（苏教合［2006］1号），首次提出了改善中小学办学条件的"四配套工程"，明确从2006年起实施农村中小学理、化、生、史、地实验设备，图书资料，体育、艺术教育器材等设施、设备的建设（简称"四项配套工程"），用两年左右时间，使全省农村中小学在教育技术装备方面达到合格学校的建设标准。文件同时配发了《江苏省农村中小学基本办学条件合格学校建设教育技术装备标准》。江苏省政府还将"四项配套工程"纳入当年全省农村建设新五件实事之中，作为"农村教育培训工程"中继续支持改善农村中小学办学条件的项目。

2006年6月20日，江苏省教育厅、财政厅联合下发《关于进一步改善农村中小学办学条件的意见》（苏教基［2006］17号），指出当前和今后一个时期，江苏省进一步改善农村中小学办学条件的总体要求是：巩固和扩大前几年改善办学条件的成果，以充实和完善实验仪器、体育和艺术教育设施设备、图书资料等为重点，以构建学校办学条件持续改善的长效机制为基础，坚持分类指导，科学配置教育资源，加强寄宿制学校建设，努力缩小教育在区域之间、城乡之间和学校之间的差距，促进教育公平，为构建和谐社会作出积极的贡献。《意见》同时制定了江苏省农村义务教育学校办学的 10 条标准，指导全省农村义务教育学校办学条件的标准化建设工作。

（6）送优质教学资源下乡工程

为加快解决全省农村中小学优质教育教学资源不足的问题，大面积提高农村教师的教学水平和农村学校的教学质量、缩小城乡教育差距、推进教育公平，江苏省教育厅自 2007 年起组织实施以制作、配送中小学优秀教师课堂教学光盘为主要内容的"送优质教学资源下乡工程"。7 月 5 日，江苏省教育厅召开"送优质教学资源下乡工程"实施工作会议，对该项工程实施作出具体部署。"送优质教学资源下乡工程"的主要目标是：选拔、组织覆盖义务教育阶段的 24 门学科（其中小学 10 门学科，不含综合实践活动；初中 14 门，不含社会、艺术、综合实践活动）的优秀教师，制作面向农村中小学生播放的课堂教学光盘（以英语、音乐、美术以及小学语文中汉语拼音等师资相对比较薄弱的课程内容为重点），总课时为 2000 课时（约占 24 门学科总课时数的 1/4），配送到农村中小学，其中，为苏北、苏中经济薄弱县的农村中小学每校免费配送 1—3 套；并为苏北、苏中教学设施条件较差的 4000 多所农村中小学的 2 万多个班级（占这些县农村中小学班级总数的 1/3）配备相应的课堂教学视频播放设备。①

江苏省财政 2007 年首期安排 6980 万元实施"送优质教学资源下乡"工程，"经过全省 500 多名学科专家和优秀主讲教师、100 多名专业技术人员夜以继日的工作，2007 年秋季学期开学前，完成了第一期光盘的制作与配送工作。20000 多套视频播放系统（每套播放系统含一台 34 寸彩电和一套 DVD 播放设备）全部配送到学校，苏北苏中地区办学条件较为薄弱的 4000 多所农村中小学的 20000 多个班级（占这些县农村中小学班

---

① 引自 2007 年 7 月 5 日《王斌泰厅长在"送优质教学资源下乡工程"实施工作会议上的讲话》，江苏省教育厅网站，http://www.jsjyt.gov.cn。

级总数的 1/3），均按播放课堂教学光盘的要求配备了相应的设备。同时，首批 1000 多课时、220 万张（小学每套 320 张，初中每套 220 张）教学光盘也全部制作完成，并于教师节前按照每个学校免费配送 1—3 套的比例，配送至全省 9 个大市 48 个县区的 7200 所农村中小学。第二批制作的 1000 多课时教学光盘也于 2008 年 1 月底前配送到各有关学校"。①

（7）校舍安全工程

中小学校舍安全工程是全国性的提升中小学校舍安全等级的重大基础建设工程。针对少数地区中小学校舍存在的安全隐患，江苏省人民政府办公厅于 2009 年 5 月 10 印发了《关于中小学校舍安全工程实施意见的通知》（苏政办发〔2009〕62 号），就全省中小学校舍安全工程实施作出部署，决定用 3 年时间，对全省地震重点监视防御区、七度以上地震高烈度区、洪涝灾害易发地区、山体滑坡等地质灾害易发地区的各级各类城乡中小学存在安全隐患的校舍进行抗震性能鉴定、抗震加固、迁移避险，消除安全隐患。实施范围是全省城市和农村、公立和民办、教育系统和非教育系统的所有中小学。要求 2009 年完成所有中小学校舍排查、鉴定，对存在安全隐患的校舍提出加固和改造方案，制定总体规划和分年度计划，并确保列入改造计划的建设项目全部开工。2009 年 5 月 27 日，江苏省教育厅、省发改委、省财政厅及省建设厅四部门联合召开全省中小学校舍安全工程推进工作会议，要求各地切实加强组织领导，把实施校舍安全工程作为当前民生工程和教育工作的重点工作，有序有力有效地加以推进。2010 年至 2012 年，江苏省计划用 3 年时间，对 2260 所学校进行布局调整，对涉及 2579 所学校的 16309 栋、466 万平方米校舍进行拆除，对涉及 3057 所学校的 9786 个项目、1309 万平方米校舍进行加固改造，重建、新建校舍涉及 2806 所学校、7770 个项目、1080 万平方米，工程总资金达 252.8 亿元。截至 2010 年 8 月底，江苏省中小学校舍安全工程累计投入 109.16 亿元，支出资金 91.3 亿元，开工单体建筑物 3276 栋，累计开工面积 976 万平方米，已竣工 562 万平方米。② 截至 2010 年 11 月，全省累计开工学校 1563 所，开工单体建筑物 4123 栋，开工面积 1118 万平方米，竣工 699

---

①　《"送优质教学资源下乡工程"实施与应用情况报告》，江苏省教育厅网站，http://www.jsjyt.gov.cn。

②　陈瑞昌、陈昌华：《江苏校安工程 3 年将投 252 亿》，《中国教育报》2010 年 10 月 19 日。

万平方米。① 下一阶段，江苏省抓紧研究解决中小学加固改造期间学校用房周转问题，在财政支出上优先考虑增加对校舍安全工程的投入，确保2012 年全面完成校舍安全工程的改造和加固任务。

2. 师资队伍：从合格到优质均衡

(1) 千校万师支援农村教育工程

为进一步缩小城乡师资队伍差距，利用城市中小学师资队伍优势，帮助农村中小学提升教师队伍素质，江苏省积极探索建立城镇教师支援农村教育的新机制、新办法，提升农村教师队伍整体素质和农村教育水平，促进城乡、区域教育协调发展。2006 年 12 月 11 日，江苏省教育厅、财政厅下发《关于实施"千校万师支援农村教育工程"的通知》（苏教师〔2006〕23 号、苏财教〔2006〕220 号）。《通知》明确提出：从 2007 年到 2010 年底，在江苏全省义务教育阶段遴选千所优质学校、万名骨干教师，与苏北农村千所薄弱学校实行"校对校"结对帮扶、对口支教，全面提升苏北农村学校的教育教学质量和水平。千所支教学校将在全省城镇优质学校（原则上为省、市级示范初中和实验小学）中遴选，其中初中450 所左右、小学 550 所左右；千所受援学校主要在苏北 5 市农村最薄弱的初中和小学中确定。在支教方式方面，由对口支教学校双方结合实际，协商制定有利于促进受援学校全面提升质量和水平的多样化的支教方案。支教方式可以采取选派教师支教、安排受援学校教师来校短期学习、联合组织集体备课、共同开展教科研课题研究、共享校本研修资源和课程改革成果等多种方式。通过 4 年的结对帮扶，使受援学校在教学管理、课程实施、师资素质、教科研工作和教育教学质量等方面有显著提高。支教学校要根据受援学校的实际需要，每年安排 3 名以上骨干教师赴受援学校支教。支教教师到受援学校承担教学任务、指导教研活动、参与教学管理等。支教时间原则上不少于 1 学年。

2007 年 3 月 7 日，江苏省教育厅办公室、省财政厅办公室下发了《关于公布"千校万师支援农村教育工程"结对帮扶项目学校的通知》（苏教办师〔2007〕4 号），公布了"千校万师支援农村教育工程"1000对项目学校名单。2007 年 3 月 11 日上午，江苏省"千校万师支援农村教

---

① 沈大雷、缪志聪：《江苏校安工程撑起"安全伞"累计投入 102.3 亿元》，《中国教育报》2011 年 1 月 26 日。

育工程"在连云港举行启动仪式。来自镇江、南通和连云港172所城镇优质学校的516名骨干教师，陆续奔赴连云港172所农村中小学支教。按照计划安排，江苏省2007年将有3000名城镇教师赴苏北5市农村支教。[①] 工程实施以来，经各地教育部门认真遴选确定的1000所苏南和城市优质学校与苏北农村薄弱学校之间结成了"校对校"全方位的帮扶对子，全省连续支教在一学期以上的教师达3600余人。支教学校从受援学校的实际出发，通过开设示范课引领、开展教师培训、指导教科研活动等，更新了受援学校的教育教学理念和教学模式，促进了教学改革的深入。2011年，江苏省教育厅、财政厅又联合印发《关于继续实施"千校万师支援农村教育工程"的通知》（苏教师［2011］15号）文件，"十二五"期间，全省将继续组织实施"千校万师支援农村教育工程"，通过结对帮扶，使受援学校在教学管理、课程实施、师资素质、教科研工作和教育教学质量等方面有显著提高，以全面提升苏北农村学校教育教学水平和师资队伍整体素质，充分发挥城镇优质教师资源优势，促进城乡教育协调发展，为建设社会主义新农村作出贡献。

（2）大学生志愿服务苏北计划

为贯彻江苏省委省政府《关于加快建设教育强省，率先基本实现教育现代化的决定》，快速提升农村教师队伍整体素质，进一步优化农村中小学教师结构，江苏省教育厅在2006年全省教育工作会议上确定，从2006年开始，每年选派1万名骨干教师到苏北农村支教，每年选聘1万名高校毕业生到农村任教，同时，省市骨干教师培训向农村一线教师倾斜。

2006年5月18日，江苏省教育厅下发了《关于做好2006年选派优秀大学毕业生到苏北农村学校任教的通知》（苏教师［2006］10号），《通知》对优秀大学生到苏北农村任教的选派条件、服务期限和范围、保障政策等作了细化。服务期限不少于3年，服务范围为徐州、淮安、盐城、连云港、宿迁五市县城以下的农村中小学。2006年计划选派优秀大学毕业生3000人，其中选派到徐州750人，淮安500人，盐城650人，连云港550人，宿迁550人。对于选派到苏北农村任教的优秀大学毕业生，参照中组部、人事部等八个部门联合下发的《关于组织开展高校毕

---

① 任松筠：《江苏省启动千校万师支援农村教育工程》，《新华日报》2007年3月13日。

业生到农村基层从事支教、支农、支医和扶贫工作的通知》（国人部
［2006］16 号）和江苏省委组织部、教育厅等五部门联合下发的《关于
实施大学生志愿服务苏北计划的通知》（团苏委联［2006］24 号），享受
相关优惠政策。其工资及地方津贴由县（市）按照国家和各地规定的标
准列入县级财政预算，按时足额发放。其参加高一层次学历提高教育，同
等条件下予以优先录取。符合农村教育硕士免试推荐入学条件的，可列为
推荐人选。对选派到苏北农村学校任教的大学毕业生，由省按每人每年
4600 元的标准逐学年予以补助，连续补助三年。

（3）农村学校教育硕士师资培养计划

为了适应社会主义新农村建设的迫切需要，切实解决农村教师整体素
质偏低问题，加强农村学校教师队伍建设，促进教育均衡发展，教育部于
2004 年启动实施"农村学校教育硕士师资培养计划"。在前两年试行的基
础上，根据《教育部 2006 年工作要点》关于"扩大农村学校教育硕士师
资培养规模"的要求，农村学校培养教育硕士师资招生推荐录取工作全
面展开。2006 年 3 月 10 日，江苏省教育厅办公室下发《关于做好 2006
年为农村学校培养教育硕士师资工作的通知》（苏教办师［2006］3 号），
《通知》对服务范围、推荐人选、培养学校和培养计划等作出具体部署。
《通知》要求：江苏省培养农村学校教育硕士师资的服务范围是 32 个财
政体制转移支付县（市、区）的农村学校，以农村初中为主。农村学校
教育硕士师资从南京师范大学、苏州大学、扬州大学、江苏大学、南通大
学、江南大学 6 所举办教师教育、具有推荐免试研究生资格高校的 2006
年应届本科师范毕业生中遴选推荐，拟推荐人选应具备相应的条件。培养
学校包括南京师范大学、苏州大学、扬州大学、徐州师范大学 4 所具有教
育硕士专业学位培养资格的高校。省教育厅将根据培养学校的培养能力和
用人单位意见，统筹安排农村师资教育硕士生培养计划。

2006 年江苏已选派近 150 名农村学校教育硕士师资到苏北和苏中经
济薄弱县（市、区）农村学校任教。"硕师计划"研究生自主与有关县
（市、区）教育局联系，落实任教学校。有关县（市、区）教育局与"硕
师计划"研究生签订录用协议书，协议书由各县（市、区）教育局自行
制定。对未落实省内县镇及以下任教学校、未成为编制内正式教师的人
员，其"硕师计划"研究生资格自动取消。按照规定，对在农村学校任
教未满三年或有一个年度考核不合格者，其农村师资教育硕士生入学资格

自动取消。2006 年选拔的首批农村学校教育硕士有 83 名通过三年考核。从 2009 年起农村学校教育硕士到培养学校报到学习，脱产一年，学习教育硕士专业学位研究生课程，在学期间免缴学费。① 五年来，江苏已为苏北和苏中经济薄弱地区的农村学校培养了近千名农村学校教育硕士师资，优化了经济薄弱地区农村学校教师队伍结构，对提高农村师资水平起到了积极作用。

（4）教师教育网络联盟计划

为充分运用互联网技术和现代远程教育手段开展教师培训，扩大优质培训资源受益面，进一步提高教师培训效率和质量，促进教师专业化发展，江苏省在全面总结前一阶段经验的基础上，决定自 2007 年开始全面实施"江苏省教师教育网络联盟计划"。2007 年 3 月 5 日，江苏省教育厅下发《关于实施江苏省教师教育网络联盟计划的通知》（苏教师 [2007] 4 号），《通知》对江苏实施教师教育网络联盟计划的目标任务、组织管理、近期重点工作、要求和措施等作出部署。省教育厅委托有关职能处室和单位建设"江苏教师教育"门户网站，作为实施教师网联计划的硬件载体，开展教师继续教育、为教师自主学习提供服务的公共平台。形成以省、市教育行政部门主导，以教师教育院校和高水平教师培训机构为核心成员，全省中小学广泛参与，利用网络平台共建共享优质教育资源的新型教师教育合作模式，实现不同地区、不同层次、不同类型学校教师共享优质教师教育资源及教育教学资源，大规模、高质量、高效率地开展教师培训，为广大教师提供自主学习、终身学习的平台，这对于全面提高教育教学质量和教师队伍整体素质，服务教师专业成长具有重要作用。

按照教师教育网络联盟计划实施要求，2007 年 10 月 24 日，江苏省教育厅发出《关于在全省组织开展中小学教师网络培训工作的通知》（苏教师 [2007] 10 号），积极组织实施全省中小学教师网络培训工作。2007 年，组织全省班主任网络培训 10950 人，学员就教育教学工作实践问题发帖回帖数合计 205974 次，人均 18.8 次。② 学员在培训中学习热情高涨，勤奋好学，成效显著。"无论是在培训现场还是在座谈会上或是对老师进行个别访谈，我们都看到了老师们饱满的学习热情、认真的学习态度和作

---

① 蔡蕴琦：《首批农村学校教育硕士 9 月免费入学》，《扬子晚报》2009 年 5 月 7 日。

② 江苏省教师培训中心：《2007 年江苏省中小学班主任网络培训工作简报》（第 6 期）。

为班主任老师强烈的责任感。老师们纷纷表示：这样的培训活动时间安排好（在工作之余进行，可以静下心来学习）、收获很大：一是对班主任专业化素养的提升有很大的作用；二是进一步提升了自身的思想道德水准；三是学到了许多有用的东西，如案例学习；四是就某些问题开始有了深层次的思考，如对关于班级的核心价值观的思考、对班级文化制度建设的思考等；五是形成了网络培训后续学习的交流团队；六是对今后的网络培训工作有了新期待。"[1]

(5) 农村教师素质提高工程

师资是立教之基、兴教之本、强教之源。建设一支高素质的师资队伍，是推动教育改革发展、提高教育质量水平的关键措施，是建设教育强省、率先基本实现教育现代化的根本保证。提高农村教师素质，是一项系统性、长期性的工作。21 世纪以来，江苏省一直非常重视不断提高广大农村教师素质，实施了系列政策与行动。它这既涵括以往江苏省为提高农村教师素质而采取的种种政策与行动，也专指江苏省在新世纪里为农村教师素质提高而采取的某一专门的政策与行动。2007 年 12 月 25 日，江苏省政府发布《关于进一步加强师资队伍建设的意见》（苏政发〔2007〕125 号）提出，实施"农村教师素质提高工程"，要求："十一五"期间对全省农村义务教育阶段学校教师普遍开展一次轮训，加大农村骨干教师培养培训力度，提高农村师资队伍整体素质。鼓励农村教师通过自考、函授、现代远程教育等途径，有计划、有步骤地提升学历层次。根据农村教育发展需要，对紧缺学科师资实行定向培养，毕业后按定向培养协议到农村学校任教。各地可设立农村骨干教师岗位，给予相应待遇，通过公开选聘、竞争上岗的方式，稳定和吸引一批骨干教师扎根农村任教。中小学的中、高级教师职务岗位适当向农村学校倾斜。

2008 年，江苏省教育厅《关于做好 2008—2010 年教师国际合作培训工作的通知》（苏教师〔2008〕3 号），要求充分利用国际优质教育资源，实施教师海外培训计划，以加强高素质教师队伍建设、更新教育理念和改革教学模式。教师国际合作培训计划 2008—2010 年将对中小学英语新教师（雏雁项目）、学校管理者等开展五个项目的教师国际合作培训，每年计划安排出国培训 2000 人，引进国内培训 3000 人，每年共计培训教师

---

① 江苏省教师培训中心：《2008 年江苏省中小学班主任网络培训工作简报》（第 3 期）。

5000 人。培训经费由教育行政部门、学校和学员个人共同承担。考虑到各地经济发展水平不同，对苏北、苏中、苏南地区参培人员的资助比例分别为 80%、50%、30%，学员个人可承担少量培训经费，总额不得超过总经费的 10%，其余部分由学员所在单位承担。

2009 年 1 月 8 日，江苏省全省师资工作会议在南京召开，教育厅厅长沈健在会议上肯定了"千校万师支援农村教育工程"取得新成效，全省初步形成苏南支援苏北、城市支援农村，省市县校四级联动的运行机制。通过实施"万名大学生支援农村教育工程"和"农村学校教育硕士师资培养计划"，至 2008 年底，江苏省已选派到岗优秀毕业生 1850 名，完成 8 万名教师省级培训工作。沈健强调，2009 年，江苏省将继续坚持公共教育资源向经济薄弱地区、农村地区、薄弱学校倾斜，逐步缩小区域、城乡、校际教育发展差距；要抓住国家实施义务教育学校教师绩效工资制度这一机遇，均衡配置中小学教师资源，逐步推进中小学校长和骨干教师定期交流。[1] 根据江苏省教育厅《关于进一步加强中小学教师培训工作的意见》（苏教师 [2009] 1 号）精神，2009 年 3 月 18 日省教育厅下发了《关于做好 2009 年中小学教师和校长省级培训工作的通知》（苏教师 [2009] 4 号），《通知》指出，近年来，江苏省连续实施农村教师素质提升培训，在培训的数量、质量和培训资源建设上取得了阶段性的成果，坚持以均衡发展促进教育公平。2009 年江苏省教育厅将继续开展农村教师素质提升培训，计划集中培训农村义务教育阶段学校英语教师 1 万人，农村小学音乐、美术和科学教师 500 人。

3. 留守儿童：从食宿改善到心理关爱

（1）农村留守少年儿童食宿条件改善工程

随着江苏省城市化进程和农村劳动力转移加快，农村出现留守儿童教育的新问题。为贯彻落实江苏省委、省政府《关于切实加强民生工作若干问题的决定》（苏发 [2008] 14 号，2008 年 7 月 21 日发布）中提出的"加强农村寄宿制学校建设，新建一批学生食堂和宿舍，大力改善农村留守儿童寄宿生食宿条件"的要求，2008 年 10 月 7 日江苏省教育厅、财政厅联合下发《关于实施农村留守少年儿童食宿条件改善工程的意见》（苏教合 [2008] 2 号）。《意见》明确规定，2008 年江苏省财政将安排专项

---

[1] 引自 2009 年 1 月 8 日江苏省教育厅沈健厅长在《2009 年全省教育工作会议上的讲话》。

资金 2 亿元，在苏北 5 市申报的基础上选择 22 个县的公办农村初中开展试点，努力完成试点地区初中新增的宿舍和食堂建设任务，为家庭无监护条件、距离学校较远、确需寄宿的留守少年儿童提供安全的宿舍、卫生的食堂。同时，江苏省还制定了《江苏省农村初中留守少年儿童食宿条件改善工程学生宿舍、食堂建设标准》，从 2009 年起，该标准在苏北、苏中其他经济薄弱地区的农村初中继续实施。

（2）从权利保护到关爱身心健康

2006 年颁行的《中华人民共和国未成年人保护法》，是对留守儿童权益保护的主要法律依据。该法分别从家庭保护、学校保护、社会保护、司法保护、法律责任等方面提出了保护未成年人的法律原则和政策措施。同时指出，"父母或者其他监护人应当关注未成年人的生理、心理状况和行为习惯，以健康的思想、良好的品行和适当的方法教育和影响未成年人，引导未成年人进行有益身心健康的活动"。2004 年颁行的《中共中央、国务院关于加强和改进未成年人思想道德建设的若干意见》对包括留守儿童在内的未成年人思想道德建设问题作了重要指示，要求"各级党委和政府要把加强和改进未成年人思想道德建设作为一项事关全局的战略任务，纳入经济社会发展总体规划，列入重要议事日程"。

另外，还有关爱贫困地区失学女童的"春蕾计划"。在全国妇联领导下，中国儿童少年基金会发起并组织实施了一项救助贫困地区失学女童重返校园的社会公益项目——"春蕾计划"。该项计划自 1989 年起一直持续到现在，至 2010 年底，"春蕾计划"累计筹集资金 10 亿多元，捐建 1000 多所春蕾学校，资助 200 多万人次贫困女童重返校园，已对 40 余万女童进行了实用技术培训。

第 三 章

个案县情:江苏省L县的社会经济
发展与教育

农村义务教育的发展和当地社会经济发展有着密切的关系。江苏省是我国东部经济发达的省份,但其省内经济发展也存在着苏南、苏中、苏北等区域性差异,农村义务教育的发展自然也存在着这种区域性的差异。L县是革命老区,又是江苏省苏北的一个贫困县,其社会经济发展多年来一直处于省内"垫底"的位置。由于受到历史传统和生态环境等多种因素的综合影响,L县形成了具有自身特色的区域性社会文化,这种社会文化深刻地嵌入到L县的社会经济、文化教育发展之中,自然也影响着人们的社会生活和日常行为。其实,任何两个县份之间相比,既有其"同"的一面也有"不同"的一面。说其有"同"的一面,是因为任何一个县的"存在"都是历史和现实所造就的;说其"不同"的一面,是因为每一个地方的历史传统和生态环境系统都会有所不同,都会形成自身社会文化的独特性一面。"一方水土养一方人",正是从这个意义上说的。因而,在这一层面上,我们说L县既普通又特殊。而从社会科学研究对个案选择的角度来看,个案的选择越普通越好,越普通也就越有代表性。

L县的社会经济发展以及文化教育有什么样的历史状况?有什么样的独特性?当前L县的社会经济发展状况如何?其义务教育特别是农村义务教育发展的现状如何?对此,L县又采取了哪些支持性教育政策?取得了什么样的政策效果?这些问题,都是本研究需要面对并作出解答的问题。在本章研究中,笔者沿着"社会经济发展—教育变迁—支持性教育政策行动"的思路,首先对江苏省L县新中国成立以来特别是当前的社会经济发展状况及其教育变迁的基本状况予以描述与阐述,以反映L县在社会经济、教育发展变迁中形成的区域性社会文化。同时，对 L 县实施的支持农村义务教育发展政策实施的整体状况、存在问题进行总体性分析，为后续章节对该县实施支持农村义务教育发展政策执行的深入考察提供基础。

一　L 县的社会经济发展

（一）自然条件

L 县位于江苏省北部，东西长 60 公里，南北宽 51.5 公里，全县总面积 1676.34 平方公里，其中陆地面积约 1592 平方公里，占 95%，水域面积约 84 平方公里，占 5%，有耕地约 132.59 万亩，占陆地面积 55.5%。[①] 县内交通便利，除了盐河、六塘河、一帆河等主要航道运输外，还有通过县境的京沪高速、宁连高速等国道、省道干线公路，形成了与北京、南京、上海等地相连的陆路交通网络。2002 年建成的新长铁路（北接陇海铁路上的新沂，途经 H 市等地，南至浙江长兴），2007 年，并入中国铁路网，结束了苏北腹地"走无寸铁"的历史。2008 年经国务院、中央军委批准在 L 县境内兴建民用 L 县机场，是国家"十一五"规划建设的重点支线机场，2010 年 9 月投入使用，可直航北京、上海、西安、武汉、广州等国内多个主要城市。

县境内的土壤属潮土类中的黄潮土和盐潮土两个亚类，分为 6 个土属 18 个土种。县内平原广阔，黄河故道位于南部和东南部边界，为平原上次一级分水岭。县境是黄泛冲积平原，地势由西南向东北倾斜，地面高程由 15.4 米下降至 2.7 米，大部分介于 9—5 米之间。沿河高滩地主要分布在废黄河、盐河、六塘河等人工堤内，以废黄河堤内滩地最为典型，面积也最大。其中，废黄河在县境内宽 1—3 公里，长 78 公里，总面积约 78.5 平方公里。这一类地形地貌的共同特点是地面高，怕旱不怕涝，地下水位低，土壤类型多样，一般无盐碱现象。[②] 该县地处淮北平原，属暖温带季风气候，光照充足，雨量丰沛，春秋温和，四季分明。年均日照 2418.4 小时，年均气温 14℃，年均降雨量 991.1 毫米。但年际间降水、

---

① 《L 县志》，江苏古籍出版社 1997 年版，第 2 页。
② 同上书，第 140—141 页。

温度等变化较大。县境内河流，除废黄河自成系统，独自流入黄海外，其他主要河流有盐河、六塘河、一帆河等，其皆发源于黄河故道的北侧，由西南流向东北，最终汇入灌河，向东流入黄海。

（二）社会经济发展

L 县经济长期以来以农业为主，工业基础较为薄弱。从历史上看，在唐代曾出现"种稻长淮边，百口无饥年"的繁荣景象。宋以后，黄河夺淮，水患渐多，田地荒芜。明弘治八年至清末，水、旱、虫灾接连不断，境内"是田皆斥卤，有地但蓬蒿"，到处一片荒凉。由于该县地处淮、沂、沭、泗等诸水下游，有"洪水走廊"之称，历史上洪涝灾害频繁。加之四季气候多变，灾害天气时有发生，各种病虫害也很严重。根据史料记载，明代 276 年（1368—1644）中共发生洪涝灾害 44 年，清代 267 年（1644—1911）中共发生 22 年，民国期间（1912—1949）共发生 5 年。[①]旱灾方面，明代有 67 年发生旱灾，平均每四年一遇，清代有 50 年发生旱灾，平均每 5 年一遇。民国期间有大旱灾 1 年。同时，县境内夏秋时节常有台风、龙卷风、雷雨大风，往往导致农田受灾面积大，损失较大；冬季常为寒潮大风，并伴有冰雹、冻害等。明清时多发蝗灾，从明嘉靖二年（1523）到清咸丰六年（1856）的 333 年中，发生毁灭性蝗灾 28 年。嘉靖二年因蝗灾，年岁大荒人吃人。次年蝗灾加旱灾，县衙明令：交蝗子五头者准三等吏缺。明万历三十八年（1610）、四十四年（1616）、天启六年（1626），飞蝗遮天蔽野，禾、草、木全部吃光；其中明三十八年飞蝗停留 6 天，城内遍地蝗虫，厚达尺余，该年民死者暴骨如麻。民国 37 年（1948）秋，蝗虫遍野皆是，粮食歉收，饥民逃荒要饭甚多。[②] 新中国成立后的很长一段时间，L 县境内人民的生活很艰苦，1956 年人均口粮标准只有 176.5 公斤。1960 年后三年自然灾害期间，农民口粮只有百余公斤杂粮，多数农户以瓜菜、胡萝卜缨、榆树皮面充饥，逃荒行乞者为数不少，较多人患有营养不良和浮肿病等。1960—1978 年，全县共吃国家返销粮 1.9 亿公斤，用国家救济款 2471 亿元。[③] 为确保农业增产，全县开展

---

① 《L 县志》，江苏古籍出版社 1997 年版，第 157 页。

② 同上书，第 251 页。

③ 同上书，第 871 页。

了大规模的改土治水工作，至 60 年代中后期已形成"蓄、调、排"完整体系，发展了自流灌溉和提水灌溉，初步建成防洪、排涝、灌溉、降渍四大工程体系。在改善排灌条件的同时，还积极开展土壤改良工作，找到了一条旱田改水田以水冲刷盐碱、广种绿肥、增加土壤有机质的有效途径。20 世纪 70 年代中后期，绿肥面积稳定在 60 万—70 万亩之间。大规模的改土治水，为农业的发展打下了良好的基础。中共十一届三中全会以后，农村进行了经济体制改革，普遍推行家庭联产承包责任制，同时，大力推广良种和先进耕作技术，农业出现了迅猛发展的势头。1979—1982 年，粮食总产从 309236 吨猛增到 518077 吨，成为全国商品粮生产基地县之一。1987 年有效灌溉面积 91.22 万亩，是 1976 年的 1.6 倍，是 1957 年的 326 倍。粮食总产 625283 吨，是 1976 年的 2.35 倍，是 1949 年的 8.1 倍。人均产粮 700 公斤，超过全省 500 公斤、全国 400 公斤的水平。棉花总产 3946 吨，是 1976 年的 2 倍，油料总产 27467 吨，是 1976 年的 9.9 倍。农业总产值 44264.5 万元，是 1978 年的 2.9 倍。在发展粮食生产的同时，多种经营有了相应的发展。新中国成立后，首先在废黄河堤上建立了防护林体系和万亩果林带。1958 年全县林地达 4 万多亩，1987 年全县拥有林地 7.3 万余亩，13 个乡 20 多个村初步实现农田林网化，1986 年获林业部授予的平原绿化先进县称号。在发展林业的同时，注重发展畜禽、蚕桑、水果和水产品。新中国成立后县内的手工业也有一定规模，工业稳步发展，1958 年，全县兴办各类工厂 23 个。中共十一届三中全会以后，工业发展较快。1984 年，乡镇工业迅速崛起，新的经济联合体应运而生。1987 年，全县有全民、县属集体、乡（镇）办企业 335 家，拥有化工、机械、电子、建材、食品、纺织、缝纫、皮革、造纸等 12 个工业门类，工业总产值 40113 万元，是 1978 年的 2.9 倍。酿酒业发展较早，明代已有数家槽坊，清代高沟曲酒享有盛誉，酿酒业是全县工业支柱，是江苏五大曲酒生产基地之一。随着经济建设和各项事业的发展，全县人民的物质生活水平有了很大提高。1987 年，农村人均收入 396 元，全民所有制职工人均收入 1125 元，比 1978 年增加 656 元，城乡存款余额 11238 万元，是 1970 年的 8.6 倍。[①] 进入 21 世纪后，L 县的城乡工业保持快速的良好势头。2008 年全县完成工业增加值 35.3 亿元，较上年增长 28%，工业入

---

① 《L 县志》，江苏古籍出版社 1997 年版，第 3—4 页。

库税金 4.8 亿元，比上年增长 27.1%，规模以上工业实现现价产值 140.5 亿元、利税 7.5 亿元，分别较上年增长 35.1% 和 18.3%，全县完成工业固定资产投入 50 亿元，比上年增长 61.5%。列入市重点考核的 24 个工业新增长点全年销售收入 17.3 亿元，新创利税 9570 万元。[①] 2008 年该县农业开发项目总投资 3046.8 万元，完成中低产田改造 3320 公顷，全县主要农作物三麦总产量 39.08 万吨，水稻总产量 42.09 万吨。全年完成沼气"一池三改" 2760 户，推广秸秆沼气 110 户，以沼气为纽带的生态家园富民工程建设规模、效益位居全省前列。同时，发展高效农业面积 18513 公顷，新增大棚蔬菜种植面积 2133 公顷，浅水藕种植面积扩展到 5333 公顷，农业科技贡献率提高到 4.5 个百分点，2008 年获省高效农业规模化工作先进单位。[②] 另外，该县内的民营经济十分活跃，"想创业、敢创业、会创业、创大业"氛围浓烈，2008 年全年新发展私营企业 795 户，个体工商户 8328 户，新增个体注册资本 27.2 亿元，其中个体私营企业注册资金 23.1 亿元，乡镇工业集中区建设固定资产投入 38.09 亿元，企业实现销售收入 43.14 亿元。[③]

L 县历史悠久，古称安东。汉武帝元狩六年（前 117）始置县，从唐代至元代，曾升为州、军，1927 年成立国民党县政府。1940 年 9 月，L县抗日民主政府成立。1941 年 2 月，民主政权以境内的盐河为界，划河西为 L 县，属淮海区；河东为涟东县，属盐阜区。1948 年 7 月，国民党县政府垮台。1950 年 6 月，盐河河东、河西两县合并为 L 县，属淮阴专区，1983 年属淮阴市（2001 年更名为淮安市）。L 镇是 L 县委县政府驻地，是全县政治、经济、文化中心。1987 年，全县有 LC 镇、GG 镇、T乡、H 乡、LC 乡等 31 个乡（镇）和城东林场等 8 场、圃，辖 580 个村（居委会），总人口为 88.89 万人，其中非农业人口为 5.8 万人，人口密度平均每平方公里 530 人。县内以汉族人口占绝大多数，并有回、藏、壮、朝鲜、满、侗共 6 个少数民族，在少数民族中，回族占大多数，1982 年人口普查时有 865 人，主要居住在 B 乡朱桥村。[④] 2000 年以来根据省、市

---

① L 县地方志办公室:《L 县年鉴 2009》，第 144 页。

② 同上书，第 158—160 页。

③ 同上书，第 165 页。

④ 《L 县志》，江苏古籍出版社 1997 年版，第 175 页。

政府的统一部署，L 县对乡镇区划进行了两次调整，2008 年全县辖 L 镇、GG 镇、H 镇、T 镇、LC 镇等 20 个镇（乡）、11 个办事处和县经济开发新区，总人口 105 万人。①

　　L 县是革命老区，早在 1939 年 4 月，L 县的抗日义勇队打响了 L 县人民抗击日本侵略者第一枪的鲁渡战斗。抗日战争胜利后，L 县委（包括涟东县）积极组织地方武装，配合人民解放军，多次粉碎国民党军队的"清剿"。1946 年 10 月、12 月，进行了两次大规模的 L 县保卫战，重创国民党王牌军七十四师。淮海战役中，L 县上万民众又踏上了支援淮海战役的战场，淮海战役后，有 3000 余青壮年男子报名随着解放军南下过江，为祖国的解放事业和建设事业作出了极大的贡献。生活在 L 县大地上的人民坚贞淳朴，民风粗犷雄豪。淮剧是 L 县地区的主要地方剧种之一，演出时只用锣鼓伴奏，唱腔音调高亢，粗犷有力，鼓后接以无伴奏的"行腔"等徒歌形式，对比更为突出，至今犹有劳动者引吭高歌、开阔嘹亮的乡土特色，故又称"淮蹦子"。在日常生活中，L 县境内的人口味偏重，嗜好咸辣，喜饮烈性酒，有一种"一瓢长醉"的豪气。诸凡嫁娶、祝寿、乔迁新居、生孩子，等等，都可以成为宴请的理由，即使什么理由也没有，自斟自饮的情况也非常普遍，百姓戏称为"皇帝万万岁，小民天天醉"。L 县人注重礼仪，民间的礼仪相当繁杂，礼仪中的血缘地缘关系色彩浓厚，宗法制的伦理规范和亲情约束力强，同一宗族之人有门分、亲疏、长幼和尊卑之分。② 该县人民注重亲缘群体的利益及内部人际关系的协调，人际交往往往以人格信誉替代契约合同，且重乡土情谊。随着市场经济的发展，这些传统的礼仪、人情、社会关系的内涵都发生了很大的变化。在后面，笔者对 L 县支持性教育政策执行的考察中，我们将会看到人情、社会关系、家族等观念给该县的政策执行所带来的深刻影响。

二　L 县的教育变迁

　　L 县历来有兴学重教传统，普通百姓人家很重视子女的教育。L 县具有深厚的文化底蕴和传统的人文优势，尤其是重教兴学之风渊源久长，自

---

① 　L 县地方志办公室：《L 县年鉴 2009》，第 255—298 页。

② 　《L 县志》，江苏古籍出版社 1997 年版，第 875 页。

古以来就名人雅士迭出。L 县人重学,穷读书远近闻名。当地有"沭阳财主宿迁庙,泗阳姑娘出门不坐轿,L 县人讨饭上学校"的民谣,L 县素有"穷读书,苦上学"之佳传和"安东出才子"之美誉。据历史记载,北宋时就建有儒学,后毁于兵。元至元年间,万户张英(亦称张汉英)镇守安东,在旧址上重新修建,后历经明代到清代,达 500 年之久,计重新修建 3 次,修葺达 20 余次,直到清康熙九年(1670)黄河决口,儒学倒塌。后盐运分司张涵又决议重修,得县令余光祖赞助,历时两年,建成大成殿 5 间以及东西两庑、明伦堂、忠义祠、文昌后殿等设施。清雍正年间创建清涟书院,同治九年(1870),知县周鼎在常平仓内办义学 1 所,入学者多为平民子弟,其缴费主要来源为 196 亩学田的地租收入。清光绪三十一年(1905)在清涟书院旧址上创办清涟学堂,招收甲乙两班,学生 30 名,3 年毕业。光绪三十四年(1908)县城设乙种师范传习所。宣统元年(1909),顾际云于佃湖创办"私立龙背高等小学堂",但各地仍以私塾居多。私塾在该县城乡延续时间较长,多有地方稍有声望的人士负责延请塾师教学,学生少者几人,多者一二十人不等。民国初年,各乡兴办初等小学。到 1913 年 7 月,全县共有高小 1 所,初小 29 所。到 1917 年,全县公私立高初等小学校计有 80 余所。1928 年创办 L 县县立初级中学。1929 年全县小学发展较快,计有县立小学 165 所,私立小学 9 所,275 个班,入学儿童 10685 人,中学 1 所。1933 年创办石湖乡师,1939 年 3 月日军侵占 L 县县城,学校大多停办。1941 年 9 月抗日政府先后创办了 L 县中学和涟东县立初级中学,以及一批小学。1947 年 9 月,国民政府办 L 县县立初级中学,1948 年 7 月停办。1949 年,民主政府在县境内兴办小学 427 所。[①] 这为新中国成立后该县中小学教育的发展奠定了较好的基础。

新中国成立后,L 县教育事业蓬勃兴起。1950 年 L 县全县只有中学 2 所 14 个班 528 名学生,小学 448 所 558 个班 32490 名学生。1951 年全县中、小学计有 507 所,857 个班级,在校学生 55668 人。1958 年实行"两条腿走路"的方针,教育事业大发展,全县中、小学增至 650 所,在校生 84560 人。1961 年起,县里对各类学校的布点和规模进行了调整,将 1958 年后一哄而起的中等学校由 106 所调整为 48 所。1963 年,随着国民

---

① 《L 县志》,江苏古籍出版社 1997 年版,第 3、746—748 页。

经济的好转，全县教育又走上快速发展的轨道。1968 年，全县有中、小学校 1764 所，是历史上最多的一年。①"文化大革命"期间学校数量虽然大幅度增加了，但是该县的教育事业受到了严重的摧残，教师队伍被削弱，教学秩序遭到破坏，教学质量严重下降。

中共十一届三中全会后，L 县的教育事业步入了健康发展的轨道。1979 年开始，该县认真贯彻"调整、巩固、整顿、提高"的方针，采取了"巩固小学、调整中学，改革中等教育结构、发展职业技术教育"的举措，各级各类学校较为协调发展。到 1985 年，全县适龄儿童入学率、普及率、在校学生巩固率和毕业率，都达到或超过省平均指标，成为淮阴市首批获得省颁"基本普及初等教育"合格证书的单位。至 1987 年，全县有小学 593 所 2985 个班级，在校学生数 113405 人；有中学 57 所 834 个班级，在校学生数 48592 人，教职员工有 7999 人。② 其中，初中专任教师 1759 人，本科学历及本科以上的教师 40 人，专科学历或本科肄业两年以上的教师 774 人，本科肄业未满两年的教师 75 人，中专、高中毕业的 822 人，中专及高中肄业及以下的教师 48 人。③ 1992 年全面实施五年制义务教育，1996 年实施九年制义务教育。1993 年 L 县中学经审核被再次批准为省级重点中学。到 2002 年底，全县有各级各类学校 437 所，其中省、市重点中学 4 所，普通高中 1 所，初中 37 所，小学 319 所，全县小学在校生 12.32 万人，中学在校生 5.63 万人。至此，L 县的基础教育规模不断扩大，教育体系不断完善。④

为适应时代发展要求，把 L 县教育做大、做优、做强，打造全国教育品牌，L 县不断深化改革，大力发展教育事业，走出了一条博采先进理念、深化教育改革、优化教育资源、改善办学条件、提升办学品位、提高教育教学质量、全面推进素质教育的特色之路。特别是近几年，县委、县政府在加快经济建设的同时，能立足县情，进一步解放思想、更新观念，大力实施"科教兴县"战略，按照"发展要有新思路，改革要有新突破，工作要有新举措，教育要有新面貌"的要求，以"凝心聚力抓改革，矢

---

① 《L 县志》，江苏古籍出版社 1997 年版，第 746 页。

② 同上。

③ 同上书，第 770 页。

④ 《L 县的教育发展简史》，参见中国校庆网：http://www.chinaxq.com/html/20089/n309123598.shtml。

志不渝求发展"的精神,确立建设教育大县和教育城的宏伟奋斗目标。面对县乡财政十分困难的情况,充分利用传统优势和海外关系优势,制定了"用足财力、借助外力、调动民力、挖掘潜力、增强活力"的教育发展思路。以提高办学效益,推动全县经济和社会事业发展为宗旨,大力引进外资,改革办学体制、管理体制和投入机制。本着"集约化、规模化、效益化"的原则,全面调整教育结构和学校布局,优化教育资源,加快教育产业化、现代化、优质化进程。全县 2003—2008 年共撤并初中 10 所、小学 385 所,使初中降至 32 所,小学降至 110 所,从而彻底告别了村村办小学的历史。用于改善办学条件的 5 亿多元投入,仅城区 5 年就投入 3 亿多元,兴建 7 所现代化学校,形成了公办学校、民办学校、公办民助学校、民办公助学校并存的基本格局,为向教育大县、教育强县阔步迈进夯实了基础。

至 2008 年底,全县各级各类在校学生总数为 159600 人。其中,公办完小 115 所(县直 4 所,乡镇中心小学 32 所,村完小 79 所),在册民办完小 9 所,九年制、十二年制公、民办学校小学部 9 所,特殊教育学校 1 所,小学在校生 71100 人,其中,一年级 11681 人,二年级 11142 人,三年级 11200 人,四年级 11025 人,五年级 12178 人,六年级 13874 人[①]。小学适龄儿童入学率、在校生巩固率均达 100%。全县适龄残疾儿童 924 人,其中在校就读 892 人,入学率 96.5%。全县小学有教职员工 4056 人,其中专任教师 3547 人,在专任教师中,具有本科学历的教师 316 人,专科学历教师 2321 人;小学高级教师 349 人,小学一级教师 2322 人。2008 年,全县有高中 7 所(其中四星级高中 2 所、二星级高中 2 所、民办高中 3 所),初中 44 所,其中城区初级中学 8 所,乡镇(办事处)初级中学 30 所,乡镇(办事处)九年一贯制学校 5 所(分别是 YX、LF、YC、WZ、WC 等五所九年一贯制学校),独立初中 1 所(JZ 初中),12 年一贯制学校 3 所(JC 中学、HR 中学、ZLM 实验中学)。其中有省级示范初中 11 所,市级示范初中 3 所。全县初中在校生为 42686 人,初一年级 14210 人,初二年级 13728 人,初三年级 14748 人。2008 年,全县中学有教职员工 3870 人,其中专任教师 2954 人;在专任教师中,具有研究生学历 9 人,本科学历教师 1504 人,专科学历教师 1612 人;中学高级教师 182

---

① 相关数据依据 L 县教育局 2008 统计材料并整理。

人，中学一级教师 1356 人。①

　　L 县十分注重教育教学模式改革，强化质量管理，全县中小学教育教学整体水平不断提高。至 2008 年，本科上线总数、达线率、万人本科上线数、平均分等四项指标连续七年排名全市第一，高考本科上线总数蝉联全市十二年冠。该县中考人数 17016 人，人均总分 466.2 分（总分 750 分——笔者注），优秀率 10.7%，中考参考率、巩固率、人均总分居全市榜首。② 目前，L 县城已经形成了"五大教育园区"，即：以 YH 学院为核心的高等教育园区，以县职教中心为核心的职业教育园区，以江苏省 L 县中学、L 县第一中学和 ZLM 高中为核心的中等教育园区，以 ZLM 初中、ST 外国语学校、JC 外国语学校、HW 外国语学校、L 县实验小学、ZLM 小学、NM 小学为核心的义务教育园区，以 L 县实验幼儿园、XY 幼儿园为核心的幼教园区等"五大教育园区"，L 县县城成为名副其实的教育城。城区在校生总数达 5 万余人，占城区人口总数的 33.5%。随着教育改革的不断深化和推进，L 县在教育强县的征途上阔步迈进，L 县成为苏北的教育大县和教育强县而蜚声省内外。

三　L 县支持农村义务教育发展的政策行动及其成效

　　L 县的社会经济发展虽然在改革开放以来取得了较大的发展，但相对于江苏省的苏南等经济发达地区而言，总体上仍然显得落后，且县内人口众多，教育摊子大发展任务重，而 L 县的经济实力远远不能满足人民日益增长的教育需求，致使 L 县的教育尤其是农村义务教育长期以来一直处于一种"被发展、被支持"的状态。21 世纪以来，L 县实施的支持农村义务教育发展的政策行动主要集中在四个方面：一是加大教育经费投入，保障农村义务教育健康发展。二是结合江苏省提出的支持农村义务教育学校发展的多项政策，对农村义务教育学校实施布局调整和危房改造、"校校通"工程、"六有"工程、"三新一亮"工程等政策，大力改善了农村义务教育学校的办学条件，缩小城乡教育差距，促进 L 县农村义务

---

　　① L 县地方志办公室：《L 县年鉴 2009》，第 231—232 页。
　　② 同上书，第 232 页。

教育现代化的进程。三是开展支教、教师交流活动,促进城乡师资均衡。为了促进城乡师资的均衡配置,L 县在执行江苏省里提出的"千校万师支援农村教育工程"等政策,做好外地学校和 L 县农村义务教育学校的结对帮扶、支教工作的同时,还实施了本县的城镇学校结对帮扶与支教政策,开展本县内的城乡教师交流与支教工作。四是针对本县农村存在大量留守儿童的情况,L 县通过实施"留守少年儿童食宿改善工程"、"留守儿童关爱工程"等政策,改善农村留守儿童的学习、生活条件,促进农村留守儿童的身心健康发展。

(一) 加大教育经费投入,为农村义务教育健康发展提供保障

进入 21 世纪以来,江苏省包括 L 县在内的苏北地区,经济社会各个方面都取得了很大发展。以 2005 年为例,L 县所在的淮安市全市人口 527.77万人,其地区经济生产总值为 561.81 亿元,比上年增长 14.3%,按户籍人口计算人均地区生产总值为 10683 元;财政总收入 75.56 亿元,比上一年增长 21.4%;全年社会固定资产投资 330.73 亿元,比上年增长 20.0%;全市列入统计工业实现增加值 161 亿元,销售收入 575 亿元,利税 73 亿元,比上年分别增长 25%、31% 和 18%,对外贸易一般出口 2.79 亿美元,增长 10.8%。[①] 在城乡居民收入方面,苏北地区也有较显著的增加。在淮安(包括 L 县)地区,城市居民人均可支配收入方面,2001 年为 6513 元,2005 年为 9115 元,增幅达 39.95%;农民人均收入方面,2001 年为 3180 元,2005年为 4024 元,增幅达 26.54%(见表 3—1)。

表 3—1　　　　2001—2005 年五年间淮安的城乡居民收入情况　　(单位: 元)

居民收入	2001 年	2002 年	2003 年	2004 年	2005 年
城市居民人均可支配收入	6513	7158.51	7798	8209	9115
农民人均收入	3180	3365	3395	3701	4024

资料来源:参见长三角联合研究中心《长三角年鉴 2006》,社会科学文献出版社 2007 年版,第 172、243 页。

---

① 长三角联合研究中心:《长三角年鉴 2006》,社会科学文献出版社 2007 年版,第 237—241 页。

　　江苏省的经济发展，对科技、教育等诸多领域都产生了深刻的影响。在淮安市，2005 年全市组织实施省级以上火炬计划项目 4 项，星火计划项目 35 项，有独立研究与开发机构 11 家，全市引进本科人才 2483 人。普通高校 6 所，在校生 4.67 万人；全市累计教育投入 70 亿元，高中阶段入学率达 87.2%，初中入学率为 96.3%，小学入学率为 99.2%，建成农村寄宿制小学 46 所，在解决留守儿童问题上取得了初步成效。①

　　L 县经济实力及发展水平的快速增长，为学校教育经费投入提供了经济基础，也为农村义务教育发展提供了可靠的经济保障。为进一步巩固和提高"两基"教育成果，推动教育事业的健康发展，L 县通过多渠道筹措教育经费，努力增加教育经费投入，确保了教育经费"三个增长"。一是保证预算内教育经费的逐年增长；二是基本保证了预算内义务教育生均经费的逐年增长；三是实现了预算内义务教育生均公用经费达到省级核定标准，并略有增加。2008 年 L 县全年实现地区生产总值 105.7 亿元，同比增长 20%。② 全县完成财政收入 11.64 亿元（不含专项基金收入），同口径增长 19.7%，科教文卫支出 33914 万元，增长 7%。③ 全县财政性教育经费支出占全县国民生产总值的比例为 2.92%。虽然多年来 L 县的财政性教育经费支出（包括：各级财政对教育的拨款、城乡教育费附加、企业用于举办中小学的经费、校办产业减免税部分）没有达到不低于国民生产总值的 4% 这一总体指标性要求，但对 L 县这样一个经济底子薄弱的贫困县来说，全县财政性教育经费支出的不断增加，无疑为 L 县的农村义务教育提供了较为坚实的发展保障（见表3—2）。

表 3—2　　　　　　　L 县 2001—2010 年财政预算内教育支出统计表

年份	财政预算内教育支出（单位：万元）	较上一年度增幅（%）
2001	10558	11.4
2002	12716	20.0

---

① 长三角联合研究中心：《长三角年鉴 2006》，社会科学文献出版社 2007 年版，第 243 页。

② 参见 L 县 C 县长在 2009 年 1 月 8 日 L 县第十四届人民代表大会第二次会议上的《政府工作报告》。引自 L 县地方志办公室：《L 县年鉴 2009》，第 26 页。

③ 参见洪绍刚 2007 年 12 月 21 日在 L 县第十四届人民代表大会第一次会议上的《关于 L 县 2007 年国民经济、社会发展计划执行情况和 2008 年计划安排意见的报告》。

年份	财政预算内教育支出（单位：万元）	较上一年度增幅（%）
2003	15666	23.2
2004	19050	21.6
2005	23679	24.3
2006	28770	21.5
2007	31695	10.3
2008	33914	7.0
2009	37136	9.5
2010	40552	9.2

资料来源：参见 L 县地方志办公室《L 县年鉴》（2002—2011）。

随着教育经费逐步增长，L 县预算内义务教育生均经费也得以逐年增长。2008 年，L 县财政预算内教育经费共拨付 5012 万元，将义务教育阶段中、小学生人均公用经费标准分别从 350 元提高到 500 元，从 230 元提高到 300 元。[①] 全县农村普通小学预算内生均经费、生均事业费、生均公用经费和生均基建经费四项经费支出分别为 2060.17 元、1987.22 元、320.77 元、11.59 元；农村普通初中预算内生均经费、生均事业费、生均公用经费和生均基建经费四项经费支出分别为 2269.60 元、2192.38 元、511.36 元和 28.30 元。[②] 而从全国来看，2008 年全国农村普通小学预算内生均经费、生均事业费、生均公用经费和生均基建经费四项经费支出分别为 2099.65 元、2084.28 元、403.76 元和 15.37 元；农村普通初中生均预算内生均经费、生均事业费、生均公用经费、生均基建经费四项经费支出分别为 2465.46 元、2433.28 元、573.44 元和 32.19 元。[③] L 县农村义务教育预算内教育经费支出在生均经费、生均事业费、生均公用经费和生均基建经费支出等四项指标上，是高于全国水平的，达到了省级核定标准的

---

① 引自禹成余、陆卫国《L 县财政局积极支持教育发展》，《淮安日报》2008 年 9 月 19 日第 3 版。

② 参见 L 县 C 县长在 2009 年 1 月 8 日 L 县第十四届人民代表大会第二次会议上的《政府工作报告》，引自 L 县地方志办公室《L 县年鉴 2009》，第 26 页。

③ 瞿瑛：《义务教育均衡发展政策问题研究：教育公平的视角》，浙江大学出版社 2010 年版，第 80—81 页。

要求，保障了全县农村义务教育的健康发展。

（二）实施支持性教育政策，农村义务教育办学条件不断改善

在 20 世纪 90 年代，L 县的城乡教育发展就存在着发展严重不均衡的状况。在 L 县的县城，由于以往实行"重点校"的政策，使得这些重点小学和重点中学在办学条件改善、教师配备等方面均享有其他农村中小学所不具有的"特权"，与广大的农村中小学相比，形成城乡教育的巨大差异。如 L 县实验小学于 1981 年就被省教育厅确定为省重点实验小学，L 县中学在 1981 年也成为省首批办好的 95 所重点中学之一。这些要"重点办好"的中小学，其校园环境优美，设施完善。① 由于学校的教育教学基础设施较为完善，学校师资素质较高，学生的升学率高，学校在办学中获得了诸多的荣誉和奖项，在当地具有较高的社会声誉。而在农村中小学，学校办学布局不合理、教学危房大量存在、教师队伍不稳定、学校负债等情况普遍存在，严重制约着农村义务教育学校的进一步发展，影响学校的稳定和教育质量提高。

进入 21 世纪后，L 县按照江苏省农村义务教育布局调整政策，对全县的农村义务教育学校实施了布局调整，同时对农村义务教育学校的危房进行改造并新建一批新校舍。另外，通过政府牵头，积极争取上级的财政转移支付，化解学校因布局调整、危房改造、新建校舍等欠下的债务。对此，H 镇中学 KZJ 校长说：

> 2002 年到 2005 年这三年，我们学校相继盖了教学楼、综合楼和餐厅，欠了三个工程队共计 15.8 万元的工程款。为了要账，两年来，三个工程队的头儿轮番轰炸，采取盯人战术，缠住我不放，被包工头缠得在学校里简直是没法待，哪里还顾得上本职工作。这些包工头只要发现我在办公室，就堵住门不让出去，搞得我东躲西藏，苦不堪言。2005 年底，县财政局将我们作为化解教育负债的试点单位。当时的县财政局 ZTW 副局长了解到我校的情况后表示，县财政对学校的债务可以予以支持，但前提是债权人必须做出 15% 的让步。工头们听说后死活不肯接受，但经过耐心地做工作，他们也认识到县财政

---

① 《L 县志》，江苏古籍出版社 1997 年版，第 754 页。

和学校的财力都十分紧张,再加上如果一直拖下去,他们自己还要损失银行利息。前思后想以后,工头们接受了财政局的方案,县财政承担了打折后债务总额的 85%。现在,我们学校终于化解了学校的基建负债,我现在可以安心地坐在办公室里处理学校教育教学工作了。①

农村义务教育负债,让身处一线肩负学校生存和发展重任的农村学校校长生活在一种高压力的状态之中。2006 年 L 县全县教育负债已达 1.7 亿元,其中农村义务教育累计负债高达 6179 万元,对于本不富裕的 L 县来说任务是艰巨的。② 为了化解教育负债,L 县采取了狠节流和广开源两手策略。一是通过布局调整撤并了小学 236 所,减轻财政负担;二是通过中介机构对其闲置资产进行了核查评估,交由所在乡镇处置,乡镇按资产评估变现价值的 45% 上交县用于化债;三是利用上级财政转移支付资金化债;四是县财政采取预算内安排、征收教育基金、向上争取等办法多方筹集化债资金。2007 年,L 县抓住江苏省支持化解农村义务教育债务的政策机遇,争取省财政"以奖代补"经费 4213 万元,奖补比例为全省最高,占应化债额的 90%。

另外,通过实施省里的"校校通"工程、"三新一亮"工程、"六有"工程、"优质资源下乡工程"等支持性教育政策,L 县农村义务教育的办学条件明显改善。如 L 县的 ZLM 中学(含高中部)累计投入近千万元,装备了 67 间多媒体专用教室,为教师配备 200 台笔记本电脑,装备了图书室、音乐室、美术室、语音室、科技制作室、微机室等,学校办学条件在原有基础上得到进一步的更新。2010 年 L 县投入近 1 亿元打造包括 H 镇 H 实验学校(含初中、小学和幼儿园)在内的一批学校;同时,投入了 300 多万元为农村乡镇中心小学、中学配备安全防范器械及与 110 联网的"一键式"报警装置,切实提高学校人防、物防与技防水平。③ 通过投资新建、改建一批农村中小学,在 L 县出现了一批现代化水平较高

---

① 来自访谈录音:2010—4—8—KZJ。

② 吴红萱、淮财、孙昂:《L 县化解教育负债初战告捷》,《中国财经报》2006 年 7 月 21 日第 1 版。

③ 参见《L 县教育局 2010 年年终工作总结及 2011 年工作计划》。

的农村学校。如 H 镇 HY 实验学校（为九年一贯制学校），占地 165 亩，投资总规模超过 1 亿元（其中建筑工程 8700 万元），建筑面积近 4.3 万平方米，学校设施设备齐全，成为一所花园式的现代化农村学校。至 2010年，L 县农村中小学在生均校舍建筑面积、每千人计算机拥有量、图书藏量、每千人电子图书藏量、生均固定资产总值、每千人仪器设备总值等办学条件指标上与城市中小学相比虽有差距，但差距已经不是很大，接近全县的平均水平，且在某些指标上高于城市中小学（见表 3—3）。

表 3—3　　　　　L 县 2010 年城乡小学、初中办学条件情况统计表

办学条件指标	小学			初中		
	全县	城市	农村	全县	城市	农村
生均校舍建筑面积（平方米）	5.46	5.42	6.71	6.90	6.73	7.11
每千人计算机拥有量（台）	48.40	57.15	35.28	60.38	72.26	57.20
生均图书藏量（册）	13.52	15.60	12.47	15.93	16.75	13.18
每千人电子图书藏量（片）	1672.38	1733.16	1596.62	1420.31	1665.17	1356.38
生均固定资产总值（万元）	0.41	0.48	0.39	0.51	0.66	0.48
每千人仪器设备总值（万元）	36.13	51.76	32.10	52.56	62.60	49.82

资料来源：L 县 2010 年数据由 L 县教育局计财科、基建办、电教装备中心提供并整理。

（三）开展支教、交流活动，促进城乡师资均衡

随着城镇化的快速推进以及农村义务教育办学布局的调整，一些年富力强的骨干教师就会想方设法向城镇中小学流动，在一些农村教学点上留下来的大多是一些年龄偏大、教学能力偏弱的教师，这无形中削弱了农村义务教育教师的整体素质。从全国范围来看，边远地区农村义务教育阶段的学校由于教师待遇低、生活条件差、工作环境艰苦，导致教师个人发展机会少，造成骨干教师流失严重。对艰苦地区学校的抽样调查表明，38.7% 的校长反映近 3 年中有教师流失情况，其中，74.6% 的校长反映主要流失的是骨干教师，92.5% 的校长反映主要流失的是 35 岁以下的青年教师。[1] 那么，L 县城乡义务教育发展过程中，教师进城和流走的情况

---

① 《国家教育督导报告 2008（摘要）——关注义务教育教师》，《中国教育报》2008 年 12 月 5 日第 2 版。

如何？笔者通过调查并对获得的数据进行分析，发现从 2005 年至 2010 年六年里，从乡镇农村小学进入城区小学的教师有 139 人，从乡镇农村初中进入城区初中的教师有 187 人，同时，从本县农村中小学流走到县外的教师有 34 人。从 2002 年至 2007 年，L 县义务教育在办学过程中，调整按照"每个乡镇集中办好一所中心小学，形成特色，打造成本地精品"的总体原则，对农村中小学进行布局撤销小学 185 所、初中 10 所。[①] 大批的农村中小学撤并后，大量的农村中小学教师有向县城中小学流动的需求，进城和流走的教师以高级职称教师居多（见表3—4）。

表3—4　　　　　　　　　L 县 2005—2010 年农村中小学教师
进城和流走情况统计表　　　　　（单位：人）

类别	2005 年	2006 年	2007 年	2008 年	2009 年	2010 年	合计
进入城区小学教师数 （高级职称教师数）	28 （22）	25 （23）	26 （21）	23 （18）	19 （16）	18 （16）	139 （116）
进入城区初中教师数 （高级职称教师数）	37 （28）	38 （29）	40 （27）	32 （27）	19 （17）	21 （20）	187 （148）
流走教师数 （高级职称教师数）	13 （9）	17 （12）	3 （3）	1 （1）	0 （0）	0 （0）	34 （30）
合计	78 （59）	80 （64）	69 （51）	56 （46）	38 （23）	39 （36）	360 （294）

资料来源：依据 L 县教育局人事科提供的 2005—2010 年全县农村中小学教师流动情况统计表并整理。

从该县多年来农村中小学教师进入城市中小学的情况来看，教师进城和流走虽然呈缓慢下降的趋势，但是拥有高级职称的教师更倾向于进城和流走，在 2005 年到 2010 年的 6 年里，该县进城和流走的高级职称教师达 294 人，占进城和流走教师总数的 81.67%。L 县城市化的加速，为这些农村教师进城提供了契机。2004 年中心城区人口为 12.5 万人，到 2008 年底为 19 万人，比 2004 年净增 6.5 万人，中心城区面积达 22 平方公里，

① 马杰、张一浩:《建设教育强县 打造智慧之乡》,《淮安日报》2007 年 11 月 14 日第 1 版。

比 2004 年净增 7 平方公里。① 2010 年底，涟水城区面积扩大到 25.2 平方公里，城区人口达到 24 万人。② 在县城快速扩容的同时，教育也在快速地发展，在城区新建了 3 所小学、3 所初中，1 所九年一贯制学校。新建学校需要大量的教师，这些拥有高级职称的农村中小学教师就成为这些新办学校的首选。

　　大量农村义务教育教师特别是一些年富力强、教学经验丰富、职称较高的教师伴随着 L 县的城镇化而进入县城学校或者流走到外地，导致农村义务教育师资队伍素质整体上的下滑。为了改变这种农村义务教育学校师资状况，提高农村义务教育教学质量，L 县从 2007 年开始实施江苏省的"千校万师支援农村教育工程"③，按照省里的安排，自 2007 年 2 月，L 县和南京市 B 区结成帮扶县区，南京市 B 区每年选派 40 名教师到 L 县的农村义务教育学校支教，同时两地学校结成帮扶对子。通过学校间的帮扶，南京市 B 区为 L 县的农村学校提供一定的现代化教学设施和设备，同时两地学校领导互相交流学习，提高农村学校的办学思想和管理水平。南京市 B 区的学校教师来 L 县支教时间为 1 学期以上。在支教期间，参与支教的教师通过上课堂教学、开设示范课、讲座等方式促进农村学校的教师发展。很多参与支教的教师不仅带来了先进的教学理念，也以较高的教学水平赢得了 L 县农村教师的称赞；同时，支教教师能够克服种种困难，立足支教岗位，无形中也为农村义务教育教师树立了"师德榜样"。在访谈中，L 县 Y 乡中心小学 LK 校长告诉笔者：

　　　　人家可是从省城学校里选出来的优秀教师，这些支教的老师教学水平自然是一流的，工作十分敬业。来我们学校支教的 ZL 老师，35 岁，是女的，小高职称，家里有一个上初一的小孩。2008 年 9 月来我们学校支教，教六年级数学。学校给她的任务每周上 6 节课，带一个班级的班主任，另外，她每个月开一次示范课或者讲座。同时，她

---

　　① 参见《L 县城市总体规划（2008—2030）》，L 县规划局门户网站 http：//ghj. lian-shui. gov. cn。

　　② 参见 L 县人民政府 C 县长在县第十四届人民代表大会第四次会议上的《政府工作报告》，引自 L 县地方志办公室《L 县年鉴 2011》，第 14 页。

　　③ 见江苏省教育厅财政厅《关于实施"千校万师支援农村教育工程"的通知》（苏教师〔2006〕23 号、苏财教〔2006〕220 号）。

还辅导学校的年轻老师如何备课、做班主任。通过 1 个学期的支教,我们学校的老师、学生和她建立了深厚的友谊,都舍不得她走。年轻教师都说,ZL 老师要是我们学校的老师,我们学校的教学水平还怕上不去。班上的学生更是舍不得,分别的时候,班上很多学生都哭了。[1]

支教不仅仅体现在教师层面,在学校层面,L 县的农村义务教育学校也获益很多。对此,Y 乡中心小学 LK 校长说:

> ZL 老师来的时候是 B 区 R 小学 W 校长以及我们教育局 Z 副局长亲自送过来的。我们第一天就约请 W 校长 1 个月再来我们学校看看,同时给我们学校全体教师作一个报告。W 校长谈自己的成长经历、谈自身学校如何管理、谈农村学校怎么走好自己的路,谈农村学校教师如何发展,说实在话,水平很高,对我们启发很大。平时我们难得有听讲座的机会,普通教师更没有机会了。W 校长第二次来的时候,还运来了 45 台电脑,全部是新的。帮我们建起了电脑房,现在我们学校的电脑课上起来了。[2]

自 2007 年开始,江苏省的"千校万师支援农村教育工程"连续实施 3 年,在这 3 年里,来 L 县支教的教师总数达到 120 人,结对学校 31 组。L 县通过与南京市 B 区的结对帮扶、支教工作,大大激发了 L 县农村学校教师立足本职岗位、钻研教学的积极性。与此同时,L 县教育局在 2010 年 5 月印发《关于组建教育集团暨开展城乡学校结对帮扶工作的意见》,文件要求城乡学校组建教育集团,形成城乡教育均衡的目标。[3] 按照该文件要求,县城及乡镇办学水平较高的学校和一批农村学校组建了 6 个教育集团。农村学校通过与城镇学校"结亲"方式,成功实现城镇学校的办学优势向农村学校辐射。L 县教育局自 2010 年下半

---

① 来自访谈录音:2011—5—12—LK。

② 同上。

③ 见 L 县教育局《关于组建教育集团暨开展城乡学校结对帮扶工作的意见》(涟教发 [2010] 81 号)。

年开始在全县范围内实施城乡学校结对帮扶、支教工作。按照文件，每年从县镇中小学教师中选派出 100 名教学业务强的骨干教师到农村支教半年以上。县教育局负责对结对帮扶学校、教师支教业绩进行考核。通过该项政策的实施，有效缓解了原先因农村义务教育学校业务能力强的教师进城、流失而带来的农村义务教育师资短缺、业务能力不强的状况。

（四）实施关爱留守儿童工程，为留守儿童健康成长保驾护航

改革开放以来，中国城乡间人口流动的限制被打破，由此开始了迄今为止世界上规模最大的人口转移。这一转移具有两个显著特点，一是农业劳动力向非农业转移，人数由 1978 年的 2827 万人上升为 2000 年的 17078 万人。二是大量农民向城市转移，改革开放以来这类人数累计在 6000 万到 1 亿人之间。[①] 大量农村剩余劳动力向城市转移，也是 L 县存在的一种突出现象与重要趋势。L 县地处苏北平原腹地，是一个农业大县，经济发展相对滞后，自 20 世纪 80 年代开始，每年都有大量的青壮年劳动力外出务工，2008 年全县外出务工人员达 20 万人之多，外出务工人员主要分布在广东、福建、浙江、山东等沿海经济发达地带以及苏南的苏、锡、常、南通、南京等经济发达城市。笔者对该县 LC 镇 HW 村多年来的外出务工人员情况进行调查，调查发现：该村 2011 年有 8 个村民小组，198 户，1107 人，人均耕地 1.3 亩，没有村办企业，村民收入主要来自耕田种地；该村自 20 世纪 80 年代开始就有人员外出打工，自 1992 年后出现外出务工逐渐兴起，最高年份外出务工人员达 300 余人。如据笔者观察了解到，2006 年仅苏州木渎一地，春节之后就包了两辆大客车，运走近百人。外出务工人员往往是沾亲带故、前村后庄的熟人，大家一起外出，在一处打工，到春节或农忙季节又一起回来，犹如"候鸟"一般年复一年来回迁徙。从该村外出务工人员的情况统计来看（见表 3—5），2006 年外出务工人员占当年全村总人口的 27.25%，在 2002 年、2007 年和 2008 年均达到全村人口的 1/5 左右，这就意味着当年该村每个家庭至少有 1 人外出务工，该村青壮年男劳动力几乎全部外出务工。

---

① 吴霓：《农村留守儿童问题调研报告》，《教育研究》2004 年第 10 期。

表 3—5   **L 县 LC 镇 HW 村多年来外出务工人员情况表**

年份	1992	1998	2002	2006	2007	2008	2009	2010	2011
外出务工人数（人）	22	158	240	306	275	213	182	127	126
当年总人口（人）	1139	1131	1126	1123	1117	1115	1112	1108	1107
占当年总人口比例（%）	1.93	13.97	21.31	27.25	24.62	19.10	16.37	11.46	11.38

在 L 县，像 LC 镇 HW 村农村劳动力外出务工的现象并非个别的现象，而是非常普遍的。大量的农村剩余劳动力通过外出务工，虽然提高了家庭的收入，却留下了农村老、弱、妇、幼不完整的"留守"现象，直接影响着农村义务教育的发展，影响着农村千万留守儿童的成长。为了了解 L 县农村义务教育学校的留守儿童情况，笔者对该县 LC 镇、NJ 镇、YX 镇、HY 镇等四个乡镇进行了调查，情况统计如下（见表 3—6）。

表 3—6   **2010 年 L 县 LC 镇、NJ 镇、YX 镇、HY 镇等**
四个乡镇留守儿童统计表

乡镇名称	留守儿童数量（人）	占学生总数比例（%）	在学校寄宿人数（人）	留守的原因		
				父母都外出务工（人）	爸爸外出务工（人）	妈妈外出务工（人）
LC 镇	2217	46.33	1310	671	1411	135
NJ 镇	2009	49.26	952	715	1187	107
YX 镇	1321	52.71	816	461	793	67
HY 镇	1576	42.15	739	506	988	82

从四个乡镇的留守儿童调查情况看，四个乡镇的农村义务教育留守儿童比例的均值为 47.63%。2010 年 L 县有小学生 64415 人，初中学生 35956 人，合计义务教育学生 100371 人，[①] 按照留守儿童占学生总数的比例均值，估计全县留守儿童有 4.78 万人左右。在调查中，YX 镇 WZ 中学有中小学生 1300 余人，有留守儿童 800 多人，由于学校属于民办小学，学校为学生提供了较好的食宿条件，吸引了附近乡镇以及灌南、响水、沭

---

①   L 县地方志办公室:《L 县年鉴 2011》，第 195 页。

阳等县临近乡镇的部分留守儿童就学，因而该校的留守儿童比例较高，达到学校学生总数的 60.56%，但类似的学校在涟水并不多见，属于比较特殊的情况。

因为留守儿童的爸爸或妈妈外出务工，他们在受教育过程中缺少必要的家庭监护，因而很多留守儿童选择了在学校寄宿。留守儿童在学校寄宿，就需要学校能够提供必要的寄宿条件。但是，在 20 世纪 90 年代和 21 世纪初，L 县农村中小学寄宿条件普遍较差，很多学校甚至没有寄宿条件，给学校带来了一系列问题。如一些学生上学路程上的意外伤害时有发生，不仅给孩子及家庭带来痛苦和不幸，而且给社会、政府及学校造成巨大的负担和损失。进入 21 世纪后，为贯彻落实党的十七大精神和江苏省委提出的又好又快推进"全面达小康、建设新江苏"目标，江苏省委省政府于 2008 年 7 月印发《关于切实加强民生工作若干问题的决定》文件，要求各级政府"坚持以人为本、执政为民的宗旨，大力推进就业惠民、创业富民、社保安民，围绕解决人民群众最关心、最直接、最现实的利益问题积极办实事，民生得到明显改善……争取用 3—5 年时间，使群众关注的突出民生问题得到较好解决。"在确保群众享有平等接受教育的机会上，"加强农村寄宿制学校建设，新建一批学生食堂和宿舍，大力改善农村留守儿童寄宿生食宿条件。"① 江苏省委、省政府把"改善留守少年儿童食宿条件"作为省委、省政府深入学习、实践科学发展观活动中要着力抓好的 10 件实事之一。② 为此，2008 年 10 月 7 日江苏省教育厅、财政厅联合下发《关于实施农村留守少年儿童食宿条件改善工程的意见》，对全省"农村留守少年儿童食宿条件改善工程"作出部署。③ 作为苏北地区的贫困县，通过申报，L 县成为苏北 22 个县（市、区）的公办农村初中实施"农村留守少年儿童食宿条件改善工程"试点县之一。2008 年 11 月，L 县对 LC 镇、HY 镇、T 镇的 3 所农村初中启动"农村留守少年儿童食宿条件改善工程"。经过 10 个月的施工，2009 年 10 月，建成学生宿舍面积 12036 平方米，学生食堂 3200 平方米。经省、市、县三

---

① 见江苏省委省政府《关于切实加强民生工作若干问题的决定》（苏发［2008］14 号）。

② 见江苏省政府办公厅《关于深入学习实践科学发展观活动中着力抓好 10 件实事的通知》（苏办发［2008］18 号）。

③ 见江苏省教育厅、财政厅的《关于实施农村留守少年儿童食宿条件改善工程的意见》（苏教合［2008］2 号、苏财教［2008］153 号）。

级教育部门及财政、建设部门验收全部合格。[①] 2009 年，L 县教育局又申请省财政专项经费支持，对本县留守儿童较多的 2 所乡镇公办初中的学生宿舍和食堂进行新建。通过新建一批的宿舍和食堂，基本上能够为那些家庭无监护条件、距离学校较远、确需寄宿的留守少年儿童提供安全的宿舍、卫生的食堂。

留守儿童由于年龄小，缺少父母的关爱，其食宿自理能力差，容易发生心理健康问题。对此，L 县大力实施"留守儿童关爱工程"，主要内容有：一是建立一批农村留守流动儿童乐园。从 2010 年至 2012 年，L 县政府将"农村留守流动儿童乐园"建设纳入县政府的民生工程，由县妇联负责实施，综合利用乡镇（街道）、村（居）现有文化站等场所，用 3 年时间在全县 19 个乡镇和 11 个办事处建设一批"农村留守流动儿童乐园"。至 2012 年，县财政累计投入 513 万元，申请省级财政专项扶持 600 万元，为每个留守流动儿童乐园配置 2 万元少儿图书和体育活动器材。2012 年 10 月，全县 30 所留守流动儿童乐园全部建成，成为全县 4.8 万农村留守儿童的乐园。[②] 在 L 县 LC 镇中心小学的"留守流动儿童乐园"，退休的 ZML 老师告诉我说："我们这里有象棋桌、乒乓球台，便于孩子们益智游戏和体育运动；阅览室内有科普、故事、教辅等图书；另外有一间学习室，有 20 张小桌椅供孩子们学习、写作业，每张桌子上都贴着孩子的姓名。因为孩子小，不住校，每天下午放学后他们就来写作业、看书、活动。我前年退休了，县妇联聘请我过来照看一下，顺便辅导一下他们作业。"[③] 显然，"留守儿童乐园"是很受农村留守儿童欢迎的，这里成为他们在放学后、双休日学习、娱乐、游戏的快乐场所，既解决了留守儿童缺少人照顾的问题，也为孩子们的快乐成长提供了一个很好的途径。二是开展关爱留守儿童心理健康活动。L 县教育局要求每一所农村义务教育学校均开设心理健康教育课程，或开设专题讲座，加强对农村留守儿童的心理健康教育。另外，县妇联组织"留守儿童心理健康咨询服务志愿者行动"，常年深入那些农村留守儿童较多的学校，对农村留守儿童开展心理健康教育和辅导工作，对农村留守儿童进行心理疏导。仅 2012 年，L 县

---

① 见《L 县教育局 2009 年年终工作总结及 2010 年工作计划》。
② 见《L 县妇联 2012 年工作总结》。
③ 来自访谈录音：2012—11—6—ZML。

妇联就组织全县范围的"留守儿童心理健康咨询服务志愿者行动"4 次，为农村留守儿童心理疏导、化解心理问题 2700 人次，有效地维护了农村留守儿童心理健康。

四　本章小结

在本章中，研究者主要对研究个案 L 县的社会经济发展、教育变迁情况进行了介绍，同时对 L 县支持农村义务教育发展的政策行动及其成效进行整体上的描述。通过本章的研究，我们可以看到：一个县的社会经济发展和教育变迁之间存在着一种关联，社会经济的发展对地方教育的发展与变迁有着巨大的影响甚至制约作用，而教育的发展对地方社会经济的发展也有着极其深刻的影响，它不仅为地方社会经济发展提供人才和智力支持，同时也深刻地影响着地方社会的人际行动与行为，成为区域性文化的一个重要组成部分。因而，通过实施一些支持性教育政策来促进、支持研究个案县 L 县的教育发展就成为 L 县的一种可能的，也是现实的选择。

第 四 章

L县教师支教政策执行考察

从政策执行过程来看，完整的政策执行过程包含政策执行主体、政策目标群体，政策运行机制（包括制度、方法、手段等）等一些主要因素。在对L县实施的诸多支持农村义务教育发展的政策中，笔者依次从政策执行过程中的政策执行主体、政策目标群体，政策运行机制这三个主要因素来考察其支持农村义务教育发展的政策执行情况。而对于选择哪一种政策作为考察的对象，笔者是基于以下的考虑：第一，从政策执行主体的角度看，不论是县外的教师支教，还是县内实施的支教，政策执行主体所采取的种种行为既是支教政策所规约的行为，也是其作为个体主体性的一种行为，因而对他们在政策执行中的动机及行为考察就构成了本项政策执行考察的必然内容。第二，从政策目标群体的角度看，L县采取的支持农村留守儿童发展的相关政策作为典型。在这一政策执行中，留守儿童为政策目标群体，其政策指向明确，具有一定的特定性。第三，从政策的运行机制看，L县在支持农村义务教育现代化的政策执行中其运行机制具有明显的区域特色。虽然农村义务教育现代化政策所包含的内容十分丰富，既涉及办学条件的现代化，也有学校教育中的人的现代化问题；且L县在新世纪以来所实施的各种教育政策都有教育现代化的背景底色，这样一来，问题就显得十分复杂而艰难。对此，笔者认为，如果沿着"教师发展—学生发展—办学条件改善"这一线索来考察L县的支持性教育政策执行情况，问题就显得清晰得多。因而，在L县实施的诸多支持农村义务教育现代化政策中，笔者选择一些基于农村义务教育办学条件改善的政策（如农村中小学布局调整、"校校通"等）的执行情况进行考察。在本章以及后面的第五章、第六章里，笔者也正是沿着这一线索，依次对L县的教师支教政策、支持农村留守儿童发展政策、支持农村义务教育现代化政策的执行情况进行考察的。

对于苏北的 L 县而言，城镇教师支持农村学校的发展，一方面体现在江苏省南京市 B 区教育局和 L 县教育局所形成的结对帮扶关系，南京市 B 区教育局自 2007 年开始选派教师赴 L 县农村学校开展结对帮扶支教；另一方面是实施本县教育局开展的城乡学校结对帮扶支教工作。通过实施城镇教师支持农村义务教育发展的政策，确实为 L 县农村义务教育带来了新鲜的气息，取得了非常明显的政策效果。但几年来，L 县的城镇教师支持农村义务教育发展的政策在实践中也存在着一定的问题，本章将结合相关调查和访谈，对这一政策执行状况进行考察。

一　支教政策的执行与积极成效

（一）组织领导

政策的执行依赖于对政策执行的组织领导。通过设立相应的领导机构，形成政策执行通道的上下贯通，并有利于加强对政策执行过程的控制和协调。在 L 县的支教政策执行中，其对支教政策执行的组织领导情况如下：

1. 设立领导小组

对于支教政策的组织与领导，江苏省教育厅、省财政厅联合下发的《关于实施"千校万师支援农村教育工程"的通知》（苏教师［2006］23 号、苏财教［2006］220 号）文件中明确要求"省教育厅成立支教工程领导小组，在厅党组的领导下，负责全省支教工程的组织实施、统筹协调和监督工作。领导小组组长由分管师资工作的厅领导担任，成员由师资、基教、财务、人事处负责同志组成，领导小组办公室设在师资处。各市、县（市、区）教育行政部门也应成立相应的领导小组，负责本辖区内支教工作的组织、管理、考核、协调和监督工作。支教学校和受援学校间要建立定期研究协调支教工作的制度，双方校长要作为支教工作的第一责任人，共同承担支教组织实施和具体管理工作。"① 按照省里实施支教工程的要求，各市、县（市、区）教育局均成立了支教工作领导小组，负责

① 见江苏省教育厅、省财政厅联合下发的《关于实施"千校万师支援农村教育工程"的通知》（苏教师［2006］23 号、苏财教［2006］220 号）。

本区支教工作的组织实施、督促、指导和管理工作；支教学校成立支教工作小组，定期研究、协调支教工作。因此，在支教政策的组织领导方面，形成了自上而下的三级管理机构：省支教工程领导小组—市（县、区）支教工程领导小组—学校支教工作领导小组。通过三级管理机构的设立，有利于加强对支教工程的管理和协调。

　　一般而言，组织机构的设立需要遵循三个方面的原则，即，因事设职与因人设职相结合的原则，权责对等的原则和命令统一的原则。[①]一些地区和单位在实施一项新的政策、工程或项目时，为减少管理层次，提高工作效率而往往多以"领导小组"、"指挥部"、"办公室"等名义设置临时性组织机构，它虽无编制但由当地政府部门发文认可，从各相关单位或部门抽调人员临时组建。在落实省教育厅财政厅关于实施"千师万校支援农村教育工程"这一支教政策过程中，地方教育行政部门也设置了相应的临时性组织机构。如2010年L县教育局对全县组建教育集团暨开展城乡学校结对帮扶工作，也同时组建了领导小组，组长由LJN（L县教育局教育局长）担任，副组长由ZCY（L县教育工委书记）担任，其他教育局党委委员为成员，领导小组下设办公室，办公室设在教育科，人事科、督导室、局办公室、教研室为成员单位。[②]又如，2007年南京市B区教育局为了有效实施本区27所中小学与H市农村中小学的结对帮扶、对口支教工作，成立了支教工作领导小组，领导小组组长由教育局领导担任，成员由中教科、小教科、计财科、人事科有关同志组成，领导小组办公室设在人事科。其领导小组的构成如下：组长由WWL（B区教育局局长）、WHX（B区教育工委书记）担任；副组长由CYL（B区教育局副局长），XYJ（B区教育局副局长）担任；成员包括CDX（B区教育局中教科科长）、DXY（B区教育局小教科科长）、ML（B区教育局计财科科长）、XWX（B区教育局人事科科长）等4人。[③]在L县和南京市B区的结对学校之间，也建立由双方校长、分管教学副校长、办公室主任等人组

---

　　① 周三多、陈传明、鲁明泓编著：《管理学——原理与方法》（第三编），复旦大学出版社1999年版，第283—284页。

　　② 见《关于组建L县教育集团暨开展城乡学校结对帮扶工作的意见》，L教发［2010］81号。

　　③ 见《B区关于实施江苏省"千师万校支援农村教育工程"的通知》，B教发［2007］2号。

成的支教工作小组。相对于省、市、县（区）教育行政部门成立的支教领导小组而言，学校层面上的领导小组其职能更侧重于对政策的执行，比如，选派教师、支教教师的教学与生活安排对支教教师的考核等。

设立这样的临时性领导小组，体现了省教育行政部门对支援农村教育工程的这一政策的精神要求，也体现出市（县）等地方教育行政部门"一把手"抓好支教工程的决心。

2. 支教双重考核

对支教教师省里提出进行双重考核：一方面是对支教老师教育教学质量的考核，另一方面是派出学校对教师的年度考核。

对于支教老师考核工作，江苏省教育厅提出"教师支教期间，以受援地县（市、区）教育行政部门和学校为主管理，年度考核由受援学校负责"①。这意味着，支教教师的支教工作考核是受援的农村学校和当地的县（市、区）教育行政部门来担负的。按照考核要求，支教教师需要统一填写《江苏省千校万师支援农村教育工程支教教师考核表》，并要求考核表存入教师档案。而在统一填写的考核表中，支教教师需要根据自己的支教情况填写支教工作小结。考核分为"优秀、合格、基本合格、不合格"四个等第。对于城镇教师来到农村学校支教，从某种意义说已经是一种高尚的行为，因此只要支教教师在支教中按照支教工作的要求去做，没有发生大的教育事故，其年度考核都会以"良好"和"优秀"等通过。

对支教教师的年度考核工作，由支援单位按照教师支教的考核结果，确定年度考核的等次。通常情况下，学校对教师的年度考核分"优秀、合格、基本合格和不合格"四个等第，而对支教教师的年度考核，只要其支教期间教学上认真对待，教育教学过程中没有出现大的教育事故，领导和同事关系没有矛盾，教师的年度考核基本上是都是合格。对于支教期间表现良好甚至有突出表现的支教老师，派出单位在年度考核的时候，往往会给予"优秀"等第，以对其支教工作的肯定与褒奖。

---

① 见江苏省教育厅财政厅《关于实施"千校万师支援农村教育工程"的通知》（苏教师〔2006〕23 号、苏财教〔2006〕220 号）。

（二）教师选派

对于支教工作，省里提出"参与支教工程的项目学校由千所支教学校和千所受援学校结对组成。千所支教学校在全省城镇优质学校（原则上为原省、市级示范初中和实验小学）中遴选，其中初中 450 所左右、小学 550 所左右；千所受援学校主要在苏北 5 市农村最薄弱的初中和小学中确定"。[①] 为此，江苏省教育厅根据各市义务教育事业规模和优质学校数量，初步拟定了各市项目学校名额分配表。对于具体项目学校，则由各市教育局确定。按照省里初步拟定的项目学校数量，南京市 B 区为小学 16 所、初中 11 所。相应，L 县作为结对受援地，县教育局也筛选出最薄弱的农村小学 15 所、初中 11 所，与支援学校结成帮扶对子校。

那么，选派谁去支教？参与支教的教师选派工作有标准吗？对教师的选派工作，省里提出"支教学校要根据受援学校的实际需要，每年安排 3 名以上骨干教师赴受援学校支教"。[②] 由于省里要求"支教教师到受援学校承担教学任务、指导教研活动、参与教学管理等；支教时间原则上不少于 1 学年"。那么，南京市 B 区教育局又是按照什么样的条件来选派支教教师的呢？B 区教育局 CYL 副局长对笔者说："我们承担项目的学校校长就教师的选派工作提出几点要求：首先是教学业务能力强，是教学骨干；其次是有科研能力和管理经验；第三是要求青年、身体好，能够克服困难，最好是 35 岁左右；第四是家庭条件要能够允许外出支教。"[③] 按照这一要求，B 区的项目学校对教师选派工作就容易得多。

（三）积极效果

从 2007 年到 2010 年底的 4 年里，南京市 B 区的 27 所城市中小学和 L 县的 27 所农村中小学实行了"校对校"结对帮扶、对口支教活动。而在此之前，L 县在 2006 年开始，就在本县教育系统内部开展了城市中小学教师到农村中小学支教的活动。L 县在城镇教师支持农村学校发展的政

[①] 见江苏省教育厅财政厅《关于实施"千校万师支援农村教育工程"的通知》（苏教师 [2006] 23 号、苏财教 [2006] 220 号）。

[②] 同上。

[③] 来自访谈录音：2010—11—2—CYL。

策实施过程中，涌现出一大批对农村教育心怀美好理想，扎根支教学校，兢兢业业向学生传播知识，向受援农村学校的教师无私传授先进的教育思想和理念的优秀教师。这些优秀的支教老师在热情无私地帮助广大的农村教师提高教育教学能力和素质、推进农村学校管理改善的同时，同时自身也获得了洗礼和升华。可以说，L 县农村中小学的广大学生、教师、学校是连续多年的支教政策实实在在的受益者，支教政策取得了广泛而良好的积极效果。

1. 支教老师：圆梦农村

从 2007 年 3 月开始，江苏省实施为期四年的"千校万师支援农村教育工程"。农村教育对长期在大城市从事教育工作的老师而言，是陌生的，而走进农村学校进行教育工作，是很多大城市老师心中的梦想。支教，成为他们了解农村教育的桥梁；支教，也将成为他们生活中精彩难忘的一段经历。在访谈中，L 县 H 乡中心小学的 HDY 校长对笔者说：

　　WY 老师有 30 多年教龄，他是南京市中山小学的老师，支教时已经 52 岁。作为一名支教老师，他就是想把自己多年丰富的教学经验传授给农村地区的教师们，实现自己的"支教"梦。WY 老师是支教老师中最年长的一位。2007 年 4 月，他自愿报名加入了赴 L 县农村小学支教的队伍。用 WY 老师自己的话来说就是，"我虽然年纪大了，但是还是想在教育的第一线战斗，我想到农村去继续发挥我的余热，退休之前的几年当中能使我的作用发挥得更大"。由于 WY 老师年纪比较大，而且身体不太好，我们就没有给他安排什么课务，主要让他搞教科研工作和指导该校的语文教师。可是 WY 老师主动要求学校把自己的宿舍安排在办公楼里。在他办公桌前和宿舍的墙壁上，都贴着全校的课程表、近期工作内容等，他给农村教师上示范课，跟农村教师一起从事教学研究，跟农村教师谈他们教育上有什么问题，给农村教师提供一些教学资料。为了把先进的教学理念和教学方法传授给农村教师，WY 老师亲自动手创办了一份教育资讯报，每半月一期。他来我们学校虽然只有短短一学期的时间，但是通过 WY 老师的努力，该校已经完成了一个市级课题并申请了两个省级课题，而且在他的精心辅导下，有多名语文教师在省级期刊上发表论文。在支教中，为了提高农村学生的学习积极性，WY 老师还拿出 2000 元奖励优秀学生和有显著进步的学生。①

WY老师支教的学校是L县H乡中心小学，该乡经济发展落后，交通不便利，虽为乡中心小学，学校的办学条件和经济发展地区仍然有很大的差距，和省城和苏南地区的学校比差距更是明显。但WY老师为了圆自己的支教梦，不顾学校路途遥远，不顾自己年高体弱，用自己的支教行动为农村学校带来了一位老教师对教育的一片真诚。也有的老师通过支教活动，洗净了城市的铅华，换来的是心中的诚挚与真实。南京市B区J小学SY老师是一位有10多年教龄的女教师，她出生在南京市，在南京市上的小学、中学和师范大学，毕业后又在南京市当了一名小学老师。当SY老师接到支教任务后，她在"支教已是我生活的一部分"里写道：

> 忙忙碌碌一天半，整理离开刚刚两天的家，处理学校的工作，接到课务安排后到处搜罗备课和练习的资料，集中冲洗了这两三年间出行的照片，入册；半月前家里定做的沙发套取回来，套上；放了几天的衣服要洗，要晒；把坏了很久的手表修好戴上，不用动不动掏手机看时间；老公的生活要照应一下，给自己补充的七七八八的日用品把包撑得鼓鼓的。
>
> 学校有一些报表要出，对错只等我下次回来再修改了；档案的工作还在继续……办公室自己的桌子粗粗收拾了一下，摊了满桌子的影响同事办公的心情。
>
> 接到课务是晚上，四年级数学。打了一圈电话后第一时间杀到学校，像肥老鼠搬家样地扒拉了一堆资料满满塞了一包，还顺手抄了两本二年级的书带着，需要衔接一下，不然怕真的不会教！
>
> 望着前方，又要离开热闹、什么都便利的南京市，再次踏上那个清冷、生活不便的苏北小镇，领导说我代表了B区，代表了南京市；高谈阔论者说我们自愿去当红烛，去奉献的；现实是，在我们的群体中，有为数不详的冲锋陷阵者是勉为其难接受了学校的顾总安排……
>
> 我确实是自愿来的那一种，不过我倒也没有想得那么高那么远，余秋雨先生形容欧洲，"当历史不再留有伤痛，时间不再负担使命，

---

① 来自访谈录音：2010—12—10—HDY。

记忆不再承受责任，它或许会进入一种自我失落的精神恍惚"。这段
文字也可以用来形容人生，没有目标就失去了原动力。我只是想，换
个环境，去实现了一个自己，如果同时又有益于自己之外的很多人，
那自然是一举两得。

就让生活再历练一回自己吧，身上总有一些城市的浮华习气需要
洗礼，让支教成为生活的一部分……①

在支教工作中，南京市 B 区中小学一批又一批参与支教的老师，舍
小家、顾大家，离开繁华的都市，告别温馨的家庭，来到苏北的 L 县，
来到条件艰苦的农村。他们倾尽热情、智慧和精力，在当地孩子们的心灵
里播撒希望和知识的火种；他们不辱使命，在苏北 L 县的大地上传递快
乐，传递爱心，传递梦想，用行动促进城乡基础教育均衡发展；他们把奉
献的足迹、工作的业绩和高尚的师德留在了受援学校，在南京 B 区和 L
县帮扶两地之间留下了深厚情谊。南京市 B 区 H 小学的 YL 老师在支教后
写下了一篇感人的题为"勇敢而浪漫的旅程"的支教笔记，笔者摘录整
理如下：

"老师，你不要走好不好？""老师我很舍不得你！""老师你还会
回来吗？""老师再多留几天好吗？"这声声呼唤我永远忘不了。这是
在 2008 年 1 月 26 日我离开支教半年的 L 县五港中心小学学生对我声
声呼唤的声音。那天天空下着雪，南京市已经下了好厚好厚的雪。我
本可以在学生一考完试就离开，躲过这场百年不遇的大雪，可是我为
了看学生最后一眼，为了和学生说声再见，我推迟了回家的时间。

当我拿着行李离开生活半年的学校和宿舍，我的心情就如同天空
飘落的雪花一样纷纷扬扬。在我即将关上宿舍门的那一瞬间，泪水夺
眶而出，我不再压抑自己的情感，让眼泪尽情地流落，因为这一刻这
个小小的屋子里只有我自己，因为这一刻只有这样我的心情才能好过
一点。

我早上六点多上了回南京的汽车，车在高速路上开着，车外的雪
花漫天飞舞，我的眼前想起了我第一次走进课堂：学生们集体起立向

---

① 引自南京市 B 区 J 小学 SY 老师的支教笔记。

我问好时，那里的老师羡慕和敬仰的眼光，我真是兴奋不已的。走上讲台，看着同学们认真的神态，充满渴望的双眼，整个人都振奋起来，讲起课来格外的有激情。车在向南京市方向开着，但不是很快，雪下得越来越大。车最后离开了高速公路，开到了很窄很窄的小路上，在那条并不起眼也许很长时间没有汽车开的小路上集聚了去南京方向来的好多好多车。也许是困了，我居然在这个时间有了点睡意。前几天在知道自己即将要离开，在连续几天睡眠严重不足的情况下，白天讲课时我居然一点都不觉得有困意，人的潜能还真是无限啊，至少我以前从未发现自己这么能熬夜。等我休息好了，以为已经到南京市了，谁知道因为大雪车开了8个多小时还没有进南京市。看着远处的山，漫天的雪花，我在想：支教是一次内心与灵魂的洗礼，支教也是一场社会责任感的呼唤。同时，我也才发觉，支教是一场勇敢而浪漫的旅程。

车子像蜗牛一样慢慢地向前行驶着，晚上八点多钟才下汽车，我的心真的好宁静。在我去支教的时候，我想要给那些单纯而干净的孩子们一个充满希望的未来，想要让他们相信，贫穷即使是与生俱来的，也绝不会伴随一辈子……我知道，如果有机会，我一定会再去那里的。因为去贫困的地方教小孩子读书很有意义，能帮助需要帮助的人们。①

是啊，支教老师带来的不仅仅是城市的气息，还给偏远的农村孩子们带来了知识和对改变贫困生活充满希望的信念。同样，在L县本地组织实施的城镇教师支持农村教育结对帮扶工作中，也涌现出许多感人的事迹。L县实验小学的ZTJ老师就是其中的一位，她通过一年的支教工作，为自己的教育人生添写了精彩难忘的一页。ZTJ老师在支教日记"我的支教情结"里写道：

2010年8月底我接到支教的通知，9月1日我就正式被派往L县YW中心小学，开始一年的支教生活。我支教的YW中心小学是当地条件最好的小学，即便是当地的最好小学，学校的硬件设施还不是很

---

① 引自南京市B区H小学YL老师的支教笔记。

完备，学校是个老校区，还保留着以前的砖墙瓦房，瓦房前面是新建的三层教学楼，操场是水泥地面，厕所是老式的，这让我想起自己十几年前上小学时的情景。不过这里的孩子们却没有半点怨言，不怕脏不怕累每天认认真真地完成老师布置的校园卫生工作。每每看到孩子们质朴的脸蛋，我的心里总是有莫名的感动。

刚进校的那几天天气还是比较热的，这里的教室没有空调也没有电风扇，上课时必须要开着前后门通风，这样一来隔音效果就不是很好，各个班级都在上课，自己班级的学生被其他班级的声音分散注意力怎么办？我由衷佩服这里老师们的课堂组织能力，上课时间有老师在教室外面走走看看也几乎没有孩子转头向门外看，这种情景在县城学校可是不多见。这里的老师对我这个新来的老师很是关心。他们对我说：“赵老师，夏天比起冬天那是好过些的，就怕你冬天适应不了，我们这里冬天是要生炉子的。”老师们说起这话都是轻描淡写的样子，他们都觉得这些都是极微小的事情，不值得一谈，只是怕我这个城里来的支教老师不适应，拿出来说说让我做个心理准备，一些多么可爱的同事啊。“那有什么呢！”我说，是啊！那有什么呢！我来到这里就是要让那些可爱的孩子们学到更多的知识，至于是在什么样的环境下工作那只是小问题。这里的老师没有任何怨言，他们总是自豪地说，我们中心小学可是这一片最好的小学了，家长们都放心把孩子送到这里来。这是一种怎样的骄傲啊！我彻彻底底地被他们感动了，也坚定了我扎根这里认认真真开始我的支教工作。

我任教的是一年级语文兼班主任，仍清楚地记得当校领导第一次把我领进教室时，那些漂亮的小女孩捂住脸从指缝里露出两只清澈的大眼睛朝我偷偷笑的场景。那一刻我感觉自己的心里温暖得都不知说什么好。总说农村的孩子是比较调皮的，可是我发现在课堂上他们那一双双渴望求知的眼睛一刻都不离开老师的身影，他们从头到脚都透露出朴实善良，这让我还有什么困难不能够克服的呢？在这仅有的一年支教时间里，我会尽自己最大的努力让这群孩子快乐充实地学习成长，让每一个孩子都能得到最大的发展，给自己的教育人生添上最精彩难忘的一笔。①

---

① 来自 L 县实验小学 ZTJ 老师的支教笔记。

是啊，环境条件再苦，工作再累，但每当看到教室里孩子们一双双渴望求知的眼睛，看到学校里的老师对待教育的乐观豁达态度，任何一个支教老师来到这里，都会主动地融入支教学校，成为学校中的一员，而不再把自己当做是城里来的支教老师，走走形式、过过场子，他们用自己对农村中小学教育的理解和不懈努力勾画出支教老师的精彩生活，诠释一名普通的城镇教师对农村义务教育的人生感悟。

2. 农村师生：共同发展

支教，意在"提升农村教师队伍的整体素质和农村教育水平，促进城乡、区域教育协调发展"。[①] 农村中小学老师，因为长期待在农村，少有外出进修学习的机会，对教育教学改革动态了解不多，教学业务满足于"能教"。而当这些支教老师来校并为他们上"示范课"和作"报告"后，农村教师的心里还是很有触动的。通过对支教工作当事人的访谈，我们可以获得更为真实的情况。L县HD乡小教助理HHS告诉笔者说：

> 支教老师的首要任务，不是让他们带一个班，教一门课，而是让他们传递教改信息，发挥他们的引领作用，带动我们学校的教师专业发展，提高学校的教育教学水平，让他们融入并参与学校的教育教学管理。作为大都市来的教师，水平高、业务精、理念新，凭借支援农村教育的一腔热忱，毅然决然地来到苏北L县农村支教，这种精神就非常值得人敬佩。更可贵的是，他们给HD乡中心小学带来了全新的教育理念和育人观念，为农村老师了解当前的教育教学前沿发展，提高教育教学水平提供了一个好的平台，让农村教师不出门就能听到名师的优质课。例如，2007年度第一学期，来我校支教的南京市RJL小学的CJ、YH老师就为我们精心准备了10节公开课、4个讲座。他们张弛有度的教学风格，灵活多变的教学方法，纯正的普通话，关注每一位学生发展的理念，无不给人耳目一新的感觉，诠释了一个充满生机的全新的课堂，学生的主体地位和老师的主导作用体现得淋漓尽致，给我们学校老师以极大的震撼。以这次支教为契机，通过他们的

---

① 见江苏省教育厅财政厅《关于实施"千校万师支援农村教育工程"的通知》（苏教师〔2006〕23号、苏财教〔2006〕220号）。

言传身教，许多老师也迅速成长起来，教学水平提高了，成为教学一线的骨干。①

通过访谈和调查，笔者得知，很多支教教师因为在原先的学校里就是教学骨干，教学业务能力是较为突出的。他们来到支教学校后，往往会以他们"精湛的教学"和"高尚的师德"给农村教师以一种"震撼"。笔者访谈中，L 县 F 乡中心小学的 ZXH 老师谈了对来 F 小学支教的 WHL 老师的一些看法：

> 2009 年 9 月，L 县 N 小学的 WHL 老师来到我们 F 小学从事支教工作。WHL 老师以前曾在 F 小学工作过不足一年，因为教学突出调进县城小学教书。学校安排我和 WHL 老师一同从事二年级的教学管理工作，在她一年的支教工作中我觉得她是一个好同事、好搭档。在一个个支教的日子里，我体验到了她在工作中的真诚、热情、勤奋，感受到她教学扎实，有很强的上进心，可以说 WHL 老师是一位具有人格魅力的教师。说她优秀，一是因为 WHL 老师细心观察每一位学生的学习情况、家庭情况，默默地关注着每一位学生。村里有的孩子家庭经济条件并不富裕，他们穿着的衣服又小又旧，很不合身，WHL 老师看在眼里，记在心上。她在自己家里精挑细选了一大包衣物，洗得干干净净，叠得整整齐齐，拿到班级发给孩子们穿。她用自己的关爱向学生传递着快乐，用自己的行动向学生传递着爱心。寒冷的冬季，她为学生买了水壶、杯子，每天清晨在炉子上烧一壶开水，课间孩子们就会拥到她跟前，一小口一小口品尝着老师倒给他们的热水，"老师，这水真好喝！""老师，我还想喝点！"一杯热水让学生感受到了一股融融的暖意，一份真诚的感恩，一种深深的敬意。二是她的课堂高效，尽显功底。在农村只有一支粉笔，一块黑板的简陋条件下，WHL 老师把课堂教学效果升华到了一个更高的层次。每一堂课都让学生意识到自己生活在深深的母爱之中，她把浓浓的情意传递给学生，学生体会到了妈妈无私的爱。为了帮助这里的孩子提高阅读能力，拓宽知识面，她不仅在家找书，还从原学校募捐书报，在班级

---

① 来自访谈录音：2011—12—20—HHS。

创建了图书角。每天中午 WHL 老师都发给每个孩子一本书,孩子们拿到书后爱不释手,伏案阅读,从孩子的一张张笑脸可以看出,书籍给他们带来的是宝贵的知识和一种前所未有过的喜悦!三是关心同事,无私奉献。每天清晨她都很早来到单位,她做的第一件事就是为自己沏上一杯菊花茶,然后拿着抹布擦拭办公桌。擦过自己桌子过后,又逐个擦着办公室的每一张桌子,一遍遍地,很认真,很投入,那样子就像是在做一件很重要的工作。有段时间,三年级的唐老师生病休假,学校师资紧张,面对学校的窘境,WHL 老师主动跟校长提出要给三年级孩子上语文课。同时上两个年级的语文课,工作量异常繁重,那段时间经常看到她劳累的身影穿梭于两班之间,从她身上折射出的大局意识和奉献精神让我暗暗佩服。①

在支教工作中,像 WHL 老师一样认真、热情、无私奉献的教师大有人在。农村教师从支教老师的日常行动中感悟、触动,有助于农村教师的发展和提高。很多支教老师在支教过程中,还通过举办对口联谊活动,通过城乡教育联谊,丰富师生的生活,让学校教育中充满"爱的气息",为农村学校架设友谊桥梁。

B 区 DGL 小学自 2007 年 7 月把 L 县 SM 中心小学作为对口支援学校,就架起了苏南苏北"教育联姻"的友谊桥梁。在支教中,他们举行了"为 SM 献爱心"活动,来校支教的老师每人捐款 100 元,DGL 小学在经济并不宽裕的情况下先后为 SM 中心小学捐献了 1000多本图书和一套音响器材。2008 年"六一"儿童节期间,DGL 小学还邀请 12 名师生代表前去南京参加"六一"儿童节联欢活动。两校师生同台献艺,载歌载舞,倾吐浓浓支教情,结交拳拳师生缘。②

从上面的支教访谈和有关材料中,我们可以看出:城镇教师到农村学校开展支教工作,给农村学校带来了新的教育教学观念、新的教学方法和手段以及一些物资和教学设备,对长期囿于相对闭塞的农村中小学老师来

---

① 来自访谈录音:2011—11—17—ZXH。
② 见《浓浓支教情,拳拳师生缘》,《L县快报》2008 年 10 月 10 日。

说，无疑带来了一股新鲜的气息，对农村中小学教师的专业发展和学生的发展具有促进作用。

3. 农村学校：整体提升

在支教过程中，经过支教老师们的辛勤耕耘和受援学校的大力配合，他们在师德引领、教学示范、教科研以及学校文体活动等很多方面有力地促进了受援学校的发展，支教工作取得了显著的成效，深得受援学校老师的称赞。在访谈中，L 县 QJ 乡中心小学 ZK 校长对笔者说：

> 我们中心小学的教科研工作，以前只是搭起了架子，没有多少实质内容。南京市 B 区 ZS 小学的支教老师走进我们的校园，学校教科研工作迅速地从肤浅的常规教学研究向纵深发展。YJ 老师十分敬业，她经常不失时机地将 ZS 小学的优秀作风、先进教育理念传授给老师们，对青年教师的帮助不遗余力。在她的悉心指导下，我校 LCM 老师的语文课《草原》在 L 县课堂教学比赛中获一等奖。在 2007 年 10 月 17 日举行的全县公开课教学交流中，她作了《如何提高教学质量》的讲座，详细阐述了教学质量管理的重要性和可行方法，震撼了每一位与会的农村教师。PHF 老师多次参与学校的教研活动，听课、评课，课后与执教老师一起研讨新的课改模式，一起进行新课改方案的实验与实施。FL 老师主动开设了公开课，用上了多媒体教学。在她的引导下，孩子们学得积极主动，收到了良好的教学效果。课后，她与我们学校的一些老师一起讨论多媒体教课件的制作方法，并把做好的一些课件和老师一起分享。支教的 DXM 老师担起了体育学科组长的角色，她上示范课，教广播操，样样拿手，样样精彩。同时，她利用课余时间带领学校老师进行集体舞学习，填补了学校体育教科研的空白。[①]

长期以来，L 县农村学校由于办学条件限制，学校管理水平一直上不来。支教和结对帮扶工作，为 L 县农村学校管理水平的提高提供了良好的契机。L 县 J 镇中心小学和南京市 B 区 JKL 小学是结对帮扶学校。在访谈中，L 县 J 镇中心小学的 MXK 校长告诉笔者：

---

① 来自访谈录音：2011—12—20—ZK。

纵观两年的受援支教过程，我们J小学感受最深的：首先是JKL小学领导对支教工作高度统一的思想认识。他们自接到上级支教的通知起，就立即召集行政会，明确支教工作重要意义，研究部署支教工作，成立了支教工作领导小组，并指定负责学校教学工作的XP副校长专门负责对我校的日常交流、援助工作，选派学校的教学精英来我校支教。支教过程中，JKL小学领导多次来我校，对支教老师进行亲切慰问，了解他们的工作、生活情况，对他们在支教工作中取得的成绩给予表彰和鼓励，对存在的问题及时分析、及时解决。其次是支教老师的无私奉献精神。几位支教老师都比较年轻，支教工作给他们的家庭和生活带来许多不便，但这些老师都有坚定的决心，把支教工作当做对自己的锻炼，当成自己人生中的财富。LY老师的孩子才2岁，而且父母年龄较大，身体都不太好，真是"上有老，下有小"。HYB老师结婚一年不到，但他能识大体顾大局，说服家人，义无反顾地踏上了支教的征程。JY老师身体不好，每周都要到专科医院就诊。ZXQ老师夫妇分居两地，在该校支教动员大会上主动请缨，为女同志起到了带头作用。在支教期间，ZXQ老师的爱人千里之外驾车接她返回南京市，她却婉言拒绝。我们深知，她不是不想回去，她不是不理解爱人对她的善意，但她心中装的是她心爱的学生……可以说，每一位赴L县支教教师都有许多困难，但他们都没有怨言，一一克服，为我校的发展作出了不可磨灭的贡献。[1]

支教老师的敬职敬业，支援学校的传经送宝，教师之间坦诚交流，学校领导之间的互相研讨，等等，这些做法和行动对农村学校的教师和老师来说，都是一种促进，都是一种发展。B区选择的项目学校都是义务教育的优质示范校，这些学校不仅教学质量高，其学校管理方面也有诸多的优势。L县的农村学校通过支教活动和相互交流，从城市学校汲取丰富的养料，整体提升学校办学水平，这也是省里实行支教政策的一个初始目的。

4. 结对学校：双方共赢

与此同时，我们也看到，支教活动在给农村学校、教师带来影响和变

---

[1] 来自访谈录音：2011—12—20—MXK。

化的同时，对城市支教工作者本身和结对学校方也会带来一些变化。对此，南京市 FXJ 小学 YL 老师对笔者说：

> 转眼间，支教生活已过去几个月，先不说在这里的生活，个中的酸甜苦辣只有自己能体会。然而这次的支教之旅不仅仅只有这些。慢慢地才发觉，支教是一个勇敢而浪漫的旅程；支教是一次内心与灵魂的洗礼；支教还是一场社会责任感的呼唤。之所以勇敢而浪漫，在于我们队员独自上路，踌躇满志地工作。我喜欢我们支教团队的每一个队员，大家都是那么善良真诚，那么努力坚韧，那么热情奉献。之所以是对内心和灵魂的洗礼，在于孩子们带来的一次又一次的感动，每当看见这里的孩子用清澈而期待的目光注视着我们时，就有一种忍不住想要帮助他们改变命运的冲动。
>
> 在有限的支教日子里，我从革命老区教师的身上，学到了很多东西，尤其是他们吃苦耐劳、无私奉献的工作精神，时刻感染着我、鞭策着我。因为这里学校的条件与环境实在和城里的无法相提并论，很多学生冬天都是用冷水洗漱的。革命老区的孩子在困境中刻苦学习，力求上进的优良品质也时时打动着我们，增加了我的工作热情和干劲。革命老区人民身处较为闭塞的自然环境中，他们自强不息的斗志，使我倍感支教的光荣和肩上所负载的神圣使命。
>
> 毋庸置疑，支教是对我们人生观、世界观的又一次洗礼，它使我们变得更加坚强、乐观、自信；使我们面对困难，敢于勇挑重担，拼搏进取。现在，哪怕仅仅是对于工作的回忆，也都会让我们倍感欣慰。因为支教使我们感悟到，只要用心爱自己和这个世界，生活就是快乐的，只要付出了辛勤的汗水，坚持不懈，持之以恒，就必定能在身后传播下一路希望的火种。应该感谢脚下的这片黄土地，感谢 L 县各级领导的亲切关怀，感谢 L 县人民的深情厚谊。
>
> 通过支教，我们看到了苏北老区人民的淳朴与执著，支教也给了我们一个广阔的舞台传播教育教学理念，传播先进的教育教学方法和成功的课堂教学模式。L 县支教让我们有机会与 L 县农村学校的领导和师生并肩作战，取长补短，共同进步，同时也加深了友谊。我们相信，当我们在这片美丽的土地上真情地播撒时，希望的种子一定能在

这里生根发芽、茁壮成长。①

　　到农村中小学支教，时间多为一学期，长的也不过一学年。尽管在一些人看来，支教工作显得有些短暂和平淡，但是在众多的支教老师看来，支教工作却是忙碌的，也是充实的。到农村学校参与支教工作不仅是他们教师职业生命中的一抹亮色，成为他们自身人生道路上浓墨重彩的一笔，也成为他们在以后的教育教学工作中不断进取的动力。通过支教活动，结对帮扶的学校双方通过互动，实现校际之间的共同进步。南京市 B 区 RJBC 小学在支教工作总结"在支教工作中共同成长"中写道：

　　　　经过半年的探索和实践，我校开始实行一种新的支教模式——集体支教，即由支教老师牵头，建立联系纽带，组织骨干教师分期到受援单位指导工作，加强两校之间的交流，采取全方位、集体式的支教方式，学校间建立稳定的互访机制，充分发挥我校的资源优势，让受援单位共享教育教学资源，共同提高办学效益。一是领导互访，了解帮扶工作实施情况，确定下一阶段的工作重点，相互协调，保证帮扶工作顺利开展。二是教师互访，开展教研活动。主要是以公开课、示范课、讲座课为载体，来提高受援学校教师在世纪教学中的运用能力。三是受援学校选派中青年教师到我学校进行教学培训，以提高其教学业务素质。如 2008 年 6 月，岔庙中心小学的领导以及 10 名骨干教师莅临我校，从课堂教学到学校的常规管理，进行了为期一天的教学常规的观摩，回去后，专门召开全体教师会议，将南京之行的感受以及两校之间教育教学理念之间的差异进行总结讨论，找出不足，并给全体教师提出了新的要求。四是学生互访。支教学校的学生与受援学校的学生开展"手拉手"互助互学活动。鼓励学生捐款捐物，使受援学校贫困学生和学习困难生得到精神上、物质上和学习上的帮助，从而达到共同进步的目的。
　　　　通过一年半的支教活动，我们的感受、启发、收获很多。一是支教学校和受援学校的领导有了新的办学理念，明确了办学目标；二是支教教师在农村偏远学校艰苦创业、自强不息、乐于奉献教育事业的

① 来自访谈录音：2011—6—12—YL。

精神得到了发扬和升华；三是处于困境中的学生奋发向上的学习积极性感染了城市的孩子们；四是优质教育资源得到了共享，促进了教育改革的进一步深化和农村基础教育的均衡发展；五是受援学校得到教学上和物质上的资助，改善了办学条件，增强了发展后劲。①

结对帮扶和支教工作，从一定程度上说，是城镇学校对农村学校的教育教学支援，这从政府颁发的一系列政策文件也可以印证。城镇学校支援农村学校，从现实层面讲，城市学校教育要优于农村学校教育，而从城乡教育差别产生的根源来说，则"中国社会长期存在的城乡分割对立的二元经济结构和社会体制是使城乡教育产生严重差别的社会制度原因。城乡二元经济结构导致教育制度的种种设置与安排存有突出的'城市取向'，这自然构成城乡教育的严重差别"。② 在推进教育公平发展、推进城乡教育均衡发展的当代，实施城镇学校支援农村学校的政策，也就成为政府的政策选择。但是，地处农村的农村学校，其在发展过程中也积聚形成了自身的教育资源，如学校艰苦办学、教师默默奉献、学生刻苦勤学、农村校本课程资源等教育资源，这些教育资源相对于城市学校而言，有的确实为城市学校教育所不足、抑或缺少的内容，这就让支教成为结对帮扶双方学校实现共同发展的结合点。从上面南京市瑞金北村小学创新集体支教模式，学校间建立稳定的互访机制等一些做法来看，改变了已往城市学校对农村学校单向的支教方式，形成了城市学校和农村学校双向的互动交流，确实有助于在支教工作中实现支教双方学校的教师对对方教育教学资源的吸纳，达到城乡双方学校共同发展的目标。

二　支教政策执行中的问题

几年来，L 县通过实施支教政策，有效地促进了农村义务教育学校教育的发展，促进了农村教师的教学业务水平、学校管理水平的提高。通过开展支教活动，城市学校参与支教的教师自身业务也得以发展，城市学校

---

① 见 2009 年南京市 B 区教育局编《这片美丽的土地》，第 76—79 页。

② 张乐天：《城乡教育差别的制度归因与缩小差别的政策建议》，《南京师范大学学报》（社会科学版）2004 年第 3 期。

的教育资源得以不断丰富。为了更真实地了解 L 县支教政策的执行中的问题，笔者走访了派出支教教师比较多的城市学校 6 所（2 所初中、4 所小学），并访谈了这些学校的校长和部分教师。在访谈的对象中有 15 位是参加支教的城市学校的教师、有 5 位校长，还有 5 位没有参加支教的城市学校的教师。并通过问卷调查的方式，了解支教教师的支教态度等情况。通过对访谈资料和调查问卷的分析，笔者认为 L 县支教政策在执行过程中还存在着支教动机异化、支教缺乏针对性、支教管理存在真空、人情在支教考核中的渗透等四个方面的问题。

（一）支教动机的异化

对于为什么开展城市学校和农村学校结对帮扶、对口支教工作，2006 年教育部在《关于大力推进城镇教师支援农村教育工作意见》中明确提出：城市教师支援农村教育的目的是统筹城乡教育协调发展，优化教师资源配置，解决农村师资力量薄弱问题，提高农村教育质量，促进义务教育均衡发展。2006 年江苏省在实施"千校万师支援农村教育工程"中也明确指出："为提升农村教师队伍整体素质和农村教育水平，促进城乡、区域教育协调发展，从 2007 年到 2010 年底，在全省义务教育阶段遴选千所优质学校、万名骨干教师，与苏北农村千所薄弱学校实行'校对校'结对帮扶、对口支教，全面提升苏北农村学校的教育教学质量和水平。"[①] L 县教育局在 2010 年开展城乡学校结对帮扶工作中，也明确指出是为了"优化教育教学资源配置，加快农村教育事业发展，提高农村学校管理水平，促进城乡教育均衡发展"[②]。可以说，江苏省实施城镇支教政策，其政策的目的是非常明确的。然而，从下面几位老师的访谈情况看，当前城市教师参加支援农村教育考虑更多的则是一些关系他们自身发展的内容，他们支教的最大目的往往是"为获得农村从教经历，为评高一级职称"。对于城市中小学和农村中小学开展结对帮扶、城市学校的教师到农村学校开展支教工作，他们是自愿到农村中小学支教还是"被支教"？他们到偏

---

① 见江苏省教育厅财政厅《关于实施"千校万师支援农村教育工程"的通知》（苏教师〔2006〕23 号、苏财教〔2006〕220 号）。

② 见 L 县教育局《关于组建教育集团暨开展城乡学校结对帮扶工作的意见》（涟教发〔2010〕81 号）。

远的农村学校从事支教工作有着什么样的目的？访谈中，南京市 B 区 RJBC 小学 WDH 校长对笔者说：

> 根据区教育局的安排，要求我们学校在 2007 年 9 月安排 5 个人到 L 县农村学校支教。接到教育局的通知后，我们学校当时就召集全体行政人员研讨有关支教工作，由我担任学校的支教领导工作小组组长。学校在开完支教动员大会后，在报名截至日只有 2 个老师报名，还差 3 个名额。后来，我们就通过约请老师谈话，敲定了 5 位将要评职称的老师去 L 县 CM 乡中心小学开展为期一年半的支教活动。学校老师对支教不是很主动，有的考虑到下去支教后，脱离自身学校较好的教育教学氛围，到农村学校后会影响自身的发展；有的老师考虑到支教会给自身和家庭带来许多不便而有思想顾虑。对此，我们在他们支教期间均安排了专人定期负责和支教教师家庭联系，帮助他们解决后顾之忧。①

作为支教结对的项目学校，按照 B 区教育局的安排，RJBC 小学要从学校选派 5 名骨干教师参与支教工作。经过宣传发动、自愿报名过程，到报名截止时间还差 3 个名额。怎么办？学校只有找"将要评职称的老师"。访谈中，WDH 校长有点无奈地对笔者说："老师不愿去，我们总不能押着他去啊。"经过多方面做工作，学校最终敲定了 5 位将要评职称的老师去 L 县支教，总算是完成了任务。对于参加支教是为了评职称，很多老师并不讳言。参与支教的 L 县 NM 小学 BRH 老师对笔者说：

> 我毕业以后就一直在 L 县南门小学工作，我参加了 2009 年县教育局组织的支教活动。学校一开始动员教师到农村支教，我们学校是县城里条件较好的一所学校，说实在的，大家还真不想下去，主要是到下面学校后，家庭就照顾不上了，而且农村学校的住宿条件差。后来学校说到农村支教这一经历在评职称时可以优先考虑，我再过两年就要评小高职称了，所以就报名参加了支教活动。②

---

① 来自访谈录音：2011—3—2—WDH。
② 来自访谈录音：2010—11—20—BRH。

对于自己参加支教的原因就是"为了将来上评职称可以照顾",很多老师都是很清楚。而且学校在动员支教的时候也讲得很清楚。对此,L县三中的 CGQ 老师很直白地告诉笔者:

> 到农村支教,大道理、空话我们说不上,但可以肯定的是目前我们学校老师去支教主要是为了评职称。2006 年我们学校安排下去 3 个老师,校长在老师下去之前就和老师讲好,回来评职称一定是要照顾的。况且,教育局的文件也很明确,教师支教评职称同等条件下予以优先考虑,我们学校还有好多老师关心这个东西,因为当他们在评职称时到农村支教可以算上一条。①

当然,也有很多老师对于来支教的老师是为了"评职称很看不上"。但是,在省里的支教文件里,很明确地提出"支教一年且考核合格的教师,参评省、市级优秀教师、先进教育工作者、特级教师以及晋升职务时,在同等条件下予以优先"②。对此,L县 SH 乡中心小学 ZKJ 老师对笔者说:

> 2008 年县教育局派了三个老师到我们学校来支教,这三位老师到我们这里教书倒是没有什么可说的,教学水平也可以。但是,他们每次和我们学校老师谈到为什么到我们学校来支教的时候,他们都说是为了评职称才到我们学校来支教的。这个想法很让我们有点看不上,但又不好说人家不是。这三个老师在我们学校待了一个学期,后来我们学校就没有安排老师来支教了③。

同时,研究者就"为什么参加支教"这一问题对参与 L县农村学校支教的 200 名城市中小学教师(包括外地的和本地的城市教师各 100

---

① 来自访谈录音:2010—11—23—CGQ。

② 见江苏省教育厅财政厅《关于实施"千校万师支援农村教育工程"的通知》(苏教师〔2006〕23 号、苏财教〔2006〕220 号)。

③ 来自访谈录音:2010—11—28—ZKJ。

人）进行问卷调查，通过调查发现，城市教师到农村支教的原因在四个选择"为了圆农村教育梦想，丰富自己的教育经历"，"评职称有农村支教经历可以优先"，"支教有补助，可以增加收入"，"学校安排，自己并不想去"上所占的比例分别为 11%、74.5%、5% 和 9.5%。而且，无论是本地教师还是外地教师参与农村学校的支教工作，考虑最多的都是"评职称有农村支教经历可以优先"，完全抱着"圆农村教育的梦想"的目的或者是"为了支教补助"的只是很少的部分人，并且外地来的支教教师在"为了圆农村教育的梦想"上人数较本地参与农村学校支教的教师要多。同时，因为迫于教育行政部门的要求和学校的安排，也有 9.5% 的教师是不得不参与支教工作，他们成为众多支教人员中的"被支教"一族（见表 4—1）。

表 4—1　　　　　　　　城市教师参与支教的目的调查

	为了圆农村教育的梦想，丰富自己的教育经历	评职称有农村支教经历可以优先	支教有补助，可以增加收入	学校安排，自己并不想
外地支教教师（人）	17	72	2	9
本地支教教师（人）	5	77	8	10
总计（人）	22	149	10	19
所占比例（%）	11	74.5	5	9.5

事实上，江苏省在实施"千校万师支援农村教育工程"这一政策中，为了鼓励广大的城市教师到农村支教，加强对支教工作的组织管理，对"支教一年且考核合格的教师，参评省、市级优秀教师、先进教育工作者、特级教师以及晋升职务时，在同等条件下予以优先"[①]；南京市 B 区教育局对年度考核合格的支教教师，"在评优、晋升职称等方面，在同等条件下予以优先考虑"[②]；L 县教育局对"支教先进单位进行表彰，年终考核加 10 分。先进个人除在评优、评先、晋升等活动中予以优先考虑外，

---

① 江苏省教育厅财政厅：《关于实施"千校万师支援农村教育工程"的通知》（苏教师〔2006〕23 号、苏财教〔2006〕220 号）。

② 南京市 B 区教育局：《B 区关于实施江苏省"千校万师支援农村教育工程"的通知》（B 教发〔2007〕2 号）。

还给予一定的物质、精神奖励"。① 正是因为有了对参与支教可以"优先考虑评职称","参评省市优秀教师、先进教育工作者、特级教师"等因素，农村学校就成了城市教师获取农村从教经历的"阵地"，城市教师是为了评职称原因"才迫不得已"到农村学校去支教。如果参加支教并非是出于个体的自愿选择，那么他们参与支教工作的动机就显得很"现实"。支教动机的异化，使得有些支教者在支教工作中的积极性不高，其支教效果大打折扣。

（二）支教缺乏针对性

俗话说："缺什么就补什么。"城市学校和农村学校结对帮扶、城市学校选派教师到农村学校去支教应该从农村学校的实际需要出发，有针对性地开展帮扶和支教工作，这样才能从客观上保证支教取得效果，只有对症下药才能从根本上改变农村义务教育中小学教育教学观念落后、师资薄弱的情况。对于当前农村义务教育中小学办学中存在的这些问题，L县DHJ镇中心小学HDJ校长对笔者说：

> 我们中心学校现有900多名学生，一线教师51人，在周边几个乡镇算是规模大的学校了。我们学校当前办学中问题主要有四个方面：一是教师职称整体上偏低，结构不合理。学校教师大部分都是小教一级和二级职称，小学高级职称只有1人。二是学校里英语、信息技术、音乐、体育教师缺，这些课程的教师我们是想进人但是却没有进人名额，而且人家也不肯来，像信息技术课程，实在没人上，学校就安排1名电脑技术较好的数学老师参加县里组织的信息技术教师培训，回来就转上信息技术课。三是部分教师教学水平上不去，教学科研跟不上。教师就是有课上课，大多数老师是不搞教科研的，也没能力搞科研。四是一些教师的责任心不强，对待工作很是马虎，只是面子上去完成学校布置的教学任务，学校工作之外的时间再想让他们参与那是要说破嘴皮并给补助才行，真拿这类人没办法。②

---

① L县教育局：《关于组建教育集团暨开展城乡学校结对帮扶工作的意见》（L教发〔2010〕81号）。

② 来自访谈录音：2010—10—9—HDJ。

对于 L 县农村义务教育学校的教师薄弱情况，T 镇中学也有和小学一样的难处。对此，T 镇中学的 YAH 校长告诉笔者：

> 我们 T 镇中学有初中学生 600 人，教师 42 人。当前我们学校存在的问题和困难主要是教师的水平不够。多数教师是工作过程中进行函授教育拿到本科、专科的学历文凭的，文凭提高了，水平并没有提高，大多是混过来的。有三五个人是原来的"民办教师"、"代课教师"转化而来的，其本来的学历只有初中或高中，通过继续教育后才达到学历要求的。由于是农村学校，信息闭塞，教师无法及时、有效获取新课改的各种信息、资料，加之学校专项培训经费少，教师外出学习、培训、交流的机会少，教学观念是比较落后的，多是满堂灌的教学方法，跟不上新课改的形势要求。而且，教师被分配到农村学校任教，他们在心理上就定位为"教书匠"，上进心不足，展示才华的机会少。比如，市县的公开课多由城区教师来承担，参加赛课和汇报课的也是城区教师，许多有进取心的农村优秀教师难以得到展示的机会，也没有机会推荐与培养，时间一长，他们难免产生悲观、失落的情绪与难以作为的现象，工作的积极性和成就感低，说得严重点，就是麻木了。[①]

因此，对于支教工作，L 县农村学校从心里说是欢迎的，希望通过支教和结对帮扶，给农村学校的教师和学校带来新鲜的气息。因而，支教学校也理应从农村学校的实际需要出发，派出具有丰富教学经验的优秀教师到农村学校去，切实为农村学校的教育教学、教研活动带来新的理论、新观念和新方法，形成一种"示范"效应，有效地带动农村中小学教师的教育教学观念更新，改变他们的教育教学行为，提高他们的教育教学水平，达到城镇教师到农村中小学支教的根本目的。但是，现实却并非如此，由于部分教师参与支教工作的目的是为了评职称，所以城市学校派出的教师不一定是农村中小学所需要的，导致赴农村中小学支教的实际效果并不令人满意。其原因主要有以下三个方面：

第一，支教教师队伍的职称结构不合理。当前城乡教育存在的一个情

---

① 来自访谈录音：2010—10—9—YAH。

况是，高级职称者富集于城市学校，农村中小学鲜有高级职称者，农村中小学教师初级职称的比例远大于城市中小学教师初级职称的比例。具有高级职称的教师，在农村中小学属于稀缺资源，在某些乡镇的中小学甚至找不出一个有高级职称的专任教师。调查显示，在200位支教教师中有高级职称的教师为23人，所占比例是11.5%，有初级职称的教师为35人，所占比例为17.5%，而有中级职称的教师居多，为142人，所占比例为71%。而高级职称获得者往往是较为优秀的教师，对农村义务教育的支持，首先应体现在优质教师到农村去支教，因而也应体现在有较高职称的教师支持上。

　　第二，支教教师队伍的学科结构不合理。目前，L县农村小学和初中教师队伍中，英语、物理、历史、音乐、美术、体育、劳技、信息技术等专业教师较为缺。例如，农村小学应该从一年级开设英语课程，但是由于缺少科班出身的英语老师，就让其他学科的教师半路出家，改行教英语。专业教师的缺乏导致农村学校办学质量低下，直接影响了农村中小学素质教育的全面开展，也不利于农村学生素质的全面发展，不利于义务教育均衡发展。城市教师到农村支教能否解决这一难题？在对L县T镇中学YAH校长，CJ乡中学LZP校长，DHJ中心小学HDJ校长3位农村中小学校长的访谈中，他们都认为："支教老师的到来在一定程度补充了农村师资，但是有些支教老师在学科配置上并不是受援学校所需要的，而且不同的教育阶段对教师的需求也不同。"[①] 调查显示：2010年L县教育局开展的城市教师到农村中小学支教活动中，初中阶段赴农村支教的城市教师共28位，占全部支教教师的比例为40.6%。支教教师的科目涉及语文（7人）、数学（8人）、英语（3人）、物理（3人）、历史（1人）、政治（1人）、音乐（1人）、美术（1人）、化学（2人）和计算机（1人），其中支教老师人数最多的两门学科是语文和数学，占支教总人数的53.6%。小学阶段赴农村支教的城市教师共41位，在全部支教教师中所占的比例为59.4%。支教教师的科目涉及语文（11人）、数学（14人）、英语（8人）、音乐（2人）美术（1人）、体育（3人）和计算机（2人），支教老师人数最多的两门学科也是语文和数学，约占支教总人数的61%。从上述调查数据可以看出，无论是初中阶段还是小学阶段，在

---

① 来自访谈录音：2010—10—9—YAH、LZP、HDJ。

参与支教的教师在学科结构上，农村中小学最缺乏的英语、体育、音乐、计算机等课程的专业教师均占有较小的比例。研究者在访谈中也了解到，农村中小学实际上最需要的是英语、音乐、美术等学科的专业教师，这样的支教教师学科结构显然是不合理的，也是不符合农村中小学实际需求情况的，正如 CJ 乡中学 LZP 校长所说："来的并非所需要的，需要的却没有来。"①

第三，支教教师队伍的年龄结构上不合理。笔者通过对 L 县 3 所农村小学、2 所农村初中的教师年龄情况进行抽样调查，调查显示：当前 L 县农村中小学教师存在年龄结构不合理的现象，该县农村中小学教师在年龄上有两极分化的态势，一方面是老龄化趋势，46 岁以上的教师到达 29.67%，另一方面又存在年轻化趋势，35 岁以下的教师达到了 48.90%，接近教师总数的一半。而 36—45 岁的教师所占的比例只有 21.43%，还不到 1/4，而这一年龄阶段的教师具有教学经验丰富、事业心责任心强、事业相对稳健的特点，他们往往是农村中小学教师群体中的骨干，调查显示 L 县农村中小学缺少骨干教师，骨干教师占教师群体总数的比例较小（见表 4—2）。

表 4—2　　　2010 年 L 县 5 所农村中小学教师年龄分布情况

年龄	25 岁以下	26—30 岁	31—35 岁	36—40 岁	41—45 岁	46—50 岁	51 以上
人数	21	33	35	21	18	36	18
比例	11.54%	18.13%	19.23%	11.54%	9.89%	19.78%	9.89%

因此，当前城市学校在实施支援农村学校的政策活动中，城市学校在派出支援农村教育的城市教师时应尽量考虑派遣 36 岁至 45 岁之间的骨干教师，一是因为农村中小学缺少这一年龄层次的教师；二是因为这一年龄层次的教师有丰富的教育教学经验，其事业心责任心也强；三是因为有高级职称的教师、学科带头人、骨干教师大部分都处在这个年龄段。笔者通过对 L 县 2010 年、2011 年城市学校到农村中小学支教的教师进行调查，发现该县派到农村中小学支教的教师年龄在 26 岁至 35 岁的人数最多，占支教人员总数的 41.8%，而 36 岁至 45 岁之间的骨干教

---

① 来自访谈录音：2010—10—9—LZP。

师只占 21.4%。这充分说明，城市学校偏重派出 35 岁以下的年轻教师到农村中小学支教，其支教教师队伍在年龄结构上具有一定的不合理性（见表4—3）。

表4—3   2010 年、2011 年 L 县城镇学校参与支教教师年龄分布情况

年份 \ 年龄	25 岁以下	26—35 岁	36—45 岁	46 岁以上	合计人数
2010 年	6	21	10	13	50
2011 年	7	20	11	10	48
比例	13.3%	41.8%	21.4%	23.5%	100%

而对于支教工程，无论是江苏省教育厅，还是各市、县在实施支教工程的相关文件中均提出选派"骨干教师"、"优秀教师"、"学科带头人"等到农村中小学支教。事实上，拥有"骨干教师"、"优秀教师"、"学科带头人"等称号的教师，一般说来，他们的教育教学业务水平比较高，是所在学校的招牌也是学校办学质量的可靠保障。因此，学校视"骨干教师"、"优秀教师"、"学科带头人"为学校之宝，都不轻易让他们流动到其他学校。因而，在实施支教工程中，一些城市学校的领导明确表示"不会派骨干教师去支教"。笔者在访谈中也了解到，大部分城市学校为了完成县教育局布置的支教任务，会派一些业务水平不高的教师到农村学校去支教，同时也会象征性地派出一些"骨干教师"去支教。对于支教教师的教育教学业务水平，研究者把它分为"较高"、"一般"、"薄弱"和"较差"四类，通过问卷调查，获得对支教教师教育教学业务水平的认识情况如下（见表4—4）。

表4—4   对支教教师教育教学业务水平的认识情况调查

业务水平类别	较高	一般	薄弱	较差	合计
城市教师（人）	13	51	33	3	100
农村教师（人）	21	34	39	6	100
合计（人）	34	77	72	9	200
所占百分比	17%	33.5%	36%	4.5%	100%

从表4—4可以看出，有17%的教师认为城市学校派去支教的教师业务水平较高，这类教师可以说是学校的骨干教师。同时，有33.5%的被调查者认为城市学校派去支教的教师业务水平"一般"，有36%的被调查者认为派去支教的教师业务水平属于"薄弱"水平，但也有4.5%的被调查者认为支教教师的业务水平"较差"。这表明在当前城市学校和农村学校结对帮扶政策执行中，城市学校从自身的利益需要考虑，很少派骨干教师去支援农村教育；即便派出一些骨干教师、优秀教师或者学科带头人参与支教，这些老师往往是"挂个名"，有时到受援学校开堂"公开课"或"示范课"就算完成支教任务。因为只让他们到农村中小学上一两节示范课、公开课，交流一下经验，对农村中小学的促进意义不大，对农村中小学发展也起不到示范作用。访谈中研究者也了解到："一些城市学校出于'锻炼'的目的，会派出学校中教学业务薄弱的老师下去支教，名为'锻炼'，实为从学校自身利益考虑，让这些'薄弱教师'暂时从学校流出去，相对地保证学校自身的教学质量。也有一些城市学校为保证自身教育教学的正常开展，让一些不承担课务的教师如理科实验教师去农村学校去支教，而对那些需要评职称的骨干教师，学校会想方设法地让这些骨干教师留下来，这样就对城市学校本身的影响要小些。"[1] 面对这样的支教老师，其参与支教的效果就可想而知了。

（三）支教管理上的真空

作为一种物理现象，真空是一种不存在任何物质的空间状态。作为一种管理现象，就是管理中存在盲区或是漏洞，形成没人管或管理不到位的情况。当前 L 县支教工作管理上的真空现象主要表现有：

1. 教师选派规则的模糊

在江苏省的支教政策文件里，只是初步拟定每个区县应当选派的结对学校和教师总数，教育主管部门没有对每个城市学校每年要派出支教老师的数量作出具体的规定，有的学校一年就派出 4 名教师支教，有的学校连续四年在支援活动中只派了 1 名教师；另外，教育主管部门对支教老师的质量没有作出明确的要求，只是在向各城市中小

---

[1]　来自访谈录音：2010—10—9—YAH、LZP、HDJ。

学下达的支教文件中提出选派"优秀教师"、"骨干教师"去农村学校支教，至于支教教师的质量就由各有关支援学校自己来控制，上级教育主管部门对学校上报的支教教师的业务水平、职称、年龄等也不作任何的考察。

对支教老师数量和质量的模糊性，使得城市学校就成为掌控到农村学校支教老师标准的主体，因此学校往往会从学校自身利益出发，派去支教的教师不一定就是农村学校所需要的。对此，研究者对参与L农村中小学支教的部分教师就"支教老师产生的方式"进行问卷调查①，情况如下（见表4—5）。

表4—5　　　　　　　　　　支教老师产生的方式

	教育局指派	学校领导确定	学校教师推荐或选举	教师自愿申请	其他
支教教师（人）	0	37	24	58	9
比例（％）	0	28.91	18.75	45.31	7.03

从表4—5中可以看出，有45.31％的教师认为支教老师产生是由"教师自愿申请"的，这主要是因为参与农村支教工作，教师评职称可以优先。还有28.91％的支教教师认为是由"学校领导确定"的，因为城市学校为了完成教育主管部门下达的支援农村教育的任务，在派出支教教师过程中，并没有取得支教教师对农村支教工作的认同，有的甚至违背了老师的意愿，指派一些领导看不习惯或业务水平较低的教师去农村支教。这说明教育主管部门对派谁去支教并没有一定的选拔标准，支教教师的产生主要依靠一线的支援学校。支援学校只是按照要求报上支教名单并让指派的教师在规定的支教时间内去农村中小学支教。这些做法，都有违江苏省关于支援农村教育工程中关于教师选派的初衷和政策精神。但是支教政策在支教教师的产生方面表述不具体是导致一线学校在执行该项政策中形成管理上真空现象的一个

① 本次调查人员涉及2007年南京市B区支教教师30人以及2009年、2010年L县本县支教教师98人。

原因。

2. 在岗不敬业

按照支教的政策要求，支教教师不仅要完成受援学校分配的教育教学任务，教师的工作量要达到所派学校教师的平均水平，而且还要参与受援学校的教学管理、集体备课、课题研究、指导教育教学改革与研究等，通过支教活动，促使受援学校学习、引进先进的教育思想、教育理念和课改经验，充分发挥支教教师的示范指导作用。但是笔者在调查中发现，200位支教教师中有 16 人（占所调查的支教老师总数的 8%）表示自己到受援学校的主要任务就是上课，上完课就回到县城，基本上是早出晚归，至于学校的早读课或者自习课则由支教学校的班主任代为管理。为什么会出现一部分支教老师在岗不敬业的现象呢？笔者通过调查发现，支教教师在岗不敬业的原因主要有以下两点：一是这部分支教教师主观上认为支教只是为了获得农村从教经历，没有必要太认真；二是有一部分教师因在原学校承担教学和管理的任务，平时事务繁忙，分身乏术，因而他们难以像学校中的其他普通教师一样，全身心地从事学校的教育教学以及班级管理工作。当然，支教老师在岗不敬业的现象主要发生在 L 县本区域内开展的城镇教师到农村学校支教的教师身上，对于外地来 L 县对口支教的城市学校教师来说，由于空间距离太远，经常性回家或回校是不现实的，只是在双休日或节假日回家看看。平时，他们只能选择"待在支教学校，以校为家，既管教学，也管班级，比受援学校的老师还尽心、尽力、尽职"[1]。

由于支教的动机异化，使得城市教师支援农村教育失去了它原本的意义。为此笔者就"您认为目前城市教师支援农村教育存在的问题是什么？"这一问题对参与支教的一些老师以及受援学校的老师进行调查，发现有 59% 的教师认为支援中存在的最大问题是"支教工作作秀成分多"，而且无论是参与支教的教师还是受援学校的教师，在选择"支教工作作秀成分多"这一选项上都占有较大的比例，且比其他选项要高得多（见表 4—6）。

---

① 来自访谈录音：2011—3—2—WDH。

表4—6　　　　　　　　目前城市教师支援农村教育存在的问题

	支教缺乏理论指导	没有成为学校的常规性工作	支教工作中作秀成分多	对受援的农村学校作用不大	对支教教师的实际困难考虑不够	宣传力度不够，没有获得支教教师的理解
支教的教师（人）	12	10	57	5	12	4
受援学校教师（人）	6	13	61	10	8	2
总计（人）	18	23	118	15	20	6
比例（%）	9.0	11.5	59.0	7.5	10.0	3.0

3. 挂名支教

所谓挂名支教现象是指安排去农村学校支教的城市学校的教师只在农村学校挂个名，但教师并没有到受援学校去支教。按照对口支教的有关政策要求，城市支教老师在支教期限内应该在受援学校工作，接受援学校和派出学校双重管理，以受援学校管理为主，但是在访谈中笔者了解到，200位支教教师中9名支教老师表示自己在受援学校只是挂个名，支教期间两地频繁跑，中间偶尔提供一些城市学校中的试卷、随堂练习，到支教结束前，将支教考核表等材料拿到受援学校盖个章，就表示已经支教了。支教教师为什么在职不在岗？研究者认为，一方面是因为城市教师和部分支援学校的领导对城市学校对口支援农村学校的意义和重要性认识不够；另一方面也因为城市学校按照要求派出一定数量的支教老师到农村学校去支教，这些支教教师原来的工作就要转交给学校的其他老师，特别是物理、化学等科目的情况更为严重，原本这些科目的老师就比较紧张，现在又要再派出老师出去支教，学校正常的课程教学运转就会发生困难，为保证学校教学工作的正常开展，派出学校领导就会和受援学校领导私下协商并达成口头协议，支教教师名义上挂到支教学校去支教，实际还在原单位工作，支教教师本单位工作和支教任务两不误，对上级教育主管部门而言也"交了差"，对原学校单位和受援学校而言也没有什么损失，这样做是既有"工作业绩"也有"支教之名"。

4. "擦边球"问题

由于城市学校中一些学科的教师也比较紧缺，而教师到农村中小学支教又有评职称的优先权，一些人就打起了"擦边球"。调查中发现有一位学科带头人，原本城市学校的领导同农村学校的领导通过协商，让该教师在农村学校挂名就行。但受援的农村学校也缺少该科目的教师，需要城市支教教师填补教师空缺，受援学校需要该教师来上课，而原单位也给这名老师安排了课务，该教师就在两个学校同时承担课务。L 县中学在支援的城市学校和受援的农村学校同时承担教育任务的 WAH 老师在访谈中对笔者说：

> 支教前的工作量我是一周上 15 节课，是 3 个平行班级的物理课，这么多课已经算超工作量了。到农村学校支教后，我担任农村学校初二 3 个班的物理课，再加上自习课，每周达到 18 节。但是，在农村学校工作了两个星期后，原来学校物理课没有老师上，校长让我回去上课，并同受援学校的校长协商。由于受援学校也缺物理老师，不愿意让我走。最后原来学校校长和受援学校校长沟通后，让我在两个学校同时上，把我的自习课减掉。这样我一周还有 30 节课。我每天穿梭在两个学校之间，感觉自己就像一种陀螺一样，不停地转动，没有休息，真的很累。好在我在两个学校都担任的是初二物理课，准备好一个同样的教案就可以了。因为农村学生的基础比较差，答题的速度也比较慢，我尽量选教案中基础性的题目来讲，提高性的题目我不拿出讲，否则会挫伤学生的积极性。至于学生作业的批改，我们物理每天都有课，所以每天有作业，要批六个班学生的作业工作量太大，不能做到全批全改，只能在每个班选取两组的学生作业进行批改。虽然支教很累，但我认为农村教师的教育理念和教育方法跟城市学校的教师还是有一定的差距，支教还是有必要的。只不过，现在有很多人在支教中大多是走走样子，没有发挥其实际作用，需要教育主管部门加强对支教工作的管理和监督，消除支教工作中存在的一些不足和弊端；同时应当建立农村学校和城市学校的教师相互流动机制，既让城市学校到农村学校去支教，也可以让农村教师到城市学校来教学，去培训，这样就不会造成像我这样同时在两个学校上课的这种现象了。[①]

---

① 来自访谈录音：2010—7—23—WAH。

笔者认为,这种在支教教师问题上打"擦边球"的现象,让教师不得不奔走在城市学校和农村学校,放弃任何一方,对教师而言,都是不利的。而一个老师的精力是有限的,支教老师同时在原先的城市学校和支援的农村学校承担较多的教学工作,会影响到支教老师每节课的质量,支教老师也拿不出更多的时间和精力同农村学校的教师交流教育教学的理念、教学方法、教学经验等,更谈不上科研指导,因而达不到预期的支教效果。

(四) 人情在考核中的渗透

如何对支教老师的教育教学工作进行考核?江苏省教育厅在政策文本中明确提出"教师支教期间,以受援地县(市、区)教育行政部门和学校为主管理,年度考核由受援学校负责"。[①] 这意味着对支教教师的考核有二:一是作为支教者的考核,二是作为单位人的年度考核。在支教工作考核时,支教教师需要统一填写《江苏省千校万师支援农村教育工程支教教师考核表》,支教教师需要根据自己的支教情况填写支教工作小结。受援学校和当地教育局根据小结缩写情况给予其考核结果。其考核等第分"优秀、合格、基本合格、不合格"四档。一般情况下,支教教师写的小结都很好,受援学校也不会太为难。毕竟人家是来支教的。原单位学校对支教教师的年度考核也分"优秀、合格、基本合格和不合格"四个等第。对教师的年度考核,只要教学上认真对待,教育教学过程中没有出现大的教育事故,领导和同事关系没有矛盾,教师的年度考核基本上都是合格。对于城镇教师来到农村学校支教,从某种意义说已经是一种高尚的行为,因此只要支教教师在支教中按照支教工作的要求去做,没有发生大的教育事故,其年度考核都会以"合格"和"优秀"等通过。显然,这样的考核存在着"人情"成分。一方面,支教教师到农村学校支教已经是够辛苦的了,一年下来,受援学校在教师评测和领导测评中都会给予"照顾";另一方面,支教教师在年度考核时,也会和学校的一些教师和领导"打打招呼",受援学校的教师和领导一般情况下都会"做做好人",因

---

① 见江苏省教育厅财政厅《关于实施"千校万师支援农村教育工程"的通知》(苏教师 [2006] 23号、苏财教 [2006] 220号)。

而，支教教师的年度考核"全部合格"和"大部分优秀"也就是再正常不过的事情了。

对支援农村教育教师的进行考核，按理说应当依据支教教师的教育教学情况来进行。但是，支教教师的教育教学情况主要呈现在教师的日常教育教学中，教师本人表现如何、学生的反应如何、受援学校教师和领导反应如何，这些都需要以"数据"或"材料"来体现，而这些"数据"和"材料"又往往带有很大的主观性。因而，这就需要教育管理部门制定相应的支教教师考核标准，而非简单地填写一张考核登记表并依据教师的"个人小结"和年度考核等第来确定其支教的考核情况。

笔者通过调查发现①：支教教师被受援学校或教育主管部门年度考核为"优秀"等第的教师所占的比例为 63.28%，而"合格"等第的比例为 31.25%，两者所占比例为 94.53%；考核等第"基本合格"有 6 人，占 4.69%，"不合格"等第只有 1 人，而这个唯一的 1 人"不合格"的原因是该老师在支教期间"患有颈椎错位、骨质增生、腰椎间盘突出等疾病"②，导致其停止支教工作。对于支教工作的考核依据，有 94.53% 的支教老师选择"年度考核"作为考核依据，同时有 5.47% 的支教教师认为自己"不知道"支教的考核依据（见表 4—7）。

表 4—7　　　　　　　　　支教中对支教老师的考核情况

	考核等第				考核依据	
	优秀	合格	基本合格	不合格	年度考核	不知道
支教教师	81	40	6	1	121	7
比例（%）	63.28	31.25	4.69	0.78	94.53	5.47

这些数据表明了目前教育主管部门缺少明确的对支教教师支教工作的考核标准，对支教教师的考核较为模糊，其首先是没有明确的评价标准。江苏省南京市 B 区在文件中附上了"支教教师考核表"，里面的主

---

① 本次调查人员涉及 2007 年南京市 B 区支教教师 30 人以及 2009 年、2010 年 L 县本县支教教师 98 人。

② 见 2009 年 12 月 18 日《L 县 2009 年城区学校结对帮扶工作考核情况汇报》（第二组）。

要栏目就是"支教工作小结"。这就意味着，只要你参加了支教活动，无论实效如何，就看你的工作小结写得好不好，写得好的年度考核均给予"优秀"等第，把这种考核当作对支教老师的一种奖励。其次农村受援学校对支教教师采取听之任之的态度。农村受援学校知道支教老师来的时间不长，大都不愿意得罪支教老师，对支教老师平常的工作态度、工作情况、工作实绩采取无所谓的态度，年度考核一律给予通过。再次是支援学校对受援农村学校不重视。城市学校派出教师支援农村教育后，很少关心这些支教教师在工作、生活上的困难，认为支援农村教育是支教教师个人的事情，使得支教教师缺少归属感，找不到支教的成就感，因此很多支教教师在支教中的积极性不高，想早点结束支教，回到原单位。

为了改变对支教教师支教工作的考核较为笼统的情况，L县教育部门对支教教师的考核要求"每学期结束，帮扶教师写出自我小结，由接受学校集中报县局教育科"，"县局考核将采取平时随机考核和年度集中考核相结合的办法进行。年底由教育科牵头，组织相关科室，对单位帮扶情况和互派人员的德、能、勤、绩等方面进行量化考评"。① 同时，L县教育局还制定了"L县教育集团办学暨城乡教师结对帮扶工作督查表"（见表4—8），对支教教师的支教工作进行督查。对支教教师的支教工作督查内容分为职业道德、教学业务、履行职责和教学绩效四大方面18项内容，并对每一项内容赋予分值。这一量化考评办法与日常的随机考核和年度集中考核结合起来，可有效改变以往对支教教师支教工作考核标准模糊和方法单一的不足。

三　支教政策执行问题的原因分析

通过上面对L县开展的城镇教师到农村学校支教政策实施及其存在的问题分析，笔者认为，L县在实施城镇教师支援农村学校发展的政策中，其取得的效果自然是明显的，其对农村义务教育发展的益处自不待言，但在政策实施中也难免存在这样那样的问题也不应讳言。正是由于这

---

① 见《关于组建L县教育集团暨开展城乡学校结对帮扶工作的意见》，涟教发［2010］81号。

些问题的存在，多多少少地削弱了这一美好政策的初衷，甚或带来了一些负面的、不好的影响。要消除政策执行中存在的这些问题，就需要追寻产生这些问题原因。笔者认为，L 县在支教政策执行中之所以出现诸多的现象与问题，其原因有以下方面。

（一）支教政策中的多样化利益诉求

詹姆士·布坎南（James. M. Buchanan）认为："在行动能力内，人们被认为是理性利益的最大化者。"[1] 政策过程作为一种选择性行为，它追求的是效用最大化，也即机会成本最小化。而机会成本，就是当存在稀缺性时，因选择而放弃了最优替换物或失去最好机会的价值。如果不存在稀缺性，也就不存在错过、放弃或损失机会与取舍的问题。美国公共政策学者尤金·巴达克把政策执行过程视为一种赛局，在冲突和竞争的情况下，每一参加者都寻求最大的收获，并且将损失降到最低限度。政策的成功与失败，取决于各方参加者的"战略选择"。[2]

江苏省地方教育行政部门在贯彻省教育厅"千校万师支援农村教育工程"政策的过程中，无疑出现了各方参与者的"战略选择"问题。支教老师较多地考虑"评职称或先进"这一"私人"目标，而非出于支教政策本身的公益目的。又如，处于关键环节的支援学校会较多地考虑学校"组织"目标，它一方面要权衡派出教师这一行为不能影响到学校正常的教育教学秩序和教育教学质量的提高，另一方面又不能拒绝实行该项政策，因为学校最终要接受对其发展前途具有决定权的地方教育行政部门的评估，校长要接受教育行政部门的考核和任命。这对任何一所中小学来说都是再平常不过的事情了。因而，支援学校在执行支教政策过程中基于其利益诉求，需要反复权衡，其采取的应对形式主要有：一是基于政策的硬性要求而必须派出教师到农村学校或是薄弱学校去支教；二是将不合格、拟淘汰的教师派出支教，以强化对这类教师的"锻炼"；三是将聘用中落聘且属超编范围的教师派出支教，以缓解学校管理的压力。不管哪一种形式，都只是在"形式上"配合了该政策的实施，"达到了"上级要求，却

---

① James M. Buchanan et al.. *The Economics of Politics*. London：Institute of Economic Affairs，1978，17.

② 陈振明：《政策科学》，中国人民大学出版社 1998 年版，第 318 页。

较少关注到对受援学校是否有实质性的帮助。教师是支教政策的具体承载者，在支教政策执行中也进行自身的利弊分析，其"利"的方面包括根据国家或地方相关文件精神，享有职称评定、评优评先等方面的机会优先。"弊"的方面包括家庭与工作难以兼顾，相对艰苦的工作及生活条件，以及对自身在原来学校的定位有可能会动摇的担忧，等等。尽管江苏省教育厅在颁发的《关于实施"千校万师支援农村教育工程"的通知》以及各地出台的相关支教政策文件中，都对参与支教教师的工资福利待遇、工作关系、支援补贴等有了明确规定，但这些相对于教师对自身支教可能带来的"弊"来说，还不足以构成吸引力，不足以抵消支教教师的担忧。

政策的实质就是对利益的分配和调整，基于利益分配和调整的需要，政策执行中各类利益主体就会利用各自的权力或权利将政策"用足用活"。在执行支教政策过程中，地方教育行政部门根据自己的理解和需要，会利用其既是政策执行者同时也作为政策决策者的地位和角色，适当搞些"本土政策"；在保证教育教学质量的借口下，学校尤其是支教学校会钻政策的空子，搞"上有政策、下有对策"，有选择性地执行政策；支教教师虽然无力改变政策，但在支教过程中往往会采取一些隐性消解的方式应付政策。巴里·偌顿曾说："地方总是以对己有利的方式在执行政策时变通执行中央政策，因此政治体制的一大特点是存在很强的'执行差距'。"① 因而，实施支教政策所带来的利益如何分配、如何调整，则必然会遭遇各利益主体的博弈。政府会较多考虑政治方面，即如何促进城乡教育均衡；学校会较多考虑组织声誉方面，即如何提升自己的办学质量；教师会较多考虑个人发展方面，即如何提升职称获得荣誉等。一旦当某一方追求自己的利益超过一定限度时，其他方的利益可能就会受到不合理的限制，甚至受损。而利益受到不合理限制方或者受损方则往往会采取措施或公然阻抗，或隐性消解，从而降低政策的执行效果。

对于这些政策执行过程中产生的各种各样的政策问题，袁振国认为这些政策问题属于教育政策失真，它一般有政策表面化、政策扩大化、

---

① David·Bachman (1987), Implementing Chinese Tax Policy, in Lampton, pp. 8 – 12.

政策缺陷、政策替换等四种表现形式。① 陈振明认为"上有政策、下有对策"现象有替换性执行、选择性执行、象征性执行、附加性执行四种表现形式。② 丁煌认为政策运行中的问题表现为政策执行阻滞,其表现形式有政策执行表面化、政策执行局部化、政策执行扩大化、政策执行全异化和政策执行停滞化等五种。③ 从学者们对种种政策问题的描述来看,L 县支教政策执行出现的种种政策问题在无形中与其存在着或多或少的切合。由于任何一项政策都具有原则性和强制性等特点,因而,支教者往往会从维护自身利益主体的局部利益出发而对代表着整体利益的政策进行随意取舍,但这种对政策的取舍往往是以隐蔽而又相关的行为出现的,如支教者通过"挂名支教"等形式使自己支教活动与既定的支教政策发生这样或那样的关系,以免除其个人利益或群体利益遭受损失。

(二) 农村中小学在支教政策中的"失语"

农村中小学作为"千校万师支援农村教育工程"等支教政策的目标群体,是支教政策的受益者,同时也是支教政策的执行者之一。这一政策的制定是基于农村中小学需要城镇教师支援从而获得学校管理或教学上的帮助和提升这一需求假设的;在政策执行阶段,需要农村中小学接收支援教师,在工作内容、工作方式的安排,以及工作和生活的保障上承担责任;在政策效果的评估阶段,更是要以农村学校为评估对象,通过其变化来反映政策是否达到预期效果。可见,在支教政策的每一个环节、每一周期内,农村中小学都扮演着极其关键的角色。

然而,从 L 县实施的支教政策执行情况的来看,研究者认为:在支教政策的制定、执行或评估过程,农村中小学始终处于"中心—边缘"中的边缘位置,农村中小学处于一种"失语"的境地。其主要表现在农村中小学在支教政策制定、政策执行以及政策评估中的失语。例如,地方各级教育行政部门在制定支教政策的过程中,很少考虑农村中小学

---

① 袁振国:《教育政策学》,江苏教育出版社 2001 年版,第 321—322 页。
② 陈振明:《公共政策分析》,中国人民大学出版社 2003 年版,第 238—239 页。
③ 丁煌:《政策执行阻滞机制及其防治对策——一项基于行为和制度的分析》,人民出版社 2002 年版,第 31—34 页。

的实际情况和具体需求，比如农村受援学校是需要学校办学思想、学校规划、常规管理规范上的支持，还是课堂教学能力提升、师资队伍建设的支持，或是学生有效管理的帮助，抑或是办学经费、条件设施方面的支持，等等，相关支援学校以及参与支教的教师对此都不甚明了。法国行政学家夏尔·德巴什认为，对于行政机构来说，"如果决策与它所期望的东西不相符合或在它看来是无法实施时，它将反对这种毫无活力的东西或者试图改变既定的措施的内容"①。在支教政策执行过程中，农村中小学似乎处于"被人家施舍"的地位，城市的支援学校派什么人来、给予什么样的支持等，农村中小学没有发言权。而在政策考核中，作为支教政策实践场所的农村中小学处于一种附属的地位，县教育局是政策评估的主体，政策执行的最终结果由县级教育行政部门鉴定，农村中小学只有建议权没有决定权。这就是为何在支教政策执行中，理应成为最大受惠者的农村中小学其积极性普遍不高，大多处于被动接受的原因所在。

（三）支教政策执行的评价主体单一

一般情况下，政策评价的主体主要是以政策制定部门为主，而政策分析人员、政策执行人员以及政策目标群体等在政策评价中所发挥的作用并不明显。从我国的政策执行评估实际来看，政策执行评估主体的单一，容易导致政策评估时在评估标准的制定、评估方法的综合运用等方面易陷入片面性，不易引起受评估对象的重视甚而对政策评估持"敷衍了事"的态度。如就L县在县域内开展的城镇教师支持农村学校发展的政策执行而言，因为政策执行的单一化，仅囿于教师上课，这涉及对政策的理解和把握。另外，支教教师被动执行问题也很突出。L县教育局为了有效检查该项政策的执行情况，制定了《L县教育集团办学暨城乡教师结对帮扶工作督查表》（见表4—8），从该督查表中我们看出，政策评估主体是L县教育局，督查的内容包括支教教师的职业道德、教学业务、履行职责、教学绩效等四个方面，督查的方法和途径包括对学生问卷调查、本组教师评价、教师备课听课笔记、科室与领导班子等。

---

① ［法］夏尔·德巴什：《行政科学》，上海译文出版社2000年版，第26页。

表 4—8　　**L 县教育集团办学暨城乡教师结对帮扶工作督查表**

姓名		性别		年龄		职称	
派出单位				接受单位			
督查项目	督查内容及分值					评价办法	得分
职业道德 20 分	1. 依法执教，遵纪守法，执行"五严"规定。3 分					此三项依据学生问卷给分	
	2. 爱岗敬业。忠于教育事业，不无故缺席、迟到、早退，做好本职工作。3 分						
	3. 热爱学生。不挖苦、不讽刺、不歧视学生。不体罚和变相体罚学生。3 分						
	4. 严谨治学。钻研业务，改进教学方法，成绩突出。5 分					此三项依据了解本组老师给分	
	5. 团结协作。谦虚谨慎，尊重他人，互相学习，互相帮助。3 分						
	6. 为人师表。严于律己，作风正派，遵守社会公德。3 分						
教学业务 30 分	1. 备课：按课时备课，教学目标明确，过程设计缜密，教案规范完整。6 分					查该教师备课笔记	
	2. 上课：教学目标明确，教学内容准确，教学方法科学，教学行为规范。6 分					查本组老师听课笔记	
	3. 批辅：作业批改及时，对学生辅导及时，教学信息反馈及时。6 分					查学生作业	
	4. 教研：注重教学研究，定期开示范公开课、业务讲座。6 分					查教研组记录	
	5. 听课：跟班听课，听课次数是否达到规定要求。6 分					查该老师听课笔记	
履行职责 20 分	1. 完成教学任务情况。5 分					座谈了解相关科室完成	
	2. 积极参加学校集体备课，开设示范课、专题讲座情况。5 分						
	3. 师徒结对指导、培养青年教师情况。5 分						
	4. 担任班主任或外出其他工作情况。5 分						
教学绩效 30 分	1. 教学效果。10 分					了解领导班子完成	
	2. 育人情况。10 分						
	3. 教研情况。10 分						
督察组意见						综合得分	

督查人员签字：　　　　　　　　　　　　　　　　　　　日期：

对于支教工作的督查，L 县 YW 乡中心小学 XJ 校长说："人家是来支教的，支教结束后就回去了……人家支教够认真的了，有些缺点何必去认真计较啊。说点好话，对大家都没有坏处……县局督查不可怕，就怕没有接待好人家。"[1] 有了这些想法，支教工作督查的结果因而也就很少有不好的结果，那么关于政策执行的实效性就难以体现。又如，L 县在执行江苏省"千校万师支援农村教育工程"政策中，县教育局对该项政策执行的评估也是依据参与支教者个人写的小结情况对其进行相应的鉴定，作为政策评估主体的县教育局较少了解这项政策执行的具体情况，如政策目标是否发生偏移、政策投入是否到位、支援是否与学校需求匹配、政策利益主体之间的矛盾是否得到正确认识和妥善解决、政策执行是否具有效率和效果等，这就在相当程度上助长了政策评估的"形式化"倾向。

政策执行的评估主体单一，往往会导致政策评价过程缺乏透明，进而影响政策评估的实效。无论在政策评价的过程中，还是在评价结果的公布上，都需要信息公开，而信息公开是对政策执行进行科学、公正评价的前提。要做到政策评价中的信息公开，相关部门要敢于正视自身的不足，正视政策执行中的种种问题，要勇于让公众真正地参与到政策评价中来，并及时公布评价结果，以利于公众提出意见，进行监督。因此，在对支教政策执行评价中，需要让多重的支教政策利益相关者参与到政策评价中来，多尊重政策利益相关者的利益，倾听他们的声音，以提高政策评价结果的科学性和合理性。如当对 L 县现行的农村支教政策进行评估时，当地受援学校、受援学校教师及学生的利益是否需要考虑。受援学校、教师、学生是支教政策的最直接的受影响者（也即政策目标群体），通过政策目标群体的感受，倾听他们的意见，可以让我们容易发现现行的支教政策执行中存在的一些问题。

（四）支教政策的能力有限

对于政策能力，有学者认为政策能力是指政策改变环境的有效程度，

---

[1] 来自访谈录音：2012—3—6—XJ。

它表征着政府在适应和改变环境方面的成功程度;[1] 也有学者认为政策能力是指政策作为手段在对政策内容进行调节时所能达成的程度。[2] 因而,政策能力不是有和无的问题,而是程度高或低的问题。说政策能力是有限度的,意味着政策能力所能及内容的范围以及对同一内容政策调节能力所能达到的程度有限。通常情况下,政策总是针对某一领域而言的,因此政策能力总受到来自政策领域内外两个方面的影响。

从政策能力的角度看,我们说江苏省实施的"千校万师支援农村教育工程"这一支持性教育政策其所能发挥的作用是相对有限的。政策在本质上是资源的再分配,因此在支教政策制定和执行过程中必然涉及社会各系统的利益分配关系。在支教政策执行中,其涉及的各类政策利益群体的目标是自身利益的最大化。当支教政策在对社会资源进行重新分配时,政策的调节能力必然会受到社会各系统的限制。江苏省政府根据党和中央政府的有关政策和文件精神,从江苏省实际出发,制定了这一支教政策,这一支教政策的有效落实必然需要得到各级政府相关部门的支持和协调,并利用有效的政策手段全力推进该项政策,否则就会在执行的效果上大打折扣。另外,由于人们对一项政策的预期效果往往较为乐观,对政策执行遭遇的种种困难可能难以预见,认为只要政策是好的,就能收到良好的效果。例如,当江苏省支教政策实施后,人们认为此项政策可以有效提高农村教师队伍的水平,通过城乡教师交流,可以有效促进城乡教育均衡发展,农村教育教学质量就能明显提高。可是实际情况却往往会让人们的良好愿望有很大的落差。客观地说,L 县在实施城镇教师支持农村学校发展政策中,如果没有其他的支持农村义务教育发展政策(如农村义务教育现代化政策、留守儿童食宿改善工程等)共同作用,是难以从整体上保证农村学校教育教学质量的提升,也难以促进农村学校的发展,更谈不上城乡教育的均衡发展了。人们对支教政策的高期望,在对支教政策执行者造成较大压力的同时,却回避了农村义务教育教师队伍建设中长期存在的农村教师稳定性不足、职业吸引力较低的根本性问题,因而,支教政策执行的效果有限也在意料之中。

---

① 郭爱君:《论政策能力》,《政治学研究》1996 年第 1 期。
② 姚晓春:《论教育政策的能力限度》,《教育理论与实践》2000 年第 5 期。

四　本章小结

在本章中，笔者通过对 L 县的教师支教政策执行进行考察，得出以下三点认识：第一，支持农村义务教育发展的政策是一项好的政策。之所以说它是好的政策，首先是因为政策价值取向上的正当性和政策目标的明确连贯性，且政策执行不会因社会经济条件的变化而中断。支教政策希望通过连续多年政策的执行，能够促进农村中小学教师的专业成长、农村中小学管理水平的提高，进而实现城乡教育、区域教育的均衡发展。而该项政策的实践也表明，这项政策也达到了良好的政策预期目标。因而，一项好的政策，是取得良好政策效果的重要保障。第二，要保证政策的有效执行，还需要政策的设计合理。对此，笔者很难说江苏省的支持农村义务教育的政策设计不合理，但从政策执行中出现的种种问题来看，至少说，政策设计存在着一些不足。如果把支教政策中出现的各种问题完全归罪于政策设计的不足，期望通过完善的政策设计来避免政策执行的困难，这完全是不现实的。我们可以这样假定：在政策制定阶段各方能取得一致的意见且政策制定者能预见政策执行中可能出现的问题，而且他们能消除所有的不利因素。但是这些都超越了政策制定者的理性范围，在现实中是很难达成的。第三，作为一项支持性教育政策，其具有对特定对象的补偿性、支持性特征，也就是说，政策活动的对象是特定的。既然如此，在支持性教育政策的制定中，如果能够对政策的特定对象予以足够的关注，也许也就不会发生诸如在支教政策执行中因农村中小学的"失语"而出现的种种"政策失真"的问题。

第 五 章

L县支持农村留守儿童发展政策
执行考察

　　随着我国城市化进程的加快，出现了大量农村剩余劳动力向城市流动的现象。地处苏北腹地、经济发展相对滞后的L县也不例外。自20世纪80年代开始，每年都有大量的青壮年劳动力外出务工，2008年全县外出务工人员达20万人之多，外出务工人员主要分布在广东、福建、浙江、上海、山东、东北等沿海经济发达地带以及省内的苏州、无锡、常州、南通、南京等经济发达城市，他们主要从事工厂企业的普工、建筑工等工作。大量的农村劳动力向城市流动，导致了农村留守儿童这一特殊群体的产生。由于父母长期外出打工，留守儿童在缺少父母引导、关爱和教育的情况下，面临着许多社会问题和心理问题，这些问题影响到他们现在乃至未来的生活。根据《联合国儿童权利公约》的解释，"儿童系指18岁以下的任何人"（第一条），我国是《联合国儿童权利公约》的签约国，我国法律界定的未成年人也是18岁以下。由于农村地区相对贫困的情况，这些孩子上学的年龄与义务教育法规定的年龄并不严格对应，他们往往晚于法定的入学年龄。因而，农村留守儿童是指"不能随外出务工、经商或从事其他活动的父母一起生活而留在家乡由代理监护人教养，或由单亲（尤其是父亲）照顾，或自我照顾的18岁以下的未成年人"。[①] 当前，我国总体上已进入以工促农、以城带乡、城乡统筹发展的新阶段，农村留守儿童问题已经成为城乡统筹发展进程中迫切需要解决的一个问题。

---

　　① 谢妮、申健强、陈华聪：《农村留守儿童教育现状研究》，经济科学出版社2010年版，第6—7页。

如何解决作为全国性问题的留守儿童的教育问题，各种各样的尝试都在进行中。有研究者提出解决农村留守儿童问题要从逐步消除城乡差距、加大社会力量帮助儿童的力度、建立农村社区儿童教育和监护体系、加强农村寄宿制学校的建设、在农村学校教育中增设心理课程等几方面入手；① 有的研究者尝试提出一些解决策略，如加大教育投入、吸收民间资本开发教育市场、兴建中小学寄宿制学校、强化家校及社区联系；② 有研究者从公共政策的角度提出了政府的责任；③ 有的研究者指出未成年人的教育是一项社会系统工程，需要国家、学校、家庭和社区合力构建社会支持体系，共同关注留守儿童的教育，以消除留守儿童的教育问题，④ 等等。由此可见，留守儿童问题已不仅是某个家庭、某个地区的问题，而是一个全国性的社会问题。那么，进入 21 世纪以来，L 县采取了哪些政策和措施支持农村留守儿童发展？这些支持农村留守儿童发展政策的实施取得了哪些积极成效？存在什么样的政策执行问题？导致政策执行问题产生的原因是什么？基于对这些问题的思考，本章将从 L 县农村留守儿童的发展现状调查出发，分析 L 县支持农村留守儿童发展政策执行取得的积极成效，并在此基础上对 L 县支持农村留守儿童发展政策执行中存在的问题及其原因进行阐释。

一　L县农村留守儿童发展现状

为了解 L 县农村留守儿童发展状况，笔者对 L 县农村留守儿童进行抽样问卷调查。通过对 L 县农村留守儿童发展现状调查发现，L 县留守儿童的发展状况存在着以下几个方面的问题。

---

① 中央教育科学研究所教育发展研究部承担的教育部基础教育司委托研究课题"中国农村留守儿童问题研究"课题组：《农村留守儿童问题调研报告》，《教育研究》2004 年第 10 期。

② 汪志强、袁方成：《"打工村留守儿童"的教育现状与对策建议——来自湖北英山的报告》，《宁波党校学报》2006 年第 1 期。

③ 熊亚：《公共政策视野下的农村留守儿童教育问题探析》，《江西教育科研》2007 年第 1 期。

④ 殷世东、朱明山：《农村留守儿童教育社会支持体系的构建——基于皖北农村留守儿童教育问题的调查与思考》，《中国教育学刊》2006 年第 2 期。

1. 监护弱化、安全隐患多

留守儿童监护弱化是指由于监护人监护能力不足和匮乏而导致的对留守儿童监护质量下降。监护能力不足主要表现为两个方面：一是指监护人自身监护能力不足导致对留守儿童监护力不从心。通过调查，留守儿童在隔辈监护中 60 岁以上的监护人占 73.6%。由于留守儿童监护人中很多人身体较弱或患有这样那样的疾病，不能给留守儿童，特别是小学阶段的留守儿童很好的照顾。在个案访谈中很多留守儿童父母反映，由年老体弱的爷爷、奶奶或姥爷、姥姥照顾孩子的生活特别是在吃的方面凑合，孩子在卫生、性格、学习等方面的习惯不是很好。不少留守儿童父母最担心孩子放学后到处乱跑，尤其是夏天孩子到河边玩，而老人又不能及时跟随看护孩子，导致农村留守儿童的安全事故屡屡发生。

> 每当夏日来临，儿童溺水的悲剧就不断发生，让人揪心。2010 年 8 月 29 日下午，楚州区马甸镇 13 岁的邵某和程某在家人不知的情况下，跑到河塘里戏水，由于都不会游泳导致两人一起溺水身亡。自 2011 年 5 月份以来，我市盱眙等地已发生中、小学生溺水死亡事件 3 起。据统计，5 月上旬，全省学生溺水死亡事件相比去年同期上升 40%。暑假将至，孩子们有了更多自由时间，炎热的天气让他们冒险涉水，险情频现。记者通过网络搜索看到，儿童意外溺水的悲剧，在全国几乎每天都在发生。市公安部门相关人员反映，我市因中小学生私自结伴到池塘、河流等危险水域游泳戏水，导致溺水身亡的事故几乎每年都有发生，这些意外事故大多发生于夏季，且很多事故发生在城乡结合部。[①]

留守儿童监护弱化的另一个表现是指监护者虽然自身监护能力较强，但由于他们监护负担过重而造成对留守儿童的监护质量下降。这里的监护负担过重主要是指监护人的监护对象过多，一个家庭要负责照顾两个或过多的孩子。调查显示，有约 70% 的监护人需要照顾两个及两个以上的孩子，只照顾一个孩子的监护人比例为 30%。可以说，监护者监护负担过重的问题已经成为影响留守儿童健康成长的主要原因之一。

---

① 张小燕：《警惕，夏季儿童溺水事故频发》，《淮安日报》2011 年 6 月 15 日 A4 版。

　　对于一般中、青年人来说，照顾一两个孩子甚至更多孩子也许是件很平常的事情，但是对于上了年纪的老人来说却非易事。而且很多监护老人除了照顾孙辈还要负责耕种自己和外出亲人的承包地，这样家务、农田和照顾几个留守孙儿的事情集于一身，导致他们对留守孙辈的照顾周到程度降低。在访谈中发现，由于一些老人的子女们全都外出打工，他们要照顾5个孩子，按照这些老人的话讲，他们"不是在养孩子而是在养猪"。因为监护对象过多而导致监护者负担过重，一方面使得留守儿童们得不到细心、周到的照料，另一方面也给监护人自身身体和精神造成很大的压力。监护弱化不但使得留守儿童的生活质量下降，而且他们在安全方面也存在着一些隐患，影响其健康全面成长。

　　2. 自卑感较强，性格"两极"化

　　留守儿童的父母外出打工离家远、时间长，亲情团聚频率低。据全国妇联儿童工作部组织的面向全国12省市农村留守儿童调查显示，被调查儿童的父母外出务工多在5年以上，最短的2年，最长的22年，60%—70%都在省外工作，一般是每年才回来一次，平时，父母只能靠电话沟通，有些父母甚至常年不和孩子联系。[①] 外出打工的父母往往在农忙季节以及春节期间返回，这个时候一家人团聚，留守儿童才能感受到父母的关心和疼爱，接受父母的谆谆教导。在儿童的社会化过程中，父母保护是他们身心健康成长的最重要的条件和保证，保护是孩子健全发展过程中的一个基础，保护感可以帮助孩子形成对社会安全、信任的基本态度。然而，由于父母长期在外打工，大多数孩子心中父母保护感缺失，使得部分留守儿童性格出现"两极"状态。

　　从笔者对L县的学校老师、留守儿童以及打工父母的调查情况来看，绝大多数留守儿童的性格及其行为是正常的。笔者通过"你是否愿意让同学知道你父母在外打工？"以及"不愿意的原因是什么？"调查发现：由于父母长期不在家，留守儿童的自卑感较强而保护感较弱，多数留守儿童希望隐瞒父母外出打工的事实。其中，选择"愿意"让同学知道父母打工的事实只占26.5%，"不愿意"的孩子占总数的40%，抱着"无所谓"态度的占到32%，而他们"不愿意"让同学知道父母外出打工事实

---

　　① 全国妇联儿童工作部：《农村留守流动儿童状况调查报告》，社会科学文献出版社2011年版，第57页。

的主要原因是"怕同学欺负、看不起",占 60.5%。而在"你认为父母不在家的孩子更容易被人欺负吗?"的问题调查中,有 37% 的留守儿童回答"是",有 43.5% 的留守儿童回答"否",另外有 12% 的留守儿童认为"说不好"。至于留守儿童"容易被人欺负的原因",有 94% 的留守儿童认为是"父母不在家,没有人保护",而认为受人欺负与"父母是否在家无关"的回答只占 3.5%。

由于父母长期缺位,留守儿童缺乏安全感和保护感,导致有一些孩子的性格行为向两个极端发展。一方面,有些孩子因为缺少父母保护而变得胆小怕事、性格懦弱、内向,与同伴和监护人之间缺乏积极的交流和互动,缺乏自信。在 L 县 WZ 外国语学校调研中,笔者对该学校四年级的女同学 ZJJ 进行了访谈,她对笔者说:

> 有时候受了同学的欺负,这个时候就特别想念爸爸妈妈。又一次,我班有个男生用脚使劲踢了我肚子一下,我的肚子一直疼了一天,到了第二天还有感觉。但我又不敢告诉老师,怕那个同学知道了又报复我。我想,如果爸爸妈妈在家,他们知道后也许会找到学校,我也就不用怕了。我心里很难受,自己课间的时候跑到宿舍哭了一会儿。有的同学看到我眼睛红就问怎么回事,我什么也没有告诉他们。我现在越来越觉得自己较弱,常常掉眼泪。这次所以跟你们说了,我想也许说出来会好受点。①

在对留守儿童的父母电话访谈中,一位母亲说,她的儿子在老家上学,有一次他和同学吵架,同学说他:你爸爸妈妈离婚了,不要你了。孩子回家后大哭。孩子对这话很上心,后来几次问他爷爷这是不是真的。爷爷说孩子现在总是待在家里看电视,不愿意说话,也不愿意跟别的孩子玩。另一位家长在电话中说:"我家孩子出生后就不在我们身边,在老家由爷爷奶奶带,孩子从小就胆小,总是独来独往,性格也有些古怪,不太愿意跟人交往。"

另一方面,留守儿童父母保护缺失的同时也意味着父母对其日常约束、管教的递减。有的留守儿童因为没有父母的约束而性格失常、行为失

---

① 来自访谈录音:2012—4—20—ZJJ。

范，表现为脾气暴躁、任性、打架斗殴、语言不文明、辱骂同学和老师甚至长辈。访谈中笔者发现，外出打工的父母除了担心孩子学习不好、吃不好、生病之类的事情外，还特别担心老人对孩子的管教不力，养成孩子娇惯、蛮横、不听话的坏毛病。笔者在L县WZ外国语学校调研中，就听到了四年级学生中有一个"小女霸王"。为此，笔者和这个孩子的父亲WYC通了一次电话。在电话中，WYC告诉笔者，他们夫妻在广州经营小餐馆，很少有精力照顾孩子。他说：

> 我女儿今年10岁了。在女儿4岁时我和妻子就到广州打工，除了过年回来住几天，平时我们很少有时间回家。为了表达对女儿的愧疚，我们除了春节期间给她买很多东西，平时她有什么要求，一个电话就打过来，我们都会无条件地答应。有时候女儿因为一点点小事不满意就在电话里骂我们，但我们也不去计较她，谁让我们亏歉孩子太多的呢。我们出来打工把她留在家里也是不得已啊。爷爷奶奶平时对小孙女比较娇惯，事事都依着她。有时我们打电话给老人让他好好管管，老人每次都说小孩已经够可怜的了，自小爸爸妈妈就不在身边，没人疼爱，像个小孤儿，还说长大就会成人的，弄得我们也没有什么办法。听从家乡来的老乡说，我女儿现在已经成了村里的"小女霸王"了。哪个小伙伴不听她的话，她就和谁打架；哪个小伙伴听她的话，她就用从爷爷奶奶那里要来的钱奖给哪个小伙伴一件礼物，整整就是一个孩子王。孩子在学校上课不怎么认真听讲，课堂纪律很差，有时候不但不听还和老师顶嘴，甚至骂老师，老师现在对孩子基本上是不闻不问了。①

类似上面的"小女霸王"的故事在新闻媒体上也屡有报道。这些留守儿童的故事告诉我们，当父母外出打工后，因为失去了父母的管束，一些留守儿童的性格发展走上了极端的一面，应当引起学校和社会的重视和关注。

3. 社会交往单一

社会交往是人与人之间的交往和互动，是人们在社会生活实践中相互

---

① 来自访谈录音：2012—4—23—WYC。

之间接触、交流信息、沟通情感的过程。对于儿童来讲，社会交往是他们发展的基本需要，也是他们发展的基本条件。对于留守儿童的社会交往，笔者主要是通过以下一些设计与调查来了解的。

首先，笔者通过问卷调查中的"你平时接触和联系比较多的人是谁?"和"你有几个好朋友?"这两个问题了解留守儿童社会交往情况。调查发现，当父母外出打工后，留守儿童交往的主要成员是监护人、同学、老师、邻居、亲戚、小卖部的人，等等。这个调查结果显示，留守儿童社会交往模式在父母打工外出后发生了变化。第一，监护人成为留守儿童互动中最重要的成员。在"你平时接触和联系比较多的人是谁?"这一多项选择的调查问题中，选择监护人作为平时接触和联系比较多的留守儿童人数最多，排在第一位。其后的顺序依次是"同学、老师、邻居、亲戚、小卖部的人"，最后是外出打工的父母。第二，留守儿童的社会交往半径扩大。访谈中笔者发现，一些留守儿童的家里没有电话，他们经常要到村里的小卖部或一些村民的家里去接、打电话，他们与这些在父母外出打工前很少交往的社会成员之间的互动变得频繁和密切，交往能力也大大提高。第三，留守儿童在社会交往中如果发现了自己值得信任的社会网络成员，他们往往就会成为好朋友。这些朋友成为他们生活、学习和情感支持的重要支柱。

其次，笔者通过"你有几个好朋友?"这一问题，对留守儿童交往朋友的情况进行调查。发现绝大多数农村留守儿童会有两个以上的好朋友，占调查样本的93%，而没有好朋友的留守儿童只占调查样本的4%。访谈中，留守儿童提到：父母不在身边，朋友更加重要。而当问及"谁是我的好朋友?"这一问题时，他们无一例外地选择了"同学"。这些同学又是好朋友成为农村留守儿童社会网络中最值得信赖的成员，是他们情感倾诉、困难帮助不可或缺的伙伴。

从总体上来看，L 县农村留守儿童并没有因为父母外出而产生社会交往障碍。父母外出打工后，农村留守儿童的社会交往模式发生了一些变化，有些变化对于提高他们与社会成员之间的积极交往能力非常有益，并对他们社会化过程产生积极影响。但是，笔者在对一些农村学校的教师访谈中也发现，在社会交往中往往由于留守儿童年龄小，缺少父母管束而导致交友不慎，结交了一些社会上的不良青少年而染上打架斗殴、抽烟喝酒等坏习惯，有极个别留守儿童甚至偷盗抢劫，走上违法犯罪的道路。

4. 正规的社会支持网络缺位

社会支持是指一个人从社会中得到的、来自他人的各种帮助，既包括有形的物质支持，也包括无形的精神支持。正式的社会支持渠道主要是指政府和市场的社会保障和社会支持体系。从个人层面上看，通过社会网络获得帮助，人们能够解决日常生活中的问题和危机，并维持日常生活的正常运行，良好的社会网络有益于身心健康和个人幸福。在社会层面上，社会支持网络有助于减轻人们的生活压力，缓减个人与社会的冲突。

对于留守儿童社会支持网络方面的情况，笔者设计了"生活上有困难一般谁给你帮助、学习上有困难一般谁给你帮助、生病时一般谁给你帮助、安全上遇到困难一般谁给你帮助、你有了心里话都和谁说"这5个方面问题，通过问卷调查来了解留守儿童的社会支持网络情况。

调查显示，当留守儿童生活上遇到困难时，给予他们社会支持较多的依次是监护人、同学、亲戚朋友、邻居、老师和远在外地的父母。当父母外出打工后，有46%的留守儿童认为监护人是他们生活中遇到困难最大的支持者，而认为父母能给予帮助的留守儿童比例只有4.5%，之所以有这样低的比例，原因是父母不在身边，当他们遇到困难时求助父母多有不便，而且一般性的困难他们都不会打电话向父母求助。选择同学朋友作为生活困难帮助者的留守儿童比例占13.5%，排在第二位。从学习方面来看，给予留守儿童帮助最多的依次为老师、监护人、同学、邻居、亲戚朋友和父母。其中，老师给予他们的学习帮助最多，占到43.5%，有3.5%的留守儿童认为父母在学习方面的帮助最少。

留守儿童认为老师给予他们学习方面的帮助最多的结果表明，在儿童、青少年时期，老师在孩子的学习困难帮助方面无疑占有重要的地位。需要说明的是，调查中并没有明确他们的学习困难是在校内还是校外，因而很多留守儿童在回答这一问题时也许把在校的情况也包括在内了。但是，笔者通过随机对学校老师的访谈也可以佐证，老师在给予学生的学习支持方面，对待留守儿童和非留守儿童基本上是秉持一视同仁的原则，并没有加以明显的区别对待。

从对留守儿童身体生病时提供帮助的群体来看，监护人被排在第一位，比例达50.5%，其次依次是同学、老师、亲戚朋友、邻居，最后是打电话向父母求助的只占4.5%。在安全方面遇到困难时，有41%的留守儿童认为，监护人是他们遇到安全事故时最大的帮助者，其次依次是教师、同学、邻居、父母、亲戚朋友和村干部，其比例情况分别为 31%、12.5%、9%、7.5%、5.5% 和 1%。

正处于青春期的留守儿童，他们的情感发展无疑是丰富的，他们的心里话需要向人诉说，需要向人倾诉。从情感方面的社会支持调查情况来看，他们的第一个倾诉的对象是同学朋友，占全部调查样本的 35.5%，可以说，同学朋友成为农村留守儿童情感世界的首要精神支柱。另外，调查也发现，当他们有了心里话或者有了心思后，有 30% 的留守儿童采取"埋在心里，谁也不告诉"的处理办法，有 18.5% 的留守儿童选择"告诉监护人"，而通过"打电话告诉父母"自己心里话的留守儿童只占 7%。访谈发现，他们这样做的主要原因，是不想给在外打工的父母增添额外的担心和牵挂。这也说明，L 县农村留守儿童的情感支持较为缺失，他们的情感宣泄缺乏有效的渠道。

总体说来，当留守儿童在生活、学习、健康和安全情感方面遇到困难需要帮助时，监护人是帮助他们解决成长过程中各种问题的主体力量，而同学朋友则是他们精神世界的后盾和情感世界的支柱。虽然老师在学习方面给予了留守儿童很大的帮助，但这些帮助并不是针对留守儿童的特殊行为。由此可见，当父母外出打工后，留守儿童的监护人以及他们的同学朋友是其社会支持网络中的主力军，而其他与留守儿童互动频率较高的社会成员，例如邻居、亲戚、村干部等，为农村留守儿童提供的社会支持是十分有限的。

与其他社会支持网络的个体成员相比，各级政府、村庄、学校理应更有责任、更有义务和力量为留守儿童提供一些有效的社会支持。但是，相关政府部门、村庄和学校由于留守儿童问题意识淡薄，对留守儿童的关注远远不够，他们为留守儿童提供的帮助和支持也严重匮乏。由于正规的社会支持网络缺位，使得留守儿童这个特殊的社会群体变得更加弱势。

5. 学习不理想，缺乏有效的求助渠道

由于父母外出打工不在身边，留守儿童因长期见不到父母、缺少父母的关心而产生强烈的思亲感觉，导致他们学习上课注意力不集中，学习成绩不理想，有的孩子由于得不到父母的督导而失去学习的自觉性和兴趣；加之有的监护人对留守儿童监护不力及其"读书无用"的落后观念影响，为一些留守儿童旷课、逃学以及辍学提供了借口和机会。这些问题将使身处农村的留守儿童教育面临极大的挑战。为了解 L 县农村留守儿童的学习状况，笔者从学习成绩、学习态度、学习状况满意度、学习中遇到的困难及其求助对象等四个方面对 L 县农村留守儿童的学习状况开展调查。

在学习成绩方面，调查结果表明：绝大多数的留守儿童学习成绩为中等水平，学习成绩优秀以及学习成绩很差的孩子只是极少数人。从留守儿童问卷调查情况来看，认为学习成绩"优秀"和"较好"的比例分别为 5.5% 和 14.5%，认为成绩"一般"的农村留守儿童占 62.5%，而"较差"和"很差"的比例分别为 13% 和 4.5%。留守儿童的老师认为他们的学习成绩"优秀"和"较好"的比例分别为 8% 和 18%，认为农村留守儿童学习成绩"一般"的占 52%，"较差"的占 14.7%，"很差"的占 7.3%。留守儿童的父母认为自己的孩子的学习成绩"优秀"和"较好"的比例占到 13.8% 和 37.2%，认为农村留守儿童学习成绩"一般"的占 44.8%，"较差"的占 1.4%，"很差"的占 2.1%。显然，从调查情况来看，老师对孩子的学习成绩评价和留守儿童对自身的学习成绩评价大致接近，而留守儿童的父母对孩子学习成绩的评价与孩子自身的评价以及老师的评价结果之间却有较大的差异，只有很少的孩子家长认为自己的孩子学习成绩"很差"或"极差"。造成这一差异的原因在于老师更为了解学生的学习成绩情况，而父母常年外出打工，和子女接触较少，不怎么了解孩子的学习具体情况，加之对孩子的学习期望值低于城市父母对孩子的学习期望值，因而带来对在农村留守的孩子学习成绩评价偏高的情况。

在对待学习的态度问题上，大部分留守儿童喜欢学习。调查显示，有 61.5% 和 34.5% 的留守儿童表示自己"很喜欢上学"和"喜欢上学"，有 40.7% 和 31.3% 的留守儿童的老师认为留守儿童"很喜欢上学"和"喜欢上学"，有 71.7% 和 19.3% 的留守儿童的父母认为自己孩子"很喜欢上学"和"喜欢上学"。而从三类人群的调查来看，"不喜欢上学"的留守儿童比例都很小。通过进一步调查发现，"不喜欢上学"的主要是由于"学习压力大"、"缺乏学习兴趣"、"喜欢玩耍"、"不够聪明"等方面原因造成的，而父母外出打工并没有成为农村留守儿童不喜欢上学、厌恶学习的首要原因。相反，由于一些留守儿童认识到父母外出打工是为了自己能够读书，这反而成为他们努力学习的动因，学习态度更加积极向上。由此可见，父母外出打工对留守儿童的学习态度没有明显的和很普遍的消极影响。

在留守儿童学习状况满意度上，留守儿童对自身学习状况满意度低。

调查显示，有一半以上的留守儿童对自己目前的学习状况持"不满意"的态度，分别有19.5%和27%的留守儿童对自己目前的学习状况持"满意"和"一般"的态度。从老师的角度来看，老师对留守学生学习状况持"满意"和"一般"态度的分别占38%和49.3%，持"不满意"态度的只占12.7%；从父母角度来看，他们对孩子的学习状况持"满意"、"一般"态度的分别占31.7%、46.9%，持"不满意"态度占19.3%。可见，父母和老师对留守儿童的学习状况的评价较接近，但他们对这部分孩子的学习状况的满意程度要比孩子的自我评价高很多。留守儿童认为学习状况不满意的原因主要为三个方面：一是留守学生的自我期望，因为学习不理想而没有达到自己的目标；二是自己的能力，本来可以学得更好，但是因为学习没有用功，因而没有达到更好；三是认为其他同学肯用功或者能力强，感到"不如别人聪明"而对自己的学习状况感到不满意。第一、第二个原因是内归因，而第三个原因是外归因。调查显示，大多数留守儿童对自己学习状况不满意指向内归因：有44.5%的留守儿童认为"学习成绩不理想"，有39.5%的留守儿童认为自己的"学习没用功"，只有11.5%的留守儿童把学习不满意的原因归因于"不如别人聪明"。另外，也有4.5%的留守儿童对自己学习状况不满意归结为其他原因。大部分留守儿童能够从自己身上寻找原因，这是很好的现象，如果单纯以别人为坐标，那么就会形成一种争强好胜的心理，对留守儿童的健康成长和未来发展将是非常不利的。同时，笔者也发现，父母、老师对留守儿童学习状况不满意的原因主要是他们"学习不用功"，分别占62.8%和56%，这是从父母、老师自己的主观愿望出发的；其次是认为孩子学习"成绩不理想"，分别占32.4%和41.3%，这是从留守儿童的客观实际情况出发的。极少有父母或者老师对留守儿童学习状况不满意认为原因在于留守儿童"不如别人聪明"，这反映了父母、老师对留守儿童发展的包容性和激励的一面，这样可能更有利于激发留守儿童努力学习的积极性。

在学习求助渠道方面，显得比较缺乏。调查显示：L 县农村留守儿童学习上的最大困难主要体现在心理和精神两个方面，"学习没有人督导"和"因想念父母而精力分散"是广大留守儿童学习上两个最难以克服的难题，分别占留守儿童调查样本的39.5%和25.5%。其他的困难依次是"学习成绩下降"（18%）、"不方便买书"（6%）、"其他"（4.5%），而认为学习上"没有困难"的留守儿童占到6.5%。当父母外出打工不在家与父母在家的时候，留守儿童在校外学习中遇到困难时的求助对象也有很大的不同。调查还显示，当父母外出打工不在家的时候，留守儿童学习上遇到困难的求助对象从高到低依次是"同学或朋友"（71％）、"老师"（14％）、"监护人"（15％）、"其他人"（11％）、"父母"（2％），其中"同学或朋友"成为他们的首选求助对象，是他们学习中遇到困难的最大帮助者和依赖对象，而"父母"成为他们最后的求助对象。当父母在家时，留守儿童学习上遇到困难时，有72.5％的留守儿童将"父母"作为首选求助对象，有21.5％的留守儿童将向"同学或朋友"求助，只有3.5％的留守儿童向"老师"求助。而无论父母在家与否，留守儿童都很少向他们求助，可见，"监护人"对留守儿童学习上困难的帮助显得不足。

二　支持农村留守儿童发展政策执行及其成效

农村留守儿童是少年儿童中的一个特殊群体，保护农村留守儿童的正当权益、对他们的发展予以特别的支持不仅体现在我国的《宪法》等有关法律法规的条文上，也体现在各级政府的政策与领导的特别关怀上。进入21世纪以来，江苏省通过实施多项支持农村义务教育发展的政策，通过有效改善全省农村义务教育的办学条件，为全省农村留守儿童的学习与发展提供了可靠保障。在L县，政府及有关部门在执行上级政府相关政策的同时，也积极采取了有关举措，多方面、多渠道支持本县农村留守儿童的发展。

（一）支持农村留守儿童发展的政策宣导

对于留守儿童的权益保护，我国相关法律法规均明确规定。如：《宪法》中明确规定公民有受教育的权利和义务，父母有抚养教育未成年人子女的义务。《婚姻法》规定父母有保护和教育未成年人子女的权利和义务。《民法通则》规定父母为未成年人的法定监护人，其职责不仅是支付抚养教育费用，还有探望、照顾孩子生活，以良好的品行对孩子进行管理和教育，保护被监护人的身体健康及合法权益。《未成年人保护法》规定父母或者其他监护人应当创造良好和睦的家庭环境，依法履行对未成年人的监护职责和抚养义务；应当关注未成年人的生理、心理状况和行为习惯，以健康的思想、良好的品行和适当的方法教育和影响未成年人。《预防未成年人犯罪法》规定未成年人的父母或者其他监护人，不得让不满十六周岁的未成年人脱离监护单独居住；对未成年人不得放任不管，不得迫使其离家出走，放弃监护职责。《妇女权益保护法》规定未成年人的父母或者其他监护人必须履行保障适龄女性少年儿童接受义务教育的义务。另外，如《劳动法》、《禁止使用童工规定》等亦明确规定：禁止用人单位招用未满十六周岁未成年人。对非法招用未满十六周岁未成年人的用人单位，由劳动行政部门责令改正，处以罚款；情节严重的，由工商行政管理部门吊销营业执照。在我国的《教育法》和《义务教育法》等法律中，对未成年儿童的教育权利和义务也均有明确的表述。

留守儿童问题的产生有复杂的社会背景，是一个复杂的社会问题，并非单个家庭、个体的私人事情，政府已经充分认识到留守儿童问题的严重性，国家领导人都在不同场合，以不同的渠道予以强调。2007 年"六一"国际儿童节来临之际，国务院总理温家宝在陕西考察期间专门到农村看望因父母外出打工而和爷爷奶奶生活在一起的留守儿童，向孩子们致以节日的问候和祝福，同时要求：各级党委政府、有关部门、农村基层组织、学校和全社会都要关心这些孩子的生活、学习、医疗、安全等问题，并建立相应的管理和保障制度，使他们健康成长，也使外出打工人员无后顾之忧。① 2007 年 3 月 2 日，全国人大常委会副委员长、全国妇联主席顾秀莲接受人民网记者专访时指出，要把农村留守儿童的各项工作落到实处，必须要强化政府的行为，从三方面强调政府责任：首先是要完善相关的法律法规以及出台相关的政策，切实从源头上维护留守儿童的合法权益；二是强调切实履行政府的职能，履行政府的职责；三是全国妇联牵头建立农村留守儿童专题工作组，地方政府也要成立这种组织。② 党和国家领导人对农村留守儿童的关心和提出的要求，为各级政府实施支持农村留守儿童政策起到了重要作用。

江苏省委、省政府对农村留守儿童工作高度重视。江苏省在 21 世纪

---

① 贺劲松：《温家宝在陕西看望农村留守儿童》，《中国教育报》2007 年 5 月 29 日第 1 版，http：//www.jyb.cn/cm/jycm/beijing/zgjyb/1b/t20070529_86843.htm。

② 引自《顾秀莲做客强国论坛与网友交流留守儿童等问题》，http：//www.jyb.cn/zt/xwzt/gnjyzt/2007/2007lh/zxxx/t20070302_67471.htm。

初相继实施了农村中小学危房改造和布局调整工程（2001 年）、"三新一亮"工程（2003 年）、"六有"工程（2004 年）、"校校通"工程（2005年）、"农村留守少年儿童食宿条件改善"工程（2008）、"中小学校舍安全工程"（2009）等政策，通过这些政策的实施，江苏省全省农村中小学的基本办学条件得到了显著改善，有力地保障了农村青少年学生（包含农村留守儿童）的健康成长，对全面提高江苏省农村人口素质，具有十分重要的意义。2009 年 7 月 10 日，教育部党组下发了《关于加强全国教育系统关心下一代工作委员会建设的意见》（教党〔2009〕20 号）对全国各级教育行政部门和高校党委如何领导、支持关心下一代工作委员会开展工作提出了具体意见，为教育系统关心下一代工作持续健康发展提供了制度保障，也对教育系统各级党委、行政部门及"关工委"提出了明确要求。依此政策的精神和要求，2009 年 9 月 14 日，江苏省教育厅、江苏省财政厅联合下发了《关于进一步完善教育系统关心下一代工作长效机制的通知》（苏教财〔2009〕57 号、苏财教〔2009〕147 号），对全省教育系统建立完善关心下一代工作长效机制作出部署。与此同时，省委省政府领导多次就农村青少年教育工作作出指示，希望省关心下一代工作委员会面对新形势，研究新问题，关注青少年中的弱势群体，尤其是关注农村留守儿童问题，了解和掌握进城务工农民子女、农村留守儿童等青少年特殊群体的实际困难，帮助他们解决学习、生活中面临的实际问题和困难。2011 年，江苏省委书记罗志军在《在纪念江苏省关工委成立 20 周年暨全省关心下一代工作表彰大会上的讲话》中指出，要"继续开展关爱弱势特殊群体青少年活动，推动江苏有关流动儿童、留守儿童教育管理政策措施的落实，让城乡青少年在同一片蓝天下茁壮成长"。"进一步提高校外辅导站建设质量和水平，不断增强吸引力，更好地发挥育人功能，使之真正成为中小学生特别是农民工子弟、农村留守儿童、家庭经济困难的未成年人健康成长的社会摇篮。"①

（二）政策执行及其积极成效

在 L 县，由于不同程度地对农村留守儿童发展进行了支持，全县农

---

① 见江苏省委书记罗志军 2011 年 10 月 11 日《在纪念江苏省关工委成立 20 周年暨全省关心下一代工作表彰大会上的讲话》。

村留守儿童工作做得较好，在全县范围内营造了一个全社会关注留守儿童的舆论环境，并做了一些实质性工作，形成了一些较有价值的做法。其在支持农村留守儿童发展的政策执行及其取得的积极成效体现在以下五个方面：

1. 大力发展县域经济，将吸收本地农民工与鼓励农民工回乡创业结合起来，有效控制留守儿童数量

近几年来，L 县在经济发展，城镇化推进等方面取得了非常可喜的成绩，全县干群的艰苦奋斗换来 L 县面貌的巨大变化。在"十一五"期间，L 县生产总值、财政收入、地方一般性预算收入、全社会固定资产投资平均增长 20.1％、45.2％、50.7％和 41.2％。开发区面积由 6 平方公里扩大到 19 平方公里，进区项目由 81 个增加到 176 个，园区年销售收入超过百亿元；乡镇工业集中区和村级创业点建设走在全市前列，全面消除了工业空白乡镇。全县利用外资由平缓增长变为提速扩张，全县外资企业达到 50 家，是五年前的 1.7 倍，协议利用外资 4.8 亿元，实际到账外资 2.8 亿元，年均增长 81％，L 县已经成为全市外资企业数量最多、外资引进成效最好的县份之一。大力发展现代农业，现代农村科技园等重大项目建设加快，农村产出率和含金量明显提高。县城建成区面积由 16 平方公里扩大到 32.8 平方公里，人口由 15 万人增加到 32.6 万人。新农村建设加大资金投入力度，加快项目建设进度，HY 镇、GG 镇、WG 镇等小城镇旧貌换新颜，LX 村、YH 村、JL 村等康居示范村广受赞誉。[①] 2011 年 1 月 18 日，江苏省委书记罗志军率省有关部门负责人来 L 县考察时强调，要以推动科学发展、建设美好江苏为主题，以加快转变经济发展方式为主线，坚定不移地调结构促转型，坚持不懈惠民生，促进和谐，努力在新的起点上实现更好更大发展，为"十二五"发展开好局，起好步。[②] 2011 年 6 月 27 日，时任县委书记 LWP 在 L 县第十次党代会上指出今后五年全县工作的总体目标是"财政争百亿、建设中等市、城乡一体化、提前达小康"，同时要求在科学发展观的引领下优化县域发展新形势，加快经济腾飞，把 L 县建设成为区域领先的富强之城；促进群众增收，把 L 县建设成为富足

---

① L 县地方志办公室：《L 县年鉴》（2011 卷），第 5—6 页。
② L 县委书记 LWP 在中国共产党 L 县第十次代表大会上的讲话：《真情真意爱家乡、同心同德奔小康，把 L 县建设得更加受人尊敬令人向往》，2011 年 6 月 27 日。

殷实的幸福之城；扩大对外开放，把 L 县建设成为生机勃发的活力之城；坚持城乡统筹，把 L 县建设成为群众受益的繁荣之城；倡导共荣共生，把 L 县建设成为安定团结的和谐之城；创优发展环境，把 L 县建设成为向上向善的文明之城。

随着 L 县经济的快速发展以及城镇化进程的不断推进，该县农民工流动出现了两个新的趋势。一是随着结构转型和产业升级以及大力发展县域经济，原先流向发达地区的劳动力资源出现回流趋势。2010 年 L 县新发展私营企业 1157 户，新发展个体工商户 9836 户，新增民营经济注册资本 38.8 亿元，19 个乡镇工业集中区实施项目 260 个，吸收了大量的本地劳动力[①]。二是在经历了 30 年的外出流动之后，农民工的回流创业趋势也日益显现。许多农民工经过打工实践，在外开阔了眼界，学会了本领，掌握了技术，拥有了资本，接受了现代城市中创业观念的熏陶，具有饱满的创业激情，其中一部分已经成为精英的农民工返回农村。同时，全球金融危机冲击下我国整体就业形势严峻，大量农民工失业，就业困难增加，迫使相当一部分农民工返乡创业。L 县政府以此为契机，积极引导返乡创业 168 人，创办企业 163 户，至 2010 年，全县累计有返乡创业企业 1379 户，年实现销售收入 64 亿元，带动 3 万人就业。

农民工的回流和返乡创业，使得 L 县农村留守儿童的数量不断减少。据县教育局对 2007—2011 年全县农村留守儿童数量的统计，各年的留守儿童数量分别为 30165 人、31206 人，28105 人、26711 人、20170 人。[②]农村留守儿童数量总体数量的下降趋势，说明 L 县县域经济的发展在吸引本地农民工回流方面确实起到了很好的作用。

2. 政府主导，责任共担，建构支持农村留守儿童发展的长效机制

在 2008 年之前，L 县农村留守儿童教育工作主要由教育部门承担，政府其他部门如财政局、公安局、民政局、文化局、妇联等在支持农村留守儿童发展方面并没有负有太多的职责，影响了留守儿童关爱活动的效果。为此，自 2009 年起，L 县政府建立了"党政统筹、部门联动、学校为主、家庭配合、社会参与"的支持农村留守儿童发展的工作机制，L 县通过一系列措施，努力让农村留守儿童"学业有教、安全有保、亲情有

---

① L 县地方志办公室：《L 县年鉴》（2011 卷），第 148 页。

② 资料来源：L 县教育局教育科对全县 2007—2011 年农村留守儿童的统计数据。

护、生活有帮、困难有助"，逐步形成了支持农村留守儿童发展的县域模式。L 县在建构支持农村留守儿童发展的长效机制方面的举措有以下三个方面：

（1）构筑多形式的留守儿童关爱中心。一是以乡镇中小学、农村初中为依托，建设了一批留守儿童健康成长中心；二是依托社区综合服务中心，建设留守儿童校外活动中心；三是采取政策激励、部门帮建、社会参与、民间投资、市场化运作相结合的方式，建设留守儿童服务中心。留守儿童关爱中心设有各种设施设备，包括学生宿舍、餐厅、浴室、阅览室、亲情接待室、课外文体活动室、保健室、心理咨询室，配置亲情电话、电视、电脑等设施，同时配备专职的生活管理教师和心理辅导教师，以解决留守儿童为主体的教育问题。

（2）构建立体化的留守儿童工作网络。主要是要建立四支留守儿童工作队伍：一是建立学校留守儿童教育管理队伍。从在职教师中遴选组建一支年富力强、富有爱心的生活管理教师和专业辅导教师队伍，有效地解决留守儿童在学校的课外活动、生活服务与管理方面的困难和问题。二是建立"代理家长"队伍。发动全县干部、教师及社会各界人士通过"1＋1"的形式与留守儿童结成对子，担当代理家长，弥补留守儿童的亲情缺失和生活抚育、教育管护方面的缺位，弘扬了在奉献中追求幸福的社会风尚。三是建立留守儿童工作志愿服务队伍。群团组织在全县机关企业单位和离退休干部中招募志愿者，为留守儿童提供健康保健、心理辅导、心理抚慰、经济扶助等方面的志愿服务。四是建立留守儿童教育研究中心，组建一支稳定的研究队伍，定期到各乡镇学校举办专题报告，加强社会各方留守儿童教育的重视，提升留守儿童工作的科学化、规范化水平。

（3）加强组织领导，健全工作机制。通过建立健全留守儿童教育工作机制，提高留守儿童教育工作的针对性和实效性。一是党政统筹。成立以县委书记为组长的留守儿童工作领导小组，制定留守儿童教育工作三年规划和分年度工作计划，出台了一系列政策，建立了经费保障机制。二是部门联动。各部门开展"履行工作职责，服务留守儿童"活动，制定留守儿童教育工作考评办法，并对部门履职情况进行考核评比。三是教育为主。充分发挥教育行政部门和学校在留守儿童教育工作中的主阵地作用，不断提升留守儿童的教育管理水平。四是家庭尽责。利用务工人员返乡时机，组织家长参加培训，安排代理家长与留守儿童父母见面，签订家长、监护人、代理家长三方协议书，增强家长和监护人的责任意识。五是社会参与。通过推行"代理家长"制度，开展志愿服务活动等方式，动员社会各方面力量参与到关爱留守儿童教育工作中来。

3. 健全农村留守儿童管理体系

按照县委政府的安排和要求，L县教育局牵头于2007年制定了《L县开展关爱留守儿童工作的实施意见》，对全县各乡镇留守儿童情况进行仔细调查，对他们的学习、生活、心理、安全、健康状况和监护人情况进行全面的登记，建立档案。L县教育局印发《关于对留守儿童进行登记的通知》文件，要求全县各中小学校建立留守儿童档案和联系卡制度，实施留守儿童定期登记制度，定期统计汇总留守儿童变动情况，确保一人一档，专人负责，专柜储存，专室保管。

为了有效强化对农村留守儿童的教育和管理，2010年L县建立了支持农村留守儿童发展的四种机制：

（1）组织领导联动机制。纵向上，成立了以县长为组长的农村留守儿童关爱服务领导小组，各乡镇村成立了相应的领导小组，形成县乡村三级联动；横向上，县教育局部门与政府其他部门之间密切配合，协调工作，实现左右联动。

（2）联席会议机制。L县充分发挥县妇女儿童工作委员会的作用，牵头、协调、指导农村留守儿童关爱服务工作。同时，县教育局牵头建立了L县农村留守儿童关爱服务体系建设联席会议制度，全县共有25个部门作为成员单位，各乡镇妇联作为列席单位，定期对关爱服务农村留守儿童工作进行讨论、研究、交流，对其工作中所存在的问题进行集中会办，分头、分类解决。

（3）激励保障机制。一是L县制定出台了《L县"十二五"妇女儿童教育发展规划》并经县政府常务会议通过，把关爱服务农村留守儿童学习工作放在当地党委政府工作的重要位置一起研究、一起布置、一起落实、一起检查、一起考核，并列为L县政府2010年民生10件实事之一予以落实。二是县政府及时划拨10万元留守儿童关爱服务体系建设专项启动经费，其他所需的必要经费也纳入财政预算，对有效地开展农村留守儿童管理工作提供了经费保障。

（4）社会互助机制。关爱服务留守儿童需要全社会的参与，其中邻里具有人员熟、性格熟、亲情熟、话语熟的优势，尤其L县农村具有互帮互助的传统美德。对于留守儿童及其家庭，L 县倡导邻里在生产上相互帮助，生活上相互扶持，情感上相互依靠，安全上相互关照，形成留守儿童的社会互助机制，有效关爱农村留守儿童的健康成长。

4. 实施农村留守儿童关爱工程

近几年来，L 县的农村中小学采取多种措施，给予农村留守儿童无微不至的关爱和帮扶。其采取的主要行动有：一是落实资助政策。大力实施"希望工程"、"春蕾计划"、"爱心助学"等工程，通过社会捐助、对口帮扶、专项资助等方式帮助农村留守儿童顺利完成学业。二是创建一批留守儿童健康成长中心、留守儿童校外活动中心、留守儿童服务中心，丰富孩子们的课余生活。三是加强心理健康教育。为防止农村留守学生形成性格孤僻、亲情冷漠等心理问题的发生，L 县教育局制定《L 县中小学心理咨询室建设标准》，全县乡镇中心小学以上的学校均成立"心理咨询室"、"谈心室"，配备专、兼职心理咨询教师，对留守儿童进行心理疏导，加强心理健康教育。从 2006 年起，L 县开展了心理咨询教师的培训和资格认定工作，至 2011 年底共开展心理咨询知识培训 11 场，培训教师 800 余名，并有 100 余人取得初级心理咨询师资格。四是建立家校热线电话。为让孩子能够定期与父母电话联系，所有学校的电话号码都向学生家长公开，并实行 24 小时值班制度。不少农村学校还收集了学生家长的联系电话，装订成册，保持与家长联系。五是全县面向社会为农村留守儿童招募"代理家长"。"代理家长"可以是个人、家庭，也可为单位、组织、协会等，其中心理医生或有辅导经验的人员、国家机关工作人员、共青团干部、在职教师、教育子女有成功经验的家长优先考虑，通过与农村留守儿童结对的方式，从生活、学习、经济等方面对留守儿童进行帮扶。六是开办家长学校。留守儿童的临时监护人都将其临时监护责任理解为让孩子们吃饱穿暖、不出事，而忽视了儿童身心健康和人格的教育，造成留守儿童道德教育的缺失。首先，通过家长学校平台，对留守儿童的家长或其监护人进行法律法规宣传，营造良好的社会氛围，增强全社会的法律意识，使家庭父母和监护人明确自身的责任，同时也提高留守儿童的自我保护意识。其次，通过开办培训班、建立家访制度、召开座谈会等形式加强对留守儿童监护人的培训和指导，传授科学的家庭教育观念、方式和方法，提高其监护能力，使其真正负担起教育留守儿童的责任和义务。再次，利用节日期间对留守儿童外出的家长进行教育。就留守儿童来说，父母外出很大程度上会导致家庭功能的弱化，但如果能够通过有效方式增强父母与子女的沟通，培养父母与子女的情感，就能缓解留守儿童的心理失衡和行为失范。因而，一方面要让家长认识到当前留守儿童问题的严重性，明确家庭教育的重要性；另一方面，对于双方外出的家长，要引导其加强与子女的联系，通过沟通和交流让留守儿童感受到家庭的温暖，发挥家长对孩子独特的教育功能。

2010年L县有1所优秀家长学校被评为全国和省级农村留守儿童示范家长学校。同时，还成立了特色家长学校，如HY镇LY实验学校的爷爷奶奶学校，帮助代管监护人提高监护能力。LC镇中心小学通过给本校留守儿童建立"信息卡"，定期向家长、镇及村通报留守儿童在校思想、学习情况。HY镇W村把留守儿童教育作为村党支部一项重要工作内容，对全村300多名外出务工人员子女进行全面调查，建立档案，按照就近就便的原则，把村组干部和"五老"动员起来，专人负责，加强对农村留守儿童学习、生活情况的了解、督促、关爱和帮助，收到了比较好的教育效果。

5. 构建农村留守儿童的社区教育网络

近几年来，L县在加强学校、家庭、社会之间的沟通互动，努力构建农村留守儿童教育网络方面取得了积极的成效。（1）以亲属为主体的家庭监护网络。在留守儿童的监护上，存在着多种监护形式。目前，L县拥有各类家庭监护人员6.9万人。（2）以学校为主体的校园监护网络。L县以家长学校为阵地，定期交流留守儿童在校学习、生活情况，对其监护人进行业务培训。全县所有学校都开办了家长学校，一年授课两期，每期半天，使学校成为留守儿童学习、生活、成长之"家"。（3）以志愿者为主体的社会呵护网络。目前，L县已组建了6支志愿者服务队。一是爱心助困服务队，让留守儿童不因生活困难而掉队；二是巾帼环保服务队，让留守儿童热爱环保，崇尚自然；三是卫生健康服务队，让留守儿童具有身心之悦；四是家庭教育服务队，让留守儿童具有良好教育之境；五是巾帼文体服务队，让留守儿童具有生活之乐；六是法律维权服务队，让留守儿童具有权益之护。（4）以村（居）社区为主体的管护网络，主要实施"四个一"，即一校一警维护校园安全，一村一队接送留守儿童，一户一人呵护留守儿童，一天一巡净化社会环境。

三　政策执行中的问题及原因分析

从总体说，L 县政府和相关部门十分重视农村留守儿童发展工作，在支持农村留守儿童发展的政策执行中也取得了较好的成效。但是笔者认为，L 县在支持农村留守儿童发展的政策执行中存在着以下三个方面问题，而这些问题的存在在一定程度上制约了 L 县支持农村留守儿童发展的政策执行效果。

（一）政策执行主体的转移

针对农村留守儿童问题，根据《国务院关于解决农民工问题的若干意见》（国发〔2006〕5 号），教育部要求："农村劳动力输出规模大的地方人民政府要把做好农村'留守儿童'教育工作与农村寄宿制学校建设结合起来，满足包括'留守儿童'在内的广大人民子女寄宿需求。教育行政部门和学校要充分调动各方面力量，建立农村'留守儿童'教育和监护体系。针对农村'留守儿童'的实际，开设生存教育、安全与法制教育、心理健康教育等方面的地方校本课程，帮助他们学会自我管理、自我保护和自我调节。"① 按照这一国家政策，解决农村留守儿童应当做到：一是以寄宿制作为主要手段；二是政府和学校调动社会资源建立留守儿童教育和监护体系；三是开设相关课程对留守儿童进行自我管理、自我教育和自我调节教育，也就是对学生进行心理教育。从调查所知，L 县虽然近几年财政好转，但是全县农村义务教育的发展任务仍然艰巨，仍然需要通过多方筹措资金。由政府和学校建立农村留守儿童的教育和监护体系，因其主体不明确，实际操作存在很大难度。县级政府的功能复杂，其主要精力在发展经济；学校除了教书育人外还担负庞大的其他社会功能，而这些社会功能挤占了学校大量的人力、财力和精力，加之农村学校心理师资的缺乏和编制所限，使得农村中小学难以高质量完成国家课程要求开设的心理教育课程，在留守儿童问题上左支右绌。

好的政策如果不能在现实土壤中扎根结果，极易成为海市蜃楼，其原

---

① 见中华人民共和国教育部《关于教育系统贯彻落实〈国务院关于解决农民工问题的若干意见〉的实施意见》（教职成〔2006〕6 号）。

因在于政策执行机制不明确。以教育部《关于教育系统贯彻落实〈国务院关于解决农民工问题的若干意见〉的实施意见》（教职成［2006］6号）中农村留守儿童的解决这一政策执行来看，江苏省教育厅把这一政策文件转发给省内的各市县，L县的应对措施是首先成立县农村留守儿童工作协调小组，该协调小组由县妇联承担牵头任务，联合了县教育局、财政局、民政局、卫生局、公安局、农业局、司法局、计生委、总工会、文明办、关工委、团县委、县妇联等相关部门组成，成员由各部门的领导担任，联络员由各部门的相关处室的负责人担任，出台了一份《L县农村留守儿童工作实施方案》。①　一项本该由县教育局来接手的留守儿童工作变成了县妇联的分内事，由县妇联这样一个群众性组织来协调多家实权部门，这有点让人不解。这个协调组表面上看阵容强大，成员众多，但实际功能有限。这在笔者的调研中已经得到证实，很容易导致政策执行的表面化，这是政策执行机制不完善的结果。

那么，县妇联究竟能够在教育方面做些什么呢？笔者在2010年5月曾经对县妇联主任进行了一次访谈，访谈内容如下：

　　问：妇联在教育方面做了什么工作？

　　答：主要是做"春蕾计划"、"慈善助孤"等活动。争取省、市妇联及相关单位的资助款30余万元，资助了县域内的40名贫困女童和孤儿、220名贫困学生受益。

　　问：如果有一个六年级女孩，家里经济困难不准备让她上学了，你们怎么办？

　　答：由乡镇妇联做工作协调，妇联工作同志有时候往往亲自上门做家长工作。

　　问：资助是怎么操作的？

　　答：基本上是通过乡镇妇联统计困难学生名单，进行筛选后让学生填表，上报，公示。对于家庭困难的女孩、独子户往往照顾多些。即使是超生的，我们还是一视同仁给予照顾。

　　问：我们在调研中发现，基层妇女干部缺，有些村里大家都不愿做村妇联主任。

---

①　见《L县农村留守儿童工作实施方案》（L政发［2006］62号）。

答：从组织上讲，我们是健全的，村村都配有妇联主任。你了解的情况可能不够全面。事实上可能是一些村里的妇联主任有点文化，出去打工了，暂时又没有替代的人，就出现一些村妇联主任空缺的问题。

问：那么她们为什么要出去打工呢？

答：因为报酬太低了。村里书记、主任、会计每个月 300 元，妇联主任每月 200 元。她们要做的事情太多了，她们也要养家啊。现在一个有点文化又比较活络的女同志出去打工，每个月都能挣上个一两千。今年我们在人代会上已经就提高村级妇联主任的报酬提案上交，至于最终能否提高她们的待遇，目前不是很乐观。

问：你们是通过什么途径来了解情况？

答：一般情况是基层上报，很多时候要做针对性的调研，但总是人手不够。我们会尽力做一些工作。今年下半年我们就准备通过县、乡妇联干部、学校老师以及志愿者对全县留守儿童及其家庭的情况进行调查摸底，对留守儿童的学习、教育、身心、安全、生活及其家庭的生产、生活、生存、邻里关系、家庭结构等情况进行登记造册。

问：有对妇联进行的培训吗？

答：每年都会组织有针对性的技术培训，也有文化培训。通过技术培训促进就业创业，让农村劳动力在家门口打工就业创业是解决留守儿童不留守的根本。文化培训主要是针对农村青年妇女的，主要是转变她们的观念，增强她们做时代女性的意识。

　　妇联能够发挥的作用显然是有限的。因经济发展以及城镇化的提高，一些村级的妇联组织是瘫痪的，县妇联缺乏合适有效的通道影响村级妇联组织。像留守儿童这样一项重要的政策交由妇联来协调，不是她们不想做，也不是她们不想做好，她们的真诚付出也是有目共睹的，但是问题不在于她们付出多少，而是她们本身就处于尴尬之中，她们的群众性组织身份使得她们在支持农村留守儿童发展的政策执行中显得无力、无奈。

　　一项本该由教育局来执行的惠及农民工及农民工子女的有关支持农村留守儿童发展的政策，却转交县妇联等一些群众性组织和部门来承办，政策执行主体的转移致使政策执行本身就打了一个折扣。因此，就出现了留守儿童关爱活动的短期居多、无长效实质机制的现象。县妇联、县关工委等组织虽然也进行了调研，开展了各种关爱活动，但他们在政策执行中扮演着事实上的关爱者角色，而不是实际问题解决的角色；真正与留守儿童发展紧密相连的县教育局却因不作为此项政策的执行主体，其主体性和主动性没有得到有效激发，以至于在留守儿童问题的解决上，县教育局并无愧疚感。因此，明确执行主体，确定执行目标，辅以考核机制，明确参与者的职责，才是保障政策执行机制运转正常的前提，政策才可能达成预期的结果。

支持农村留守儿童发展的政策执行需要在政府党委的统一领导下，强化政府职能部门的职能，充分发挥政府的主导调控作用，建立有效的工作机制，才能收到显著成效。在政策执行途径中，政府途径的优势集中体现为：一是其权威的广泛性，即除非遇到特殊的障碍，其权威一般能够遍及其管辖范围内的所有地域和人群；二是政府是唯一的能够合法地使用强制力的组织。[①] 由政府的这两个特征我们可以看到：第一，在政策执行中，政府能够有效地克服"搭便车"现象所造成的负面影响，使农村留守儿童的相关政策行动能够获得足够的资源支持。第二，在许多时候，政府合法运用强制力的能力也使得政府能够有效地减少个体或群体为了集体行动时所付出的协调成本，从而提高政策行动的效率。第三，政府权威的广泛性使得政府比其他组织的行动更可能影响到广泛的区域和群体。农村留守儿童的生活区域归属于各地方政府辖内，尤其是在县及县以下政府，更为精细地延伸到村委会。因而，县及县以下基层政府是支持农村留守发展的政策执行的责任主体，也是掌握人口信息的核心主体。作为基层政府，党委和政府主要负责同志应亲自挂帅，统筹教育、政法、财政、共青团、民政、劳动和社会保障、计生、卫生、工会、妇联、关工委等各个部门和组织，在政策的目标制定、责任划分、进展检测上以严格的制度和要求固定下来，建立科学合理的监测评估体系，对留守儿童进行动态管理。县及县以下政府要充分发挥政府途径的优势，将留守儿童工作纳入经济和社会发展的总体规划，作为促进城乡统筹、社会和谐发展的重要内容，与基层政府实施的儿童发展规划结合起来，将农村留守儿童的各项权益保护列入规划实施的监测评估体系，置于社会管理和公共服务体系之中，并以财政专项的形式加以支持力度，这是从源头和根本上缓解农村留守儿童问题的有

---

① 陈庆云：《公共政策分析》，北京大学出版社2006年版，第48页。

效途径。

（二）对学校能力的过分依赖

对于留守儿童问题，社会各方对学校是寄予厚望的，并往往开出了很多充满想象力的处方。针对留守儿童的教育，教育部要求学校"和教育行政部门充分调动各方面力量，建立农村'留守儿童'教育和监护体系。针对农村留守儿童的实际，开设生存教育、安全与法制教育、心理健康教育等方面的地方和校本课程，帮助他们学会自我管理、自我保护和自我调节"。社会要求学校进一步做好留守儿童的生活、安全管理和健康教育。要配备心理教师，开设心理教育课程，开展心理咨询活动，及时疏导，减轻压力。加强对留守儿童的养成教育，培养留守儿童的自主、自立的生活能力，促进其全面发展；建立留守儿童的关爱制度，设立留守儿童档案，完善"代理家长"制，开展志愿帮扶，实行制度化家访，逐步建立起学校和家庭对留守儿童共同支持的培养模式。而家长则希望给留守儿童的监护人提供家教知识，获得免费学习辅导，同时希望政府能够提供经济补偿和较好的寄宿条件。从这些愿望来看，似乎学校对留守儿童没有尽到其应当担负的职责，那么，学校都在干什么呢？L 县 HY 镇中心小学 LG 校长对笔者说：

> 教师负担太重，如要教师做一个研究型教师，教师就说：我们学生作业都改不过来，如何做研究型教师？学校好比蓄水池，政府部门可以随意从我们学校抽调人，全然不考虑学校的情形。如去年县里开运动会，抽体育教师，一抽就说一个星期，县里搞一台文艺晚会抽用音乐老师，一抽就是一个月。如果说参加这些活动还能给学校带来点荣誉的话，学校还能说什么呢。有的活动，和学校搭不上边，也从学校抽人，我们就很不理解。如县城搞交通治安，也要学校出人，还有这样那样的政治性学习活动也要从学校抽人到农村抓点，而且到农村抓点的时间还很长，一抓就是两三个月。你说，我们老师还有什么精力搞教学。这些人抽用后留下的空当，就是其他老师代劳。学生的课不能看表面上谁在上，而是要看他真的上了没有。老师的身体也不是太好，这些方方面面的事情导致学校管理上不会太到位。作为校长，校长是第一责任人，教育局先签责任状，像人身安全、食品安全、计

划生育、综合治理、卫生、重大疾病防治，等等，责任状一年要签十几个，哪一个都不能出问题。一旦出了一个漏子，校长就别当了。那就只能报平安了，还能抓什么教研？学校本以教学为中心，但现在你有这么多事情，这个中心就冲淡了。[①]

在访谈中，L县H镇HY实验学校的HDY校长也告诉笔者，学校确实很忙，整天忙得你晕头转向。他说：

> 我们是一所九年一贯制学校，学校教学楼、办公楼都是新盖的，条件是一般农村学校不好比的。正因为学校条件好，政府就给我们学校很多事情，像搞卫生、教学检查等等事情就不用说了，那是每一个学校都需要弄的事情。我们学校还有一项特别的事情，就是每当县里、局里来人参观考察，我们是县局优先考虑的单位。所以，作为校长，接待好每一个、每一批考察人员就成为我的主要工作内容之一。学校内部管理就让几个副校长多承担一些，实在是没有办法。学校要经常接待安排来宾吃饭，中午不让喝酒晚上总不能不喝酒吧。再好的学校、再好的身体也禁不住这样吃啊喝啊，但我又有什么办法呢？[②]

从L县HY镇中心小学LG校长和H镇HY实验学校的HDY校长对学校办学情况的叙述中，笔者可以听出他们有诸多的无奈。如此看来，学校简直就成了政府部门的后花园，想怎么折腾就怎么折腾，学校各种各样的事情，尤其是那些责任状、各种各样的参观考察活动，将校长们压得喘不过气来。校长们怎么办？只好又将来自政府部门的压力转移到教师身上，所以教师的压力就大、负担就重。教师怎么办？教师只好转移给学生了，学生就成了一只只可怜的羔羊。当此时，学校还能够成为学生快乐成长的乐土吗？

如果说家庭是儿童成长的第一场所，那么学校就是学生成长的第二个家，是直接教育管理留守儿童的主阵地，但在学校担负太多的社会职能的

---

① 来自访谈录音：2011—11—5—LG。
② 来自访谈录音：2011—11—5—HDY。

情况下，学校又能有多大作为呢？随着社会经济的发展，留守儿童作为特殊群体势必引起社会关注，此时的学校又怎能全身而退。相比以前，地方政府财政对教育的投入显著增长，加上省级财政转移支付的各项专项资金，L 县农村学校在办学经费上基本不存在什么困难。但由于一些农村学校留守儿童较多，学校组织附近村庄的留守儿童进行晚自习，学校对晚自习所超出的电费开支、教师加班费支付较为困难，而这费用又不能向家长收取，因而学校不得不中止晚自习。据村民和老师反映，晚自习可以使留守儿童减少闲逛时间，人身安全有了一定程度的保障，老师轮流值班辅导学生的学习，有时也可以对学生心理进行疏导，确实是好事。对于晚自习的费用，很多留守儿童的监护人也表示可以出点。但是按照有关政策的规定，学校是不能收取这笔费用的。最终，学校还是恢复了正常的教学安排，附近村庄的留守儿童放学回去一切复归如初，外出打工家长的忧虑没有得到缓解。

　　农村留守儿童作为普通的学生个体，他们的受教育权已经得到了应有的尊重和保护，但是若因"留守"而产生一系列的非常规行为，如调查中发现的在留守学生身上出现的诸如学习成绩下降、性格孤僻抑郁、情绪偏激、亲情淡薄、厌学甚至出现不良习惯，等等，就需要教师付出更多的心思和汗水，而教师的这些超额付出是难以计算在教师的职业报酬之内的。而要解决农村留守儿童身上出现的这些问题，单凭当前的学校能力、教师精力是十分勉强的，需要借助社会力量，包括家庭组织、乡村组织以及一些政府的、民间的群众性组织力量的介入，如建立"留守儿童之家"、"留守儿童校外辅导站（中心）"等，为农村留守儿童发展提供帮助。学校利用自身的专门教育机构身份，掌握国家关于青少年儿童教育的相关标准和质量要求，可以对各种校外的组织、机构开展留守儿童教育提供智力支持、质量监督和业务指导。笔者并非为学校开脱，而是基于政策执行的现实分析。从国家教育政策的执行过程来看，其流程一般要经过教育部—省教育厅—市教育局—县教育局—学校，这是一个层层传达、层次复杂、中间环节繁多的执行系统，而在这个系统中同时蕴含着行政执行、市场执行、依法执行和学校执行四个执行子系统。行政执行的偏差表现为执行要求缺失、政策文本被搁置、政策内容被减损或歪曲、执行错过时效期、执行被阻滞等，其原因在于"组织海绵"现象、官僚主义严重，行政职能存在偏离，制度规则缺失等；市场执行的偏差则由于理论和实践上均处于探索中，并无成熟经验可借鉴，而其原因在于法律约束不到位、行政和市场之间不协调、相关部门和人员职业操守不到位；依法执行的偏差是有法不依、执法不严、重执轻适，原因在于法律规范与其行为能力之间不协调、教育体系不够健全、法制化环境薄弱；学校执行的偏差首先在于中小学几乎难以收到来自国家层面的政策文本，而是经过层层过滤后的解释性文本，其次在于尽管学校千差万别，但从校长到教师都普遍认为只有教学才是他们的根本任务，至于执行国家教育政策，他们都会表现出漠不关心甚至事不关己的态度，而至于如何恰当地执行国家政策，基层教师无认知基础，也无经验可言。[①] 学校作为政策执行的终点环节，其本身的政策执行能力就有很多值得反思的地方，虽然教育好每一个学生本是学校教育的分内之事，但因为整个制度设计与城乡二元结构失衡，解决留守儿童问题就需要放到"政府"这一大视野、大范围来思考。如果单一地强调学校在解决留守儿童问题的主体责任，而忽视其他主体的责任，那么学校就会与其他责任主体存在衔接上的"真空"，在支持农村留守儿童发展的政策执行过程中难免力所不逮，出现政策执行的偏差也就不足为怪了。

（三）教育资源的分割利用

农村留守儿童生活在家庭、学校、社区三者相互交错的时空和影响之中，它们共同构成影响学生成长和发展的"立交桥"。当前对于家庭、学校、社区作用及其相互作用的研究文献众多，众多的研究者从理论和实践层面对农村留守儿童教育这一难题进行探讨，但是笔者看到，L县在支持农村留守儿童发展的政策执行中对留守儿童教育资源整合方面显得较为单薄。之所以L县在支持农村留守儿童发展的政策执行过程中，出现"各敲各的锣，各打各的鼓"的情况，其深层次的原因就是政府对农村留守儿童的教育资源利用方面不能统筹、整合。这一点笔者在对L县支持农村留守儿童发展的政策执行考察中感觉尤为明显。

20世纪80年代的美国，由于双亲就业的家庭增多，年轻的单亲家庭就业增多，更多的孩子陷于贫困之中，社会上出现了更多的移民、无家可

---

① 胡春梅：《教育政策执行过程研究——一种运行机制分析视角》，辽宁师范大学出版社2008年版，第77—285页。

归、领养家庭的子女，学生就学期间的流动性日益加大。当前我国农村出现大量的留守儿童现象就和 20 世纪 80 年代美国出现的情况类似。这些留守儿童因父母外出打工不在家而被以不同的监护方式监护着，很多情况下，农村留守儿童的家庭经济状况都不怎么好，外出打工的父母所从事的是技术含量低、报酬也低的苦力活，因此也难以保障这些留守儿童的生活条件。加之缺乏有效的监护和监管，留守儿童难以获得有质量保障的良好教育，给当代社会治安和学校稳定带来冲击，以至于成为当前一个严重的社会问题，引起了国家和政府的重视。针对流动子女的教育问题，爱泼斯坦等人基于生态学的解释框架与科尔曼的"社会资本"[①] 概念，提出了"重叠影响"理论，旨在从社会组织的重叠影响角度解决以儿童健康成长为中心的多因素共同作用的路径问题。[②]"重叠影响"理论的核心价值在于充分考虑到社会组织的生态特征，并将社会资本概念纳入其中，以儿童的健康成长为关怀中心，强调共担责任，有助于理解和阐释社会联系及获取、投入社会资本等过程发生的情形和方式及家校社区的合作过程。这一理论认为影响儿童健康成长的三个组织并没有明显的先后顺序之分，它们的影响几乎是同时存在的，即重叠的。因此，在面对儿童教育失败时，我们不能简单指责家庭、学校、社区在儿童成长中的失责行为，或者片面强调某一方面的重要关联性。

　　L 县在支持农村留守儿童发展的政策执行过程中，需要整合教育资源，改变以往不同的部门从自身的条件出发，各自行动，结果是效果不明显，留守儿童的问题依旧的局面。对于政策执行的基层政府而言，政策执行的主体是明确的，家庭、学校应担负的责任也是众所周知的，但

---

　　① 关于"社会资本"，科尔曼是从功能的角度出发，认为"社会资本是指个人拥有的以社会结构资源为特征的资本财产，是否拥有社会资本，决定了人们是否可能实现某些既定目标，而没有它则不可能实现"。与其他形式的资本不同，社会资本具有其本身的特征。第一，社会资本存在于人际关系的结构中，由结构的各个要素组成，它不依附于独立的个人；第二，社会资本具有生产性的特点，这与物质资本、人力资本具有相趋性；第三，社会资本只为结构内部的个人行动提供便利，它具有不可转让性。社会资本的主要形式是相互信任关系，因而可以互相提供资源。其他的形式还有：共享的信息网络、有效的社会规范、权威关系以及合作性的社会组织，这种组织是可以提供公共物品的。见宋秀波《关于科尔曼社会资本理论的解读》，《社科纵横》（新理论版）2011 年第 2 期。

　　② 乔伊斯·L. 爱泼斯坦、迈韦斯·C. 桑德斯：《联系家庭、学校和社区——社会研究新取向·教育社会学手册》，华东师范大学出版社 2004 年版，第 371—393 页。

是对于"社区"及其担负的责任，在广大的农村地区就存在一定的模糊性。

"社区"是指由具有共同的习俗和价值观念的同质人口组成的、关系密切的社会团体或共同体。从这一定义看来，我国农村社区是没有社区的。在农村地区，基本上由家族组成自然村，自然村更接近社区的内涵，其与村民的个体生命成长息息相关。但是，我国很少有自然村成为一个村级组织的，常常是多个自然村联成一个行政村，再由多个行政村组成一个乡镇。在农村学校的原先设置中，小学基本上以行政村为设置标准，即一个行政村设一所小学（或教学点），多个行政村组成一个片区可以再设片区小学，然后在乡镇设置中心小学。随着城镇化的发展，农村人口大量进城，农村适龄儿童大量减少，农村学校办学布局势必作出相应的调整。在L县，目前基本上是一个乡镇设置一个中心小学，至多保留两三个教学点。而初中设置的数量远较小学少，目前基本上是一个乡镇设置一所初中，有的是邻近的两三个乡镇设置一所初中，原来的乡镇初中因就读学生太少又不便立刻撤销因而多作为其分校而暂时保留、过渡一下。因此，从学校设置角度来审视社区，越是学龄趋大的儿童，其学校所在的地方与原初意义上的社区相距越远。因而，根据当前学校办学布局情况，可以把社区界定在乡镇组织层面，即以乡镇组织为核心的大社区。因为就农村社区而言，在社区事务的管理上，村级组织缺乏基本的由下而上的自觉。而乡镇地方政府的职能已转向社区服务，尤其是围绕计划生育组织社区的政治、经济、文化生活，进行新农村建设。在当前，计划生育工作的组织机构、工作程序、技术手段以及拥有的资源，是农村任何其他部门不能相比的，他们掌握的社区儿童信息比学校还要全面，他们甚至还掌握外出打工人员的流向，然而，计生系统及其工作人员并没有意识到他们对社区儿童健康成长及其在进入学校之后的责任，他们更多的是只做计生工作，没有教育的意识且缺少与教育系统的合作。因此，以乡镇为大社区单元，其将拥有远较村级社区所拥有的资源丰富得多，而且是优质资源。

从重叠影响理论在实践中的运用出发，我们可以看到，留守儿童因为农村家庭教育短缺而影响儿童的发展这一现实问题在短期内难以解决，致使农村家庭的作用难以发挥。农村留守儿童的家长外出不在家，其拥有的社会资本较少，又因其流动性而不能使社会资本的代际传递升值，反而会因流动而失去了代际传递价值。家长的流动使得家庭、学校和社区的互动降到最低点，因互动而累积的社会资本得不到实现，儿童无从收益。[①] 因此，农村家庭在儿童的社会资本积累方面发挥的作用是微弱的，因为只要农村经济落后的状况得不到改善，我们就无法阻止农民通过打工改善生存质量的合理需求。至于当前的学校，相对来说是个封闭的系统，和社区几乎不发生什么联系，现代资讯的发达反而加剧了学校的封闭，家访这一传统而有效的方式也因现代通信工具的日常化使用而变得日益稀疏。计生人员与社区人员的联系是较为紧密的，在某种程度上他们也参与了农村儿童的教育工作，但多限于资助贫困的遵守计划生育政策的家庭子女，以鼓励社区成员不违反生育政策。他们活动在家庭、学校、社区间，是打破组织藩篱的行动者。L 县在支持农村留守儿童发展的政策执行中，家庭、学校、社区呈现分割、断裂的状态，这些组织之间没有建立一定的有效联系通道，使得农村留守儿童处于社会组织的互不交叉的地带，这些组织都从各自角度出发参与留守儿童的教育工作，但在政策执行中都难以真实解决农村留守儿童的问题。

四　本章小结

农村留守儿童的教育问题不仅仅是一个教育问题，如果任其发展下去，还会成为一个严重的社会问题。从农村留守儿童发展的处境来说，他们是弱势群体，需要社会各方对他们的发展予以支持。支持农村留守儿童发展是一项社会系统工程，需要国家、学校、家庭和社区合力构建社会支持体系，共同关注留守儿童的教育，以消除留守儿童的教育问题，解除农民工的后顾之忧，提高未来劳动者的素质，促进农村经济、社会的可持续发展。

因此在执行支持农村留守儿童的政策过程中，必须把农村留守儿童放在关怀的中心。首先，需要明确政府在支持农村留守儿童发展政策执行中的主体地位。国家和政府要切实加强对农村义务教育学校的管理工作，加大对校园周边环境的整治力度，努力营造一种有利于孩子健康成长的社会环境。同时，还需要适时修改相关法律和制度，实行"户籍所在地就近

---

　　① 谢妮、申健强、陈华聪：《农村留守儿童现状研究》，经济科学出版社 2010 年版，第 152 页。

入学"与"农民工流入地公办中小学接纳农民工子女就读"相结合，让农村留守儿童既可以在其户籍所在地的农村学校就读，也可以随父母到打工所在地的公办学校就读，接受法律规定的义务教育。国家应为农民工子女随父母进城就读提供相关保障机制和法律支持，打破一切影响和限制农民工子女就近入学的条条框框，使农民工子女在教育方面享受与城市儿童同等的待遇。另外，政府需要对农村义务教育资源进行优化重组，提升农村办学质量，为广大的农村留守儿童提供更多的发展机会、更好的发展条件。

政府在支持农村留守儿童发展政策执行中，要充分发挥自身对各种教育资源的整合能力。对于学校而言，学校可以利用自身的育人优势，通过各种途径，例如：建立留守儿童档案，随时掌握他们身心变化的情况，对其有针对性地教育和管理；开办家长（监护人）学校，定期与留守儿童监护人联系；组织留守儿童参与文体娱乐活动，充实业余生活，多与他们交流和沟通，抚慰他们的心灵和感情；发动教师、团员、少先队员和其他学生对留守儿童进行结对帮扶，减轻他们的心理压力；建立心理健康与咨询室，开通心理热线，对留守儿童开展心理咨询活动；调整课程结构，加强留守儿童的生存、安全和法制教育，促进他们健康成长，等等。但学校的教育功能是有限的，况且留守儿童健康成长远非学校所能解决得了的。社区、家庭以及妇联等社会团体和组织在支持农村留守儿童发展的政策执行中，有的缺位，有的力所不及。而在支持农村留守儿童发展的政策执行过程中，各类政策执行者基于对自身资源的利用，无形中造成了对支持农村留守儿童发展的政策资源的分割，带来的是对支持农村留守儿童发展政策执行的"碎片化"。因此，政府必须通过对支持农村留守儿童发展政策的执行进行"统筹规划"，同时需要加强对政策执行的领导和控制，通过整合各方教育资源，利用各种途径，有针对性地实施支持农村留守儿童发展的相关政策，使得支持农村留守儿童发展的政策执行处于整体地、动态推进当中。

第 六 章

L县支持农村义务教育现代化
政策执行考察

在前面的第四章和第五章里，研究者分别对L县教师支教政策执行、支持农村留守儿童发展的政策执行情况进行了考察，这是从促进农村义务教育的"人的发展"（教师和学生）角度来考察的。而支持农村义务教育发展的政策指向，不仅包括对农村义务教育学校中的"人的发展"的支持，也包括对农村义务教育"人之外的内容"诸如学校办学条件、办学水平等条件性内容的支持和改善，而对农村义务教育办学条件、办学水平等内容的支持和改善，从根本说来，也是对学校中的"人的发展"的支持，尤其是对学生发展的支持。江苏省在新世纪里提出的"教育现代化"（包括农村义务教育现代化）是一项基于促进城乡义务教育优质均衡发展的政策，通过实现农村义务教育现代化，整体提升全省农村义务教育发展的水平。当然，江苏省农村义务教育"现代化"政策内涵是十分丰富的，教育中"人的现代化"是应有之义。本章将要考察的内容及其重点并不在于"人的现代化"这一内容，而在于对L县农村义务教育"人的现代化"之外的，诸如通过对学校办学条件现代化的角度来考察其政策执行情况。

自20世纪90年代中期，江苏省开始进行"教育现代化试点"以来，江苏省对农村义务教育现代化实施了多项政策，诸如农村中小学"布局调整和危房改造工程"（2001）、"三新一亮工程"（2003）、"六有工程"（2004）、"校校通工程"（2005年）、"四配套工程"（2006）、"送优质教学资源下乡工程"（2007）、"留守少年儿童食宿条件改善工程"（2008）、"校舍安全工程"（2009）等政策。2007年江苏省省委、省政府研究制定并颁布了《江苏省县（市、区）教育现代化建设主要指标》（苏政发［2007］59号）并从同年开始启动全省范围的县（市、区）教育现代化建设水平评估。上述诸多政策，从根本上说，都是江苏省"农村义务教育现代化"的内容，没有前面多项政策的实施，也就谈不上后面的"教育现代化创建"和"教育现代化建设水平评估"政策。而在这诸多的支持农村义务教育办学条件改善的政策中，笔者之所以选择"县域创建教育现代化"这一项政策作为考察的对象，是基于这样的认识：教育现代化创建是农村义务教育现代化的总体性呈现，也是诸多支持农村义务教育发展政策的归宿。因而，对农村义务教育现代化创建及其评估政策在L县的执行情况考察自然也就成为本章所要探讨的内容。

一　江苏省教育现代化的政策实践

江苏省是我国的沿海省份之一，科教发达，人文荟萃，经济和社会发展较快，自古至今得革故鼎新风气之先。从1993年江苏省启动教育现代化工程试点以来，江苏全省各地从本地区实际出发，把实施教育现代化工程，推进教育现代化建设作为本地教育改革与发展的重大目标和任务，进行了广泛深入的教育现代化建设实践。

（一）教育现代化试点阶段（1993—1995年）

党的十一届三中全会后，江苏经济发展的速度明显加快，经济实力大大增强，为基本实现现代化打下了坚实的基础。1993年底，江苏省印发了《关于在苏南地区组织实施教育现代化工程试点的意见》，在苏南及沿江地区正式开始启动实施教育现代化工程。

江苏省教委在《关于在苏南地区组织实施教育现代化工程试点的意见》中明确苏南及沿江发达地区实施教育现代化工程的总目标是：到20世纪末达到亚洲"四小龙"20世纪80年代末的平均教育水平，21世纪中叶接近发达国家的教育水平；苏北地区，特别是苏北农村地区，以教育促小康工程为内涵，加快发展、优先发展教育事业，以达到小康目标中的教育标准；发挥教育的功能作用，利用教育来致富农民，直接有效地为经济建设和社会发展服务，促进了小康目标的全面实现。① 到 1994 年上半年，试点单位发展到沿江 8 个省辖市所属的 22 个县（市、区）的 76 个乡镇，600 多所各级各类学校。② 根据江苏省苏南、苏中、苏北地区之间的经济和社会发展水平与教育基础存在明显差距的现状，江苏省坚持"因地制宜、分区规划、分类指导"的原则，在教育现代化的大目标下，不同区域提出了在同一时空条件下教育现代化建设不同阶段的目标和任务。1994 年底，江苏省又提出了《关于在苏北地区农村组织实施教育促小康工程的意见》，分别在苏南及沿江地区推进实施教育现代化工程，在苏北地区大力实施教育促小康工程，在苏中地区则要求把两个工程的实施有机衔接起来，边全面推进教育促小康工程的实施，边选择一批学校和乡镇试点实施教育现代化工程。

江苏省在苏南试点实施教育现代化工程之初就十分注重培训干部，更新他们的教育观念，提高他们对这项工程实施的意义的认识，调动他们的工作积极性，激发他们的创造性。1994 年上半年，江苏省教委召集苏南及沿江地区教育现代化工程试点乡镇和学校的 22 个县（市、区）的教育行政部门主要负责人，在常熟市接受了以教育思想现代化为核心内容的理论与实践培训。从 1994 年开始，省教委每年举办一次对所有试点乡镇长的培训，同时每年组织高校、县（市）的政府领导或教育行政部门负责人或试点乡镇的乡镇长到其他国家和地区进行考察。各省辖市、县（市、区）也每年对教育行政部门负责人、学校和乡镇领导进行多种形式的培训。1995 年省教委在宜兴市组织召开了本省范围内的理论与实践工作者参与的江苏教育现代化理论与实践研讨会，寻求教育现代化的理论支撑，总结实践经验。

通过在苏南及沿江地区试点实施教育现代化工程，各地都把教育现代化工程由教育系统的局部性试点工作迅速转为由党委、政府总揽发展全局的重点工程，其教育现代化建设取得了初步成效。在无锡，政府行为已成为教育现代化工程的首要保证，各县（市）、区先后召开了以实施教育现代化工程为主要内容的教育工作会议，把教育现代化工程列入本地经济和社会发展的总体规划，并把它作为落实"科教兴市"战略的重大举措；

---

　　① 见江苏省教育委员会 1993 年 12 月 15 日印发的《关于在苏南地区组织实施教育现代化工程试点的意见》（苏教研［1993］4 号）。

　　② 王国强：《江苏教育现代化实践》，红旗出版社 1999 年版，第 3 页。

不少乡镇的实施规划和分年度目标还经乡镇人大会审议通过；锡山市、江阴市、宜兴市的市长和所辖乡镇的乡镇长都签订了实施教育现代化工程的《目标责任书》，做到"六个明确"（即年度目标明确、具体项目明确、资金投入明确、达标时间明确、主要责任人明确、验收要求明确）。作为政府行为的力度所在改善教育的投入机制，增加对教育的投入。无锡市政府从1995年起3年筹措3亿元用于市区学校的现代化建设，其所辖的三县（市）也通过多种渠道大幅度增加教育投入。[①] 通过教育现代化工程的实施，苏南及沿江试点地区学校的教育思想、教育发展水平、教学体系、教师队伍、办学条件、教育管理等方面的现代化水平均得以显著提升，为江苏在全国率先实现"两基"目标奠定了坚实的基础和保障。在义务教育领域，到1995年，江苏省有102个县（市、区）、2020个乡镇普及九年义务教育，人口覆盖率达95%。到1996年9月，余下的4个县38个乡镇也通过了省级九年义务教育的验收，实施九年义务教育的人口覆盖率达到100%，全省适龄儿童入学率达99.8%，小学毕业生升学率达96.5%、7—15周岁残疾儿童接受九年义务教育的入学率达89.4%、青壮年非文盲率已达98.4%。[②]

（二）区域推进教育现代化阶段（1996年以来）

江苏在1996年于全国率先实现"两基"目标后，省委省政府在该年度的教育工作会议上又及时提出"江苏要在全国率先推进教育现代化，高举这面旗帜，使江苏教育继续走在全国的前列，真正做到用教育的现代化来促进和保证江苏经济建设和社会发展的现代化"。由此，拉开了江苏全省推进教育现代化建设的序幕。作为经济和社会发展现代化必然要求的教育现代化工程，也由苏南及沿江地区的区域性试点工作，逐渐成为江苏全省范围的全局性工作。

借助于区域化推进教育现代化工程形成的良好氛围，原先试点工作的经验得到了迅速及时的推广。从1996年开始，江苏从试点乡镇中评估确认了14个"江苏省实施教育现代化工程示范乡镇"。到1998年，江苏苏

---

① 王国强：《江苏教育现代化实践》，红旗出版社1999年版，第23页。

② 同上书，第5页。

南及沿江地区又涌现出 141 个由省教委评估确认的"先进乡镇"。[①] 示范乡镇有力地推动了面上乡镇的工作。江苏各地在分区规划教育现代化建设工作之后，又依据各类教育的实际，建立了素质教育实验区、现代职业教育制度改革实验区、终身教育实验区、师范教育综合改革实验区、高等教育体制改革和布局结构调整实验区、省级教育综合改革实验区等各种实验区，有序地推进了各类教育的现代化进程。

江苏省在全省范围以实施教育现代化工程和教育促小康工程来引导各区域逐步实现教育现代化的各项阶段性目标任务的同时，还抓住各级各类教育的现代化建设重点、难点和关键环节，通过实施若干项子工程[②]，促进各项阶段性目标任务的逐步完成。如江苏省从 1997 年开始实施"改造薄弱学校工程"，计划到 2000 年全省将改造 4000 所薄弱学校，其中小学 3200 所，初中 800 所。改造薄弱学校的主要途径，一是实行初、高中分设，加强初中的建设和管理；二是结合学校布局调整撤并部分办学条件差、又不在最终学校规划布局内的初中或小学；三是为薄弱学校调配好校长和骨干教师；四是增加对初中的经费投入。到 1997 年，全省用于改造薄弱学校的经费达 10 多亿元，共改造薄弱学校 1626 所；省教委安排了 2000 万元用于对改造薄弱学校的奖励和补助。1998 年 1 月到 8 月，江苏全省又改造薄弱学校 1334 所。[③] 通过实施若干项子工程，江苏省教师队伍在素质、结构及稳定性方面都得以提升。到 1998 年，小学、初中、高中、职高教师的学历达标率已分别达到 94.82%、85.83%、64.71% 和 37.33%，其中小学教师、初中教师学历大专化、本科化程度已达到 17.66%、11.28%。同时，江苏还大力实施"安居工程"，仅 1998 年教师住房建设开工 262 万平方米，建房总投入 13.1 亿元，建成住房 156 万平方米，使广大教师安居乐业。[④]

江苏省在实施教育现代化建设中，大力推进全省教育信息化步伐，提高各级各类教育的现代化水平。至 1998 年，全省已有 OEH（办公教育家庭一体化）网入网学校 120 多所。一批中学已经建成校园网并向公

---

① 王国强：《江苏教育现代化实践》，红旗出版社 1999 年版，第 13 页。

② 江苏省教育现代化工程内容丰富，其子工程有："改造薄弱学校工程"、"1122 工程"、"211 工程"、"青蓝工程"、"333 工程"、"名师名校长工程"、"师表工程"等。

③ 王国强：《江苏教育现代化实践》，红旗出版社 1999 年版，第 14 页。

④ 同上书，第 15 页。

众开放。建设江苏教育和科研计算机网，这是国内第一个省级规模的计算机网，它的主要任务是把全省高校联入中国教育和科研计算机网（CERNET）主干网。该网的二期工程于1998年底完成建设任务并顺利通过验收，其覆盖江苏7个省辖市中心城市，除了连接省内所有本科院校外，还连接了其他有关单位，入网主机3000余台，为高校教育科研和高层次人才培养发挥了巨大作用。1999年，江苏省正式建成开通基础教育计算机网，有300余所基础教育学校联网。同时，启动江苏教育和科研计算机网第三期工程，召开全省教育信息化工作会议。至2000年，江苏教育和科研计算机网覆盖全省高校和部分重点中学、职教中心、成人高校和实验小学，所有省辖市和县（市、区）教育行政部门也同时入网。[①] 在进行网络建设的同时，通过信息资源建设、网络应用系统建设，加强信息化技术知识的普及等工作，为江苏省学习化社会的形成提供有力的支撑。

进入21世纪以来，江苏省的教育现代化工程仍然持续实施，并重点向农村中小学倾斜。江苏省委省政府、省教育厅制定并实施了农村中小学"布局调整和危房改造工程"（2001）、"三新一亮工程"（2003）、"六有工程"（2004）、"校校通工程"（2005）、"四配套工程"（2006）、"留守少年儿童食宿条件改善工程"（2008）、"校舍安全工程"（2009）等多项政策，通过经济、人力、物资等支持方式，有效地改善了全省农村中小学教育的办学条件，提高了全省农村中小学教育的现代化水准，促进了全省基础教育的优质均衡发展。在办学条件改善方面，2002年1月至10月，江苏全省共投入危房改造资金15.25亿元，220万平方米的C、D级危房已全部拆除，新建扩建校舍406.8万平方米，其中竣工298.9万平方米，B级危房大部分完成维修任务。[②] 至2005年，江苏省"三新一亮"整个工程总投入已达4.2亿元，其中江苏省教育厅募集资金近2000万元，定制80万套双人课桌椅，送达最贫困的地区。至2005年5月，全省累计新增单人课桌凳290.7万套；累计维修单人课桌凳293.1万套、讲台4.4万张；通电并安装照明设备教室13.2万个。"三新一亮"工程全面完成后，教室里高高低低的破旧课桌不见了，两条腿的椅子、三条腿的凳子彻底绝

---

① 王国强：《江苏教育现代化实践》，红旗出版社1999年版，第20页。

② 《江苏农村中小学危房改造任务有望年内完成》，人民网2002年11月15日。

迹。所有教室告别了黑暗，迎来了光明。[1] 全省范围内全面实现了"校校通"，列入省帮扶范围的县（市、区）布局调整后保留的公办乡镇初中、乡镇中心小学，也配置了 1 个 50 台计算机的网络教室和 1 个多媒体教室，农村定点完全小学，配置 1 个 20 台计算机的网络教室。2007 年开始全面实施"江苏省教师教育网络联盟计划"，建设开通"江苏教师教育"门户网站，作为实施教师网联计划的硬件载体，成为全省开展教师继续教育、为教师自主学习提供服务的公共平台。按照教师教育网络联盟计划实施要求，江苏省教育厅积极组织实施全省中小学教师网络培训工作。2007 年组织全省班主任网络培训 10950 人，学员就教育教学工作实践问题发帖回帖数合计 205974 次，人均 18.8 次。[2] 农村中小学校有了整洁的校园，有满足师生就餐需要的卫生食堂，有冷热饮用水，有水冲式（符合农村改厕要求）厕所，有安全宿舍，寄宿生 1 人有 1 张床。2008 年江苏省财政安排专项资金 2 亿元，在苏北 5 市申报的基础上选择 22 个县的公办农村初中开展试点，完成试点地区初中新增的宿舍和食堂建设任务，为家庭无监护条件、距离学校较远、确需寄宿的留守少年儿童提供安全的宿舍、卫生的食堂。2009 年 5 月 27 日，江苏省教育厅、省发改委、省财政厅及省建设厅四部门联合召开全省中小学校舍安全工程推进工作会议，要求各地切实加强组织领导，把实施校舍安全工程作为当前民生工程和教育工作的重点工作，有序有力有效地加以推进。截至 2010 年 8 月底，江苏省中小学"校安工程"累计投入 109.16 亿元，支出资金 91.3 亿元，开工单体建筑物 3276 栋，累计开工面积 976 万平方米，其中已竣工 562 万平方米。[3] 截至 2010 年 11 月，全省累计开工学校 1563 所，开工单体建筑物 4123 栋，开工面积 1118 万平方米，竣工 699 万平方米。[4]

从 1996 年开始，江苏省教委组织开展对乡镇教育基本实现现代化工作进行每年一度的评估工作。乡镇教育基本实现现代化评估的对象是乡镇

① 华中文：《江苏"三新一亮"工程造福苏北农村中小学生》，《现代快报》2005 年 5 月 31 日。

② 江苏省教师培训中心：《2007 年江苏省中小学班主任网络培训工作简报》（第 6 期），江苏教师教育网。

③ 陈瑞昌、陈昌华：《江苏校安工程 3 年将投 252 亿》，《中国教育报》2010 年 10 月 19 日。

④ 沈大雷、缪志聪：《江苏校安工程撑起"安全伞"累计投入 102.3 亿元》，《中国教育报》2011 年 1 月 26 日。

政府，评估以当地有关经济和社会发展现代化和省教委实现教育现代化工程有关文件为依据，对乡镇实施教育现代化工程的指导思想、具体措施及其成效进行系统的调查和分析，对乡镇全民受教育水平、教育发展水平、办学条件水平、师资队伍水平、教育管理水平和教育投入水平等作出全面、客观的评价，指导和推动乡镇教育现代化工程的实施。[①] 通过连续多年对乡镇教育基本实现现代化给予大力推进与评估，江苏全省教育现代化程度得以极大提高，在全省范围内完成了教育基本现代化的目标。

2007 年，江苏省委、省政府研究制订并颁布了《江苏省县（市、区）教育现代化建设主要指标》[②]，标志着江苏省教育现代化建设正从基本现代化向全面现代化的跨越。从 2007 年 10 月起，省教育厅组织首批县（市、区）教育现代化建设水平评估，充分发挥以评促建的重要作用。5 年多来，全省 112 个县（市、区，含经济开发区）中，已有 95 个接受了省级评估，其中 79 个已被省政府表彰为"江苏省教育现代化建设先进县"。评估工作由教育主管部门负责评建规划，地方政府组织创建，江苏省教育评估院具体负责实施。在 2010 年、2011 年开展县域教育现代化建设水平评估的同时，江苏省还进行了社会满意度调查，把政府评价与群众评议结合起来，把专家判断与社会评价结合起来，形成一种倒逼机制来推动教育现代化建设。为了调动各地创建教育现代化的创造性和积极性，从 2009 年起，江苏省政府对经过评估认定的县区进行表彰。认定为"江苏省教育现代化建设先进县（市、区）"的，省财政给予每县 100 万元、每区 50 万元的奖励。

在江苏，区域教育现代化建设与评估已经成为地方党政部门和全社会最为关注的重大教育工程。各县区党委和政府把创建教育现代化先进县作为全局性重点工作，作为重要民生工程，从规划制定、组织领导、经费投入、内涵建设等方面全面统筹、科学推进。县区党政主要领导都亲自挂帅，切实抓好影响教育现代化推进的重点、难点问题。教育投入的保障机制和优先增长机制不断完善。据统计，2010 年评估的 15 个县（市、区）

---

① 见江苏省教委印发的《江苏省乡镇教育基本实现现代化评估意见（试行）》（苏教综改办 [1996] 10 号）。

② 见《江苏省政府办公厅关于转发省教育厅〈江苏省县（市、区）教育现代化建设主要指标〉的通知》（苏政发 [2007] 59 号）。

近 3 年为教育现代化建设直接投入 51 亿元；2012 年评估的 16 个县（市、区）3 年投入 89.8 亿元。2010 年，全省全社会教育投入比上年增长 18.92%，比同期全省 GDP 增长比例高出 6.22 个百分点。① 这使得办学条件得到极大改善，城乡学校面貌焕然一新，教育现代化装备到位。目前，接受过评估的县区，各学校全部实现宽带上网，每所建制学校绝大部分做到"班班通"，师机比和生机比达到了 2∶1 和 10∶1；"校安工程"建设任务全面完成，城乡大多数中小学校都铺设了塑胶跑道，到处充满着现代化气息。江苏省在 2009 年普及 15 年教育的基础上，2012 年全省义务教育入学率、巩固率、学前三年普及率和高中阶段教育毛入学均远超全国平均水平，已达到或超过世界发达国家的发展水平。全省已经接受评估的 95 个县区，各类教育发展水平均超出全省平均水平。

二　L 县的政策执行与积极成效

当江苏省的苏南及沿江开始进行教育现代化试点工作的时候，L 县并没有纳入省教育现代化试点县，只是自 1995 年开始实施江苏省提出的《关于在苏北地区农村组织实施教育促小康工程的意见》这一政策。因此，L 县的教育现代化包括农村义务教育现代化工程在 20 世纪实为"教育促小康"工程。

进入 21 世纪后，随着江苏省的多项农村义务教育现代化政策的实施，全省义务教育学校尤其是农村义务教育学校办学条件显著改善。一是大力推进合格学校建设，努力缩小学校办学条件的差距。根据《中共江苏省委江苏省人民政府关于加快建设教育强省的率先基本实现教育现代化的决定》（苏发［2005］15 号）提出的"到 2010 年，江苏全省教育整体水平和综合实力要达到或接近中等发达国家水平，率先基本实现教育现代化"的要求，江苏省教育厅于 2007 年 5 月制定了"江苏省县（市、区）教育现代化建设主要指标"，指标共 16 条，并于 2007 年 7 月启动江苏省县（市、区）教育现代化建设水平评估工作。② 2010 年 7 月 29 日颁布的

①　陆岳新：《从"学有所教"向"学有优教"跨越》，《中国教育报》2012 年 5 月 17 日。
②　见江苏省教育厅《关于开展县（市、区）教育现代化建设水平评估的通知》（苏教评［2007］2 号）。

《国家中长期教育改革和发展规划纲要（2010—2020年）》提出到"2020年要基本实现教育现代化"这一宏伟目标，江苏省依此精神，印发了《江苏省中长期教育改革和发展规划纲要（2010—2020年）》，并发出通知，要求各地各部门结合实际认真贯彻执行。2012年3月，江苏省政府办公厅转发了省教育厅《江苏省义务教育学校现代化办学标准》①，加快推进全省义务教育学校标准化现代化建设，全面提升义务教育优质均衡发展水平。

在江苏省大力推进教育现代化的进程中，L县人民政府于2007年10月下发了《县政府关于进一步推进全县教育现代化建设工作的意见》（L政发〔2007〕209号），对全县的教育现代化建设工作作出部署，并排出了L县教育现代化创建工作推进规划表。自此，L县全县上下开始了教育现代化建设的步伐。L县在教育现代化政策的执行过程中，形成了一条"县委、县政府—县教育局—乡镇政府—学校"政策执行的链条。那么，在农村义务教育现代化创建的过程中，其政策链条上的不同行动者是如何执行政策的？笔者通过个案研究的方法，对L县支持农村义务教育现代化创建的政策执行情况进行考察。

（一）县委、县政府：高度重视，全面部署

L县县委、县政府在教育现代化创建的政策执行中扮演了十分重要的角色，省教育现代化政策在县级政策层面的再制定过程中体现尤为明显。从2010年以来L县的教育现代化创建实践来看，由于教育现代化创建工作涉及面广、任务重、难度大，为了保证教育现代化创建工作的顺利进行，一方面，L县委、县政府高度重视教育现代化创建工作，确立了"以党的十七大精神和科学发展观为指导，落实'教育立县'战略，强势推进教育现代化建设，建立先进理念，深化教育改革，规范办学行为，提高管理水平，实施素质教育，加强队伍建设，增加经费投入，改善办学条件，关注困难群体，推进依法治校，全面贯彻党的教育方针，努力提高育人质量和办学效益，切实推进教育优质、均衡发展，为L县早日实现教

---

① 见《江苏省政府办公厅关于转发省教育厅江苏省义务教育学校现代化办学标准的通知》（苏政办发〔2012〕35号）。

育现代化努力奋斗"[①] 的教育现代化创建指导思想；另一方面，在充分了解本县各级各类教育现状的基础上，认识到全县教育现代化创建工作需要举全县之力，需要县委、县政府的大力支持。为此，L 县委、县政府主要采取了以下两种行动。

1. 强势推进

L 县"强化推进"教育现代化创建工作，已经被写入 L 县人民政府2010 年 9 月 17 日制定的《L 县教育现代化创建规划》文件中。L 县教育局于 2008 年初，依据"江苏省县（区）教育现代化建设主要指标"和省、市有关会议精神，多次召开专题会议，对照指标，找出差距，于2008 年 5 月、6 月两个月，对全县所有学校的教育发展、办学条件、师资队伍、教育投入、学校管理等情况进行了一次全面调研，并将有关情况及时向县委、县政府作了汇报。经过调查摸底测算，全县推进教育现代化工作共需投入 3.4 亿元，其中初中需投入 15506.3 万元，小学、幼儿园需投入 15342.4 万元。[②] 2010 年 12 月，L 县教育局测算本县教育现代化指标的各项创建（不含三所高中创三星）需资金 86602.3 万元。[③] 对此，LWH书记做出批示，要求县委县政府加大投入，"强势推进"全县的教育现代化创建工作，确保 2013 年顺利通过江苏省教育现代化参加评估验收。时任 L 县县委 LWP 书记在"全县教育现代化创建推进会"，将县委、县政府的"强势推进"的原因解释为：第一，县域全面实现教育现代化，是县委、县政府实现江苏省"从基本现代化向全面现代化跨越"的重要举措，是县委县政府认真实践国家和江苏省《中长期教育改革和发展规划纲要（2010—2020 年）》，把教育改革发展放在全局工作中的优先位置，提高领导教育工作的能力，主动关心教育、深入研究教育，按照规律管好教育、办好教育的具体体现；第二，实践证明，政府大力支持是县域教育现代化成功创建的有效保障；第三，"强势推进"表明了县委、县政府在本县教育现代化创建工作中的态度和决心，是提高县委县政府的战斗力、凝聚力和执政能力的一次大好机会。[④]

---

① 见 L 县人民政府 2010 年 9 月 17 日制定的《L 县教育现代化创建规划》。
② 见 L 县教育局 2010 年 8 月 23 日的《L 县推进教育现代化工作情况汇报》。
③ 见 L 县教育局 2010 年 12 月 16 日的《关于创建教育现代化有关情况的汇报》。
④ 参见 LWP 在 2011 年"全县教育现代化创建工作动员大会"上的讲话（2011 年 9 月 16日），载《L 县教育现代化创建工作资料汇编》（2011 年卷），第 46—47 页。

而"强势推进"在 L 县教育现代化创建工作上，主要体现在"加大力度"和"制订规划"上。"加大力度"要求"各单位要紧紧围绕教育现代化目标，提高教育发展水平，不断增加教育投入，逐步改善办学条件，关爱经济困难群体，盘活社区教育资源，加大信息化建设力度，合理规划学校布局，完善安全保障体系，努力规范办学行为，全面实施素质教育"，"制订规划"要求"各单位要结合我县 2014 年小康社会建设规划，根据教育现代化创建工作 16 条指标要求，分指标、分时段、分步骤制定本单位教育现代化创建规划"，① 确保到 2013 年顺利通过省教育现代化评估验收。

2. 会议发动

在 L 县，每次开展的重大活动，基本上都有一个程序化的步骤：一个是"动员大会"为序幕曲，在这个动员大会上，首先由主抓此项工作的领导宣读实施意见，接着是由一个级别更高的领导宣读"关于成立某某活动领导小组的意见"，然后是有关的具体落实此项工作的局委或乡镇领导或代表讲话，最后是县最高领导（往往是县委书记）从一个较高的高度就此次活动的重大意义、重要性以及活动的实施提出自己的意见和要求，"找出差距、指明方向、给行动者以压力，再适当给以动力"②。教育现代化创建，是 L 县落实中共江苏省委、江苏省人民政府《关于加快建设教育强省率先基本实现教育现代化的决定》（苏发〔2005〕15 号）提出的"到 2010 年，全省教育整体水平和综合实力要达到或接近中等发达国家水平，率先基本实现教育现代化"战略任务的重要举措。由于 L 县的经济基础薄弱，在 2010 年接受教育现代化验收评估工作存在很大的难度。省教育厅组织调研后，要求类似 L 县的县区"教育现代化建设与当地小康社会建设相结合"③，L 县同时定下了"教育现代化建设必须在 2012 年完成，2013 年顺利通过省验收"的创建目标。因此，L 县的教育现代化创建工作，不仅仅是教育局的事情，而且是县委、县政府 2013 年前需要主要抓好的一项"政治任务"。为此，县委、县政府决定召开"全

---

① 见 L 县教育局《关于转发〈省教育厅关于进一步完善区域教育现代化创建规划暨做好 2010 年县（市、区）教育现代化建设水平评估工作的通知〉的通知》（L 教发〔2010〕85 号）。

② 据对 L 县县委办 LFW 主任的访谈。

③ 见 L 县教育局 2010 年 12 月 16 日的《关于创建教育现代化有关情况的汇报》。

县教育现代化创建工作动员大会"，来推动全县教育现代化创建工作。

2011 年 9 月 16 日，L 县的"全县推进教育现代化创建工作动员大会"在县人民剧场隆重召开。县委县政府四套班子主要领导、各局委、各乡镇的正副职领导、各级各类学校的校长参加了会议，动员大会由 LCL 县长主持。在会上，L 县县委 LWP 书记指出：加快教育现代化建设"顺应了教育优先发展的政策导向，彰显了教育事业的基础性、全局性、战略性作用，既是市委市政府对我县教育工作的充分肯定和殷切期望，也是我县教育事业在形成特色、形成优势之后必然的发展方向⋯⋯我们必须在普及基础教育、发展职业教育、实施素质教育、提升高等教育、推进教育改革、促进城乡统筹、维护教育公平上狠下功夫，努力实现更大突破、取得更多成果"。① 会议上，县长 LCL 宣布成立县教育现代化创建工作领导小组，创建工作领导小组组长由 L 县人民政府 LCL 县长担任，成员包括县教育局、县体育局、县财政局、县统计局、县发改委、县公安局、县信访局、县卫生局、县环保局、县政法委以及各乡镇主要领导等，创建工作下设办公室，县教育局局长兼任创建办公室主任，成员由教育局各科室负责人组成。创建办公室下设普通教育创建组、师资队伍建设组、办学条件改善组、电教装备创建组、职成社教育组、安全环境工作组、纪检监察工作组、宣传报道工作组、体卫艺工作组、资料工作组等 11 个职能工作组。县委 LWP 书记同时要求："县委县政府各部门、各单位要高度重视教育现代化创建工作，统筹规划，加大创建力度，各职能工作组要分工明确，通力合作，确保 2013 年完成省级教育现代化创建评估验收这一重大政治任务的顺利完成。"②

从 L 县的教育现代化创建工作举行隆重的动员大会这一场景我们可以看到，教育政策执行的一个重要手段就是开会。而召开动员大会作为一个重大政策活动的行动策略，已经成为中国常态化的政策运作机制。通过"动员大会"这一政策运作机制，成功地实现将"国家权力与政治力量深刻而透彻地嵌入普通民众的日常生活之中"③。政府或科层组织通过召开

---

① 参见 LWP 在 2011 年"全县教育现代化创建工作动员大会"上的讲话（2011 年 9 月 16 日），载《L 县教育现代化创建工作资料汇编》（2011 年卷），第 46 页。

② 同上书，第 53 页。

③ 樊红敏：《县域政治权力实践与日常秩序——河南省南河市的体验观察与阐释》，中国社会科学出版社 2008 年版，第 209 页。

动员大会的形式，将渗透着国家权力与政治力量的这一运作技术发挥到极致，使得地方民众以一种"积极亢奋的状态"卷入政治社会生活，从而让地方社会民众在这样一个个会议场景中被建构起政策的认同意识并进而产生政策执行的集体行为。当然，在L县召开全县教育现代化创建工作动员大会后，各局委尤其是教育局文体局、各乡镇以及各学校还需要召开本单位的动员会议，传达县委、县政府关于全面推进教育现代化创建工作的会议精神，进一步落实本单位教育现代化创建工作的具体部署，使得政策执行的触角不断延伸到每一个角落。

（二）县教育局：政策再解读与"技术手段"的运用

　　县教育局作为L县管理全县教育的职能部门，在承担本县教育现代化创建工作任务上，其负有义不容辞的责任。在实施教育现代化工程中，L县县委、县政府实行统一领导，县教育局"负责统筹协调组织，并把好质量评估关"①，是L县教育现代化创建工作的执行主体。对此，县教育局局长LJN说："教育现代化创建，县政府统一领导，财政局负责资金投入，各乡镇人民政府对本辖区基本实现教育现代化工程负总责，教育局负责具体实施。"县（市、区）教育现代化建设水平评估是对区域教育整体水平的综合评估，在2007年，江苏省就县（市、区）教育现代化建设提出了16项主要指标，于2007年10月召开了全省市、县、区的分管教育的政府领导以及教育局局长、副局长参加的"全省教育现代化建设水平评估动员会议"，在对江苏全省县（市、区）教育现代化建设水平评估工作动员、部署的同时，也对省教育厅提出的县（市、区）教育现代化建设的6项主要指标进行了解读。L县教育局作为本县主管教育的行政部门，深知本县的经济条件以及教育现代化建设存在的种种困难，但是它作为县政府的一个职能部门必须根据县委政府对教育现代化建设的"总体规划和要求"采取行动，况且县委、县政府的这一"总体规划和要求"也符合其自身的利益。因此，县教育局在教育现代化政策的执行过程中，直接面对担忧与希望共存的基层官员、学校校长和一线教师，为了顺利完成本县教育现代化创建这一重大的"政治任

---

　　①　见L县人民政府《县政府关于进一步推进教育现代化建设工作的意见》（L政发［2007］209号）。

务"，县教育局通过一系列的策略性的选择，使县政府制定出来的教育现代化创建政策更能够适应自身对本县域教育发展形势的判断、对政策的理解。他们采取的行动主要有：

1. 对省级政策进行自身需要的再解读

教育政策作为政策执行的政策文本，是以抽象的、原则性的规则呈现的，在政策执行中需要政策执行者对政策文本进行理解、分析，并转化为具体的政策行动方案，亦即转为行动规则之后，政策才能在具体的教育环境中取得更好的实效。那么，L 县教育局在执行县域教育现代化 16 条主要指标及其在县域教育现代化创建及迎接评估过程中，如何对这一抽象的政策文本规则进行再解读，将其转化为具体的政策行动规则，就成为县教育局必须面对的一个现实问题。在以下几个例子中，我们可以清晰地看到县教育局对这一策略的运用。

（1）对"县域教育现代化 16 条主要指标"的解读

2007 年江苏省制定了"县（市、区）教育现代化建设 16 项主要指标"，作为县教育局，将直接面对这 16 条指标的评估和考核。作为对这一指标的回应，L 县教育局认为：16 指标体系可分为三大板块：第 1 条至第 6 条为第一板块，是对教育事业发展水平目标的表述。既包含了对学前教育、义务教育、高中教育、高等教育、社区教育、职工培训、特殊教育等各级各类教育覆盖面的关注，又有对各级各类教育发展数量上的要求。第 7 条到第 12 条为第二板块，是对江苏教育质量目标的表述，反映了省对各区县政府建设和扩大优质教育资源的期望，表达了江苏人民对优质教育资源的追求。这一板块从两个方面分别表述，第 7 条至第 9 条是对幼儿园和学校整体创优的要求，第 10 条至第 12 条提炼出了构建优质教育体系的 3 个核心要素，即素质教育、师资质量和信息化水平，将此 3 要素作为独立指标分别列出，说明其在优质教育体系中的地位极为重要。第 13 条至第 16 条为第三板块，表述了省对区、县政府重视、支持和保障教育的管理水平目标，反映的是政府办人民满意教育的决心。L 县教育局 LJN 局长在通过对照指标、摸底自评后认为："创建的过程是动态的，指标反映的情况也有动态的。2010 年 12 月，我县 16 条指标中，已达标 2 项，基本达标 2 项，其他指标均在一些项目上尚有差距。但是，我们存在的这些差距还是经费投入不够，是硬件不足，经过测算需要再投入资金 8.6 亿元，这还不含三所高中创三星的经费，这需要县委、县政府拿出这笔钱。形势严峻啊。好在县委听过我们的汇报后已经明确表态要拿出这笔钱。"① 通过对县域教育现代化主要指标的解读，政策的基层执行者更加清晰政策执行中存在的问题与现实差距，并为进一步解决这些问题与差距提供依据。

（2）对指标中关键概念的解读

在江苏省县域教育现代化指标中，L县认为关键性的概念有3个，即"素质教育"、"优质"、"义务教育和学校信息化"。对此，L县教育局的观点是："第一，优质是相对的，按照省里的标准我们的优质园（校）比例当前较难达到，但优质园（校）是创出来的，我们可以解决幼儿园（校）质量不过硬的问题，可以通过加强学校建设力度或进行合理的布局调整来创建优质园（校）。第二，素质教育不是软指标，它反映在学校教育的诸多方面，我们解读为'5个有'，就是有督促学校开齐开足规定课程的措施；有合理的学生在校学习时间规定、作业量规定、考试评价规定；有督促学校实施《国家学生体质健康标准》、确保学生每天开展一小时体育锻炼的措施；有足够的青少年课外活动场所和教育实践基地；有科学合理的评价学校制度。这'5个有'可都是实实在在的、一点不软。第三，义务教育和学校信息化就是课堂教学多媒体、学校联网校校通。这方面除了加大投入以外，没有其他更好的办法，县教育局将按照省里的有关要求，向县财政多争取教育装备经费，重点推进广大的农村学校教育信息化。"②

（3）对县域教育现代化评估环节的解读

L县教育局从以往接受教育评估的经验来看，本次县教育现代化创建评估组专家将主要是通过"看资料、听汇报、现场考察、个别访谈"等四个环节来获得对评估对象的认知并最终给出评估结论。对县域教育现代化创建评估，省里提出，在考量相关指标时，将注意数据的四个"一致性"：一是不同系统统计数据口径的一致性，二是计算百分比时分子与分母的一致性，三是区县提供数据与教育厅掌握数据的一致性，四是区县自评结果数据与专家组考察结论的一致性。③ 因此，对于教育现代化创建工

①　来自访谈录音：2012—3—18—LJN。

②　同上。

③　见2007年10月9日杨晓江在江苏省"全省县（市、区）教育现代化建设水平评估动员会议上的发言"。

作，L 县教育局 LJN 局长认为："要让数据说话，让事实说话。"① 为此，
2011 年 7 月 17 日，L 县组织召开了"全县填报教育现代化建设水平相关
数据工作会议"，在会议上，L 县教育局 LGJ 副局长要求"这次填报的相
关数据，必须以年报数据为准，2010 年的年报数据，各单位的会计都有，
也可以从教育局网上下载；2011 年的年报还没有开始，但填报的数据必
须与会计对头吻合，以便会计搞年报时数据吻合，否则，我们本次所做的
一切工作都白费，必须重来。因此，各单位岗位同志要熟悉本次填报教育
现代化建设水平相关数据工作的流程，要严格按照数据填报要求认真填
报，认真收集资料，认真进行整理，确保工作不走弯路"。② 至于"让事
实说话，就是一定做好评估专家组的现场考察的选点工作，选择有典型性
的现场安排专家考察。对于个别访谈环节，我们并不担心。分管县长、教
育局长和财政局长为必须访谈对象，其他个别访谈的对象也是我们选择政
治业务、素质水平高的校长或教师代表，你知道，在事关全县发展大局的
重要关头，大家这点自觉性还是有的"。③ L 县教育局 LJN 局长这样告诉
笔者说。

2. 制定县域教育现代化创建的具体方案

县域教育现代化政策的具体实施，需要由执行计划指定的各级各类
行政组织或个人按照政策的要求和计划赋予自己的职责，积极采取更为
具体的措施和行动，它是省级教育现代化政策在县域内的具体化的执行
过程。L 县政府在 2007 年就根据《江苏省县（市、区）教育现代化建
设主要指标》（苏政办发〔2007〕59 号）和省教育厅《关于开展县
（区）教育现代化建设水平评估工作的通知》（苏教评〔2007〕2 号）
的精神，结合 L 县的实际情况，对各乡镇人民政府，县各委、办、局，
县各直属单位下发了《县政府关于进一步推进全县教育现代化建设工作
的意见》（L 政发〔2007〕209 号），其中，"L 县教育现代化创建工作
推进规划表"以文件"附件 2"的方式一并印发。到了 2010 年，L 县
政府为"认真贯彻党的十七大精神，落实县委、县政府确立的'教育

---

① 来自访谈录音：2012—3—18—LJN。
② 见 2011 年 7 月 17 日 L 县教育局副局长 LGJ 同志在"全县填报教育现代化建设水平相关
数据工作会议上的讲话"讲话稿。
③ 来自访谈录音：2012—3—18—LJN。

立县、工业兴县、人才强县、和谐建县'的发展战略,以打造'教育名城'为指引,确保2013年顺利通过江苏省教育现代化创建的评估验收"①,根据江苏省县(市、区)教育现代化建设主要指标及评估的有关文件精神,制定了"L县教育现代化创建规划"。依此创建规划,L县教育局于2010年12月5日制订了"L县教育现代化创建方案"②,为本县教育现代化创建指导思想、组织机构、创建目标、创建措施等,并详细制定了包含11个职能工作组的"创建方案"。政策执行的具体方案及其实施,"直接关系到政策目标能否实现以及实现的程度,它是政策执行过程中最为现实的根本环节"③,它是执行组织的机制运作、发挥组织功能的过程。但是,这一个政策执行"根本环节"的实现,还必须依靠L县教育局采取有力的行动措施,形成强大的政策执行力,只有这样才能让"创建规划"或"创建方案"落地开花。

3. 采取具体措施保证对政策执行的掌控力

在一个县里,教育现代化创建需要政策的目标单位(各乡镇和各学校)以及相关工作人员的齐心协力,通力合作,才能保障政策的顺利执行。为了确保本县教育现代化创建目标的顺利完成,促使各乡镇、各级各类学校按照省里提出的县域教育现代化16项主要指标推进本乡镇、本单位的教育现代化建设工作,L县教育局采取了以下具体措施:

(1)成立创建办,任务分解

2010年12月,L县教育局在向县委、县政府的专项汇报中,提请县委政府成立了"L县教育现代化创建工作领导小组",组长由县长CWJ担任,副组长由县委宣传部部长WLH和GS副县长担任,成员由教育局、财政局、统计局、发改委、公安局、信访局、卫生局、环保局、政法委等相关部门负责人和各乡镇长担任。④ 创建工作领导小组的职能是统筹、协调全县的教育现代化创建工作。创建工作领导小组下设办公室,办公室设在教育局,教育局副局长LGJ同志具体负责教育现代化创建工作。根据教育现代化创建工作任务分解情况,创建办公室下设了普通教育创建组、

---

① 见L县人民政府2010年9月17日制定的"L县教育现代化创建规划"。

② 见L县教育局2010年12月5日制定的"L县教育现代化创建方案"。

③ 袁振国:《教育政策学》,江苏教育出版社2000年版,第314页。

④ 见2010年12月16日L县教育局"关于创建教育现代化有关情况的汇报"材料。

师资队伍建设组、办学条件改善组、电教装备创建组、职成社教育组、招生统计工作组、安全环境工作组、纪检监察工作组、宣传报道工作组、体卫艺工作组、资料工作组等 11 个职能工作组，具体负责各项指标的达成。通过创建领导小组、创建办以及若干职能小组的建立，L 县教育局以"共同创建、专人负责、分组作业"的方式，成功地将政策执行中的关键行动者和关键任务连接在一起。

（2）项目引领，属地推进

L 县在教育现代化创建中采用的另一种策略是通过"项目引领、属地推进"的方式，快速达成省教育厅提出的教育现代化主要指标和要求。在 L 县，完成教育现代化创建需要解决的突出问题有三：第一，中小学的办学条件差距大。按照省里提出的教育现代化指标，"小学初中（含民办）的办学条件均达到省标准化建设要求（小学：生均占地不低于 18 平方米，生均校舍建筑面积不低于 4.5 平方米；中学：生均占地不低于 23 平方米，生均校舍建筑面积不低于 6 平方米；内部装备均要达到二类标准）"①，而至 2010 年底，L 县中小学的办学条件现状为：小学现有校舍 274395 平方米（其中拆除或封闭校舍 148000 平方米），中学现有校舍 492344 平方米（其中拆除或封闭校舍 131000 平方米）；中小学内部配套均为三类。与省里提出的指标要求尚有差距：小学校舍 244555 平方米，中学校舍全部实施加固后不缺少校舍，校舍需资金 69640 万元（含校安工程）；图书差 187 万册，需资金 2000 万元；仪器设备需资金 2000 万元，共需资金 73640 万元。第二，教育信息化建设任务重。资料显示，L 县教育信息化的现状为：中心小学、初级和高级中学校建有校园网络，城区学校网络为光纤接入；小学的生机比为13：1，师机比为 9.3：1；初中的生机比为 10：1，师机比为 5.5：1；高中的生机比为 15：1，师机比为 1.5：1；职教的生机比为 16：1，师机比为 1：1。与省里提出的教育信息化标准相比，L 县教育信息化需要投入资金 6500 万元，其中建设教育城域网，需资金 500 万元；学生机差 9000 台，教师机差 2500 台，需资金 4000 万元；多媒体设备需 1500 万元；教学辅助系统和教育管理系统需资金 500 万元。第三，中小学符

---

① 参见 2007 年江苏省教育厅制定下发的"江苏省县（市、区）教育现代化建设主要指标"。

合 A 级食堂标准的比例不足，校舍维修经费不足。① 由此看来，L 县教育现代化的创建任务确实很重。为了推进本县的教育现代化创建，L 县结合校安工程分年度实施计划，扎实推进校舍等硬件设施建设，着力改善办学条件，实施了"基础教育标准化建设项目"、"教育装备、教育信息化建设实施项目"等一些重点工程项目。在"基础教育标准化建设项目"上，2011 年度涉及小学 35 所（含乡镇中心小学、农村小学 29 所）、中学 16 所（含乡镇初中 10 所）；2012 年度涉及小学 38 所（全部为乡镇中心小学、农村小学）、中学 23 所（含乡镇初中 20 所）。在"教育装备、教育信息化建设实施项目"上，2011 年度涉及小学 31 所（含乡镇中心小学、农村小学 26 所）、中学 7 所（含乡镇初中 4 所）；2012 年度涉及小学 42 所（全部为乡镇中心小学、农村小学）、中学 32 所（含乡镇初中 29 所）。②

L 县教育局在实施本县学校教育现代化重点工程中，实行工程项目建设"政府统筹经费投入、具体工程属地负责"的办法，充分发挥各乡镇和学校的主动性，让各乡镇政府和学校成为教育现代化政策执行中的重要角色。各乡镇政府和学校之所以积极参与教育现代化创建，其原因之一是基于教育现代化创建能够给本乡镇、学校带来的种种利益考虑，虽然县政府统筹教育现代化创建投入经费，但在实际操作中是县教育局具体操作每一个项目的经费投入，这些经费投给谁？投入多少？先投还是后投？都是乡镇政府和学校考虑的事情；原因之二是 L 县域教育现代化政策执行采取"自上而下"的行政权力驱动模式，乡镇基层政府作为县域科层组织的一级，学校又归属教育局管理，但是他们都在"2013 年完成教育现代化创建"这一重大政治任务的前提下采取行动，因而其对教育现代化政策的执行就显得尽力尽职而十分有效。

（3）实行汇报制度

L 县自 2007 年下发《县政府关于进一步推进全县教育现代化建设工作的意见》（L 政发［2007］209 号）文件，到 2010 年开始启动教育现代化创建工作，为了及时掌握本县教育现代化政策执行的进展情况，

---

① 相关数据参见 2010 年 12 月 16 日 L 县教育局"关于创建教育现代化有关情况的汇报"材料。

② 相关数据参见 2011 年 3 月 18 日 L 县教育局"L 县教育现代化创建工作情况汇报"材料。

L 县教育局采取了"不定期汇报"的制度。从 2008 年以来，L 县教育局就教育现代化建设工作向县委、县政府进行专题汇报的情况如下：2008 年 2 次，2009 年 2 次，2010 年 5 次，2011 年 6 次，2012 年 6 次。汇报的内容涉及本县教育现代化建设的现状分析、推进情况、创建规划、创建方案、创建进展等。在汇报的频率上，其汇报的频率随着评估验收的时间越近，频率逾高。同时，笔者也发现，有时候在一个月内，甚至相隔不到 10 天就连续汇报了两次。如在 2010 年 12 月 8 日、2010 年 12 月 16 日分别就"关于创建教育现代化有关情况的汇报"向县委、县政府进行了专题汇报。

汇报是政策执行过程中及时了解政策执行情况以便及时调整政策执行方案的有效策略。L 县教育局通过建立"汇报制度"，及时向县委、县政府反映本县教育现代化建设的现状、存在的问题，同时也提出教育现代化的创建规划、创建方案等，是寻找教育现代化政策在县域有效执行的一种行动策略。

4. 采取变通措施减少政策执行中的不确定性

采取变通措施，在政策执行中是较为普遍的一种现象。县域教育现代化创建，是一项复杂的社会工程，涉及的不确定性因素很多。诸如领导是否有力，创建经费投入能否按期到位，县域内配套政策能否按期出台，学校布局调整能否克服种种困难按期完成，全面实施素质教育的运行机制是否形成，等等，这些政策执行中不确定性因素的存在都会在政策执行过程中影响政策执行的效果。那么，在教育现代化创建中，L 县教育局又采取了什么样的变通措施来减少政策执行的不确定性的呢？以下面的例子来说明：

2009 年江苏省组织实施中小学实施的"校安工程"是省教育现代化工程的重要内容之一。对于"校安工程"，省里提出要和学校"危房改造"政策的实施相结合，同学校布局调整政策相结合。对于"校安工程"，省里提出"在全省中小学开展抗震加固、提高综合防灾能力建设，使学校校舍达到重点设防类抗震设防标准"①，而"校舍的改造、重建应本着'牢固、实用、够用、方便学生'的原则进行，严禁搞脱离当地实

---

① 参见《江苏省人民政府关于中小学校舍安全工程的实施意见》（苏政办发［2009］62号）。

际的建设"。① 按照国家《中小学危险房屋鉴定标准》，中小学房屋等级划分：A级（结构承载力能满足正常使用要求，未发现危险点，房屋结构安全）、B级（结构承载力基本能满足正常使用要求，个别结构构件处于危险状态，但不影响主体结构，基本满足正常使用要求）、C级（部分承重结构承载力不能满足正常使用要求，局部出现险情，构成局部危房）、D级（承重结构承载力已不能满足正常使用要求，房屋整体出现险情，构成整幢危房）。同时对地基部分、砌体、木结构等构件危险性鉴定提出了具体的标准。对于这一政策要求，L县教育局ZHF副局长说：

> 从校舍安全标准出发，A级校舍就是合格的，B级校舍就是基本合格，C级校舍需要加固方可使用，D级校舍不能使用是一定要拆的。但是省里在实施"校安工程"和"危房改造"政策的时候，应当是谁出政策谁给钱，你出政策你就应该给钱，你不投入谁投入？地方财政不行，你去叫县政府投入，县财政没钱它怎么出啊。我们只有先让工程队垫资，先建好校舍再说。再说，学校校舍改造应当逐步进行，不应该起哄。实事求是讲，我们县的农村小学C、D级房屋处处皆是，现在一下子把C、D级校舍立马拆除改造，不能住，小孩上学到哪儿去？你有分留的措施吗？没有。而且，房屋改造时间上要求紧，怎么能不顾学校实际呢！维修期间，是学生在校期间，学生白天上课晚上才能回家。为了赶进度完成任务，晚上施工，白天也要求施工，这样能不影响学生吗！②

L县教育局ZHF副局长的讲话，透露出L县"校安工程"实施中采取了三点变通性的措施：一是对政策规则性的要求进行适度修改。对于学校房屋标准，上面明确了A、B、C、D四个等级，并且给出了房屋构件危险性鉴定标准。但是L县教育局的政策执行者却从经费来源短缺的角度出发，变为政策执行中的"加固C级校舍、拆除D级"的情况。二是采用企业垫资办法缓解政府经费短缺状况。对于学校校舍改造，虽然江苏

---

① 参见：《江苏省人民政府关于加快基础教育改革与发展的意见》（苏政发［2001］第68号）。

② 引自访谈录音：2010—10—9—ZHF。

省也明确：实施中小学校舍安全工程所需资金由各市、县（市、区）人民政府负责筹措，省根据工程实施的实绩对经济薄弱地区采取以奖代补方式给予适当补助；鼓励社会各界捐资支持校舍安全工程；民办、外资、企（事）业办中小学的校舍安全改造由投资方和本单位负责。但是 L 县地方政府实在没有经济实力，上级政府的"以奖代补"也是给予"适当补助"，岂能满足校舍改造的需要？在县级财政短缺、上级经费投入又不足的情况下，L 县教育局采用先让建筑工程企业垫资的方法，等以后县财政有钱了再"清债"来缓解学校校舍改建的压力。三是加大施工时间的密度。学校校舍改建上级要求不能因赶进度而影响学校的正常教学秩序，但是按照上面的校舍改造"三年规划与年度计划"，学校校舍改建只能加班加点，白天施工晚上也施工，暑假施工再加开学施工，赶施工进度成为优先于建筑施工危险和学校正常教学秩序而被考虑的事项。

采取变通措施有时候会导致政策走样。政策制定者制定政策的目的在于通过它的有效执行而实现其政策目标。由于政策执行受制于诸多因素的影响，因而政策执行过程中，往往会出现执行活动及结果偏离政策目标的不良现象，这类情况称为政策失真。在教育政策执行领域，政策失真现象也是常见的，其一般有政策表面化、政策扩大化、政策缺损、政策替换等四种表现形式。[①] 对于 L 县教育局在县域教育现代化创建过程中采取变通措施的行为，如果这些变通措施的结果与政策设定的目标吻合，则不能称为"政策失真"，反之，如果因采取这些变通措施而导致行动的结果与政策原先设定的目标不吻合甚至偏离甚远，即与 L 县教育局对采取政策执行的变通措施的初衷背离，这些因素都是政策执行者一开始就需要慎重考虑的。

（三）H 镇政府：上下配合，全面实现教育现代化

H 镇地处 L 县腹部，全镇总面积 117.45 平方公里，耕地面积 4606 公顷，辖 26 个行政村、2 个居委会，141 个村民小组，14341 户，人口 6.62 万人。2010 年全镇实现地区生产总值 12.6 亿元，财政收入 2303.5 万元，农民人均收入 7440 元。H 镇近年来获得全县综合考评二等奖、乡镇工业集中区建设奖、村级创业点建设奖、高效农业建设先进单位、财政增收增

---

① 参见袁振国《教育政策学》，江苏教育出版社 2001 年版，第 321 页。

幅先进单位、脱贫攻坚先进单位、建设小康先进单位、和谐稳定先进单位、计划生育先进单位等多项荣誉和表彰。2010年全省农业农村工作会议等多个省市县工作会议先后组织来H镇考察，江苏省委书记罗志军等各级领导先后来H镇视察，并给予高度评价。①

　　H镇是L县较为典型的以农业为主、新型工业兴起的乡镇之一。随着H镇农村和新兴工业的发展以及人们经济条件和生活水平的不断提升，人们对接受优质教育的需求越来越强烈，农村中小学的生源在不断地萎缩。2009年之前，H镇有镇中心小学1所、镇初中1所、村级小学6所，其中有一所村小，只有学生107人，教师15人。那么，在全县教育现代化创建过程中，H镇又是采取怎样的行动来推进本镇的教育现代化建设的呢？据此，在对H镇镇长YM的访谈中，镇长YM对笔者说：

　　　　以前H镇中小学的条件很差，现代化的教学设备基本没有，好教师留不住，现任教师又不安心，村级学校的学生是越来越少，学生都向镇中心小学集中，也有部分学生到县城读书，有两三个村级小学学生数不足200人。全县农村学校的条件都差不多，县城学校的条件要比农村学校的条件好得多。省里提出教育现代化和小康社会建设同步进行，我认为这是个非常好的战略举措。我们镇以前经济发展落后，在乡镇作为教育投入主体的情况下，农村学校只能维持，谈不上发展。乡镇也想为学校多做点事情，但是乡镇财政实在是紧张。现在教育投入在主体上移为"省里统筹、以县为主"，对教育的投入多了，加之乡镇经济条件也发展起来了，我们就要抓住县里这次教育现代化创建的机会，大搞一下，把学校教育现代化好好地搞起来，让农村学生也有好学校上。②

　　从YM镇长的叙说中，我们能够感觉到镇政府及镇领导对教育现代化创建的热情和迫切。他们希望抓住"教育现代化创建"这个学校发展的机遇，"大搞一下"，笔者称之为"乘风出海、借机发展"的策略。这一行动策略的运用需要政策行动者具有较为敏锐的眼光和视野，洞察政策大

---

①　见L县地方志办公室：《L县年鉴》（2011卷），第257页。
②　引自访谈录音：2011—5—17—YM。

势，并能从本地的实际出发，提出下一步行动的策略。

> 大家都知道教育现代化对农村学校来说是个发展的大好机遇。但教育现代化需要大笔的投入。我们乡镇学校能否顺利地进入首批农村学校现代化创建学校，要看各个乡镇的努力了。2009 年，我们镇的书记和我多次跑县委县政府，向县委书记县长汇报，同时也跑教育局，强烈要求对我们乡镇的农村学校进行再规划，高起点建设一所我县农村学校建设的示范校。要知道，汇报也是要有技巧的。我们也是借助这次教育现代化的东风，同时也借助我们镇是革命老区镇，出了许多大干部，县里这点是知道的。我们把教育局的相关领导邀请到乡镇来考察并对本镇学校进行布局调整，形成"镇上建九年一贯制实验学校 1 所、农村撤销 3 所村小保留三所村小的学校布局"，同时邀请建筑规划设计院对镇上实验学校进行高标准的设计。我们带着学校设计规划方案向县委书记县长汇报，不久就得到审批了。①

为了本镇的教育现代化建设和学校办学条件改善，YM 镇长向笔者介绍说他们在学校布局调整和再规划过程中采用了"高位规划、借力发展"的策略。镇里巧借建筑规划设计院、县教育局以及本镇因革命老区的人际渊源关系，通过向上级政府"汇报"的方式，最终通过政府审批，使本镇成为县里教育现代化首批建设单位，这可是造福子孙后代的一件大事情。这一行动的结果当然是政府对本镇学校教育现代化的大笔投入，一所"现代化的学校"在书记、镇长的描述中得以形象地再现。

> 规划好我们乡镇的学校，下面就是如何建设好学校、办好学校了。镇书记是县里教育现代化创建领导小组成员，是本镇教育现代化创建的第一责任人，他想推也推不了责任。镇上的九年一贯制实验学校从征地、盖楼到设备设施，我和镇书记哪一样都没少操心。经费投入是教育现代化建设的"瓶颈"。就说建镇上的实验学校，经费是县财政投入 6000 万元，实际上建好超过 7000 万元了，超出的 1000 多万元为社会各方捐资。人家为什么要捐资给你办学？一靠本镇的企

---

① 引自访谈录音：2011—5—17—YM。

业，二靠外地的企业和单位。这几年镇里建设了一批企业，效益很好。我们就到这些企业登门拜访化缘。毕竟学校办好了，本地人还是最大的受益者。外地的捐资主要是在学校落成典礼上，县里邀请了本县本镇的知名企业主和知名人士。这些人来参加学校落成庆典，有的是带钱，有的是带设备。像南京一家企业，一下子向学校捐助了价值200万元的教学仪器设备和200台办公电脑。加上本县给学校的教育装备，学校现在的条件是县里一流，和城里学校的办学条件比只会好不会差。需要强化的是师资质量，一方面需要从源头上引进一批本科以上包括硕士研究生学历的教师，同时也要加大学校现有师资学历、能力的提高。这要靠学校来做。教育现代化单是办学条件现代化不够，教师也要现代化，省里评估标准对这方面也是有要求的。①

对于教育现代化工程的经费投入主要是以政府的投入为主，基于 L 县的经济发展状况以及教育现代化建设的大量投入，县里指出，"各乡镇（办事处）人民政府是创建教育现代化工作的责任单位，要对区域内的学校加大投入，督促区域内的学校完成教育现代化创建工作"②。这表明县域教育现代化创建在以政府投入的基础上还需同时辅之以其他渠道的经费投入。为了解决本镇教育现代化建设中经费投入的"瓶颈"，镇政府采取了"内外结合、助推发展"的行动策略，成功地解决了诸多农村学校教育现代化建设中存在经费投入短缺的"瓶颈"问题。

在 H 镇教育现代化建设中，H 镇政府立足镇政府在教育现代化建设中的角色和职责，通过采取上述的"乘风出海、借机发展"、"高位规划、借力发展"、"内外结合、助推发展"三种行动策略，在政策执行中贯穿"上下配合"的原则，在全面推进本镇的教育现代化建设工作方面取得了非常显著的成效，至 2009 年，H 镇形成了"镇实验学校加上 3 所村小"的农村义务教育办学布局，H 镇成为 L 县学校教育现代化建设尤其是农村学校教育现代化建设的示范乡镇。

---

① 引自访谈录音：2011—5—17—YM。
② 见 L 县人民政府 2010 年 9 月 17 日制定的"L 县教育现代化创建规划"。

（四）H 镇实验学校：改善办学条件、提升教师素质

20 世纪 90 年代中期，H 镇的镇上原有镇中心小学和初中各一所，办学条件较为简陋。其中镇中心小学有教师 46 人，教师的学历较低，没有本科学历的教师，其中有专科学历的教师 7 人，毕业于正规中等师范学校的 26 人，其余部分的教师拥有县里的中师函授学历；镇上初中有教师 82 人，其中有本科学历的教师 19 人，专科学历的教师 46 人，中师学历的教师 17 人。按照 H 镇的学校布局规划，2009 年，镇上对原先的镇中心小学和初中合并，新建成一所九年一贯制的实验学校。新建的实验学校占地 11 公顷，总投入 7000 多万元，建有综合楼、幼教楼、教学楼、学生公寓、餐厅、体育馆、运动场，总建筑面积 42447.84 平方米，学校有初中 8 轨 24 个班，小学 6 轨 36 个班，幼儿园 4 轨 12 个班，在校学生 3253 人，教师 213 人。[①] 可以说，类似 H 镇九年一贯制实验学校这样的办学条件在整个苏北地区也是较少见到的。那么，在 L 县教育现代化创建中，H 镇实验学校能够成为全县农村学校教育现代化建设的示范学校，学校又采取了什么样的行动策略？学校以及学校中的教师又是如何应对教育现代化建设的相关要求的呢？

1. 联校发展，整合办学资源

针对 H 镇农村小学生源不断萎缩、办学条件差、办学效益低的现状，H 镇实验学校又将如何发展？在访谈中，H 镇实验学校的校长 HDY 对笔者说：

> 如何优化农村义务教育的教育资源配置，改善农村学校办学条件？近几年我们实行的是农村中小学的"联校"办学模式，通过"联校"我们走出了一条农村义务教育均衡发展的新路子。"联校"是以镇中心小学为主体，集合镇上临近两三个村小作为其分部，整合为一个集人事、财物、管理于一体的联合办学实体，学校由过去几个法人变成由联校校长一人担任法人代表。在"联校"发展模式中，通过联合办学实体的制度性安排统一调配紧缺学科的师资力量，在联校的内部开展教师流动，以改善农村村小优质教育资源不足的状况，

---

① 见 L 县地方志办公室：《L 县年鉴》（2011 卷），第 259 页。

满足人们接受优质教育的需求。①

H镇从本乡镇的实际情况出发，因地制宜，实行的"联校"办学模式，在有限的条件下整合、共享和均衡农村优质教育资源，是对农村义务教育均衡发展的有益探索。为了进一步推进农村教育现代化建设的进程，H镇政府按照县政府和教育局的规划对H镇中心小学和初中进行合并，并新建一所九年一贯制实验学校。对此，实验学校的HDY校长对笔者说："我们农村学校对教育现代化政策是十分欢迎的。实施教育现代化首先可以改善农村学校的办学条件，政府对学校装备大力投入，原先学校布局不合理、办学条件差、办学效益低的局面得以极大的改变。问题是学校办学条件中的硬件上容易现代化，学校办学条件中的软件——教师的现代化需要一个较长时间的过程。实验学校刚建好的时候，原先镇中心小学、初中的教师是全部留用，也不好让这部分教师走。但是我提出一条就是'学历不合格的转岗、在岗的学历要达标'，逼老师出去学习，提高学历和业务能力。"② 显然，从学校校长角度来看，学校作为教育现代化的政策目标单位，在教育现代化政策执行中，很少有抗拒行为的，这从笔者和L县的很多中小学教师的访谈中可以感知，但笔者也同时感知到他们对教师如何现代化的困惑。HDY校长的"学历不合格的转岗、在岗的学历要达标"的要求能够为教师接受吗？为了提高学校教师的学历层次，实现"办学软件的现代化"，H镇实验学校又采取了什么样的行动呢？

2. "走流结合"，促进教师素质提升

H镇实验学校2009年刚组建的时候，学校的教师是原先镇中心小学和初中教师合并而成的，共有教师128人。县教育局当年新进了一批本科教师，分给H镇实验学校30人，加上从县里其他学校调入学校55人，形成了213人的教师群体，教师中具有本科学历的教师63人，大专及以上学历的163人。在这个教师群体中，小学部有教师87人，具有本科学历的教师5人，专科学历的26人，其余的54人为中师学历（函授专科在读31人），小学教师中专科学历以上的比例为35.6%；初中部有教师126人，具有本科学历的教师57人，专科学历的69人（函授本科在读15

---

① 引自访谈录音：2011—12—20—HDY。

② 引自访谈录音：2011—12—20—HDY。

人），初中教师具有本科及以上学历的比例为 45.2%。江苏省教育现代化办学指标的第十一条提出："在岗教师全部具有相应的教师资格，教师综合素质普遍较高。小学教师具有专科及以上学历的比例达 70%，初中教师具有本科及以上学历的比例达 60%。"① 对照这一指标，H 镇实验学校的教师群体的学历要达到省里提出的教师学历指标要求还有很大的距离。为了在短时间内快速提高教师的学历层次，H 镇实验学校采取了"新进教师控制标准、内部教师加强进修"的行动策略。对此，H 镇实验学校HDY 校长说：

> 我们学校领导层有一个共识：学校办好靠教师。我们有一个制度，新进或调入的教师必然是本科以上学历，函授本科在读的我们也是坚决不要。2009 年我们从县教育局招聘的本科教师中一下就挑选了 30 名素质较好的教师。2010 年、2011 年我们也每年引进 5 名本科教师。对已有的教师鼓励他们走出去学习提高，学校对学历进修的教师学费补贴一半，交通费全额补贴。这一政策十分管用，一下子激发了教师进修学习的积极性。2011 年学校有 22 人进修专科，进修本科19 人。我们明确告诉老师，给你们学习提高的机会和时间，2013 年底如果小学教师还是没有专科学历，初中教师没有本科学历，就转岗。②

广大的教师对学校"走出去"还是"流出去"的做法还是十分认同的，同时感到形势紧迫。一方面，学校把教育现代化创建的有关精神在全校教师大会上已经讲得很清楚，提高学历、提高教育教学水平是提高学校教育质量的重要保障；另一方面，教师也清楚地意识到，学校对出去进修提高还有补贴，这对收入本来就不高的农村教师来说，显然是很有诱惑力的。在对学校教师的访谈中，H 镇实验学校的 LJW 老师说：

> 我们老师私下自己算了一笔账，进修本专科需要学费 6000 元，

---

① 参见 2007 年江苏省教育厅制定下发的"江苏省县（市、区）教育现代化建设主要指标"。

② 引自访谈录音：2011—5—20—HDY。

来来往往交通费 3000 元，加上吃住，少说也要上万元。学校通过补贴，可以省上一半的费用。况且，进修学习收益的还是自己。如果你不出去学，学校把你流到其他非教师岗位那就损失大了。[①]

显然，H 镇实验学校很成功地将教育现代化创建的有关政策性要求及指标进行化解，并在学校内采取了相应的措施和行动。诸如对教师学历指标的要求，通过控制新进教师标准，加大对校内教师进修补贴力度等措施，校内的教师基于利益的考虑，多选择进修学习的方式提高学历层次，使得学校教师群体的学历层次得以很快提升。当然，学校采取的相关行动策略，都是基于学校内在的实际和外在的政策环境所作出的选择，因而这些行动带有很强的"校本化"色彩。

三　政策执行中的问题及原因分析

从政策执行的链条来看，江苏省县域教育现代化水平评估政策是需要县级政府来统筹、县级教育行政部门去组织实施的一项政策。在这一政策执行过程中，政策执行链条上的不同行动者势必从各自的利益立场出发，展开激烈的利益博弈。从 L 县的教育现代化创建过程中政策执行者的叙述及其采取的行动来看，笔者认为其存在以下两个方面的问题应值得重视。

（一）政策执行权力关系重构问题

通过对 L 县由"县委县政府—县教育局—镇政府—学校"构成的教育现代化政策执行链条的考察，笔者发现：政策执行过程，也是权力关系重构的过程。这里提出的权力关系，是指在政策执行过程中围绕资源分配而发生的行为交换与协商关系。由于它是在政策执行的行动领域中建构起来的，因此与科层组织中的职能分工和职位分层而产生的静态的权力关系相比较而言，其更多地体现在政策执行中呈现出一种动态的、或强或弱、时强时弱的实践形态。

经过改革开放 30 多年来的经济、政治体制改革，我国已经形成了

---

① 引自访谈录音：2011—5—20—LJW。

"党委领导下的行政首长负责制"，即中国共产党作为执政党的权力金字塔和政府的权力金字塔相互贯穿、相互依赖，共同对国家和社会进行治理。这种"双塔型"①的党政权力体制与县级的科层权力结构又有各自的系统，其系统与系统之间呈现为一种纵横交错的状态。县委、县政府作为同一层面的组织，他们同时作为政策执行的县级链条的第一链，县委和县政府之间有时候也会为了各自的目标追求，进行策略性的协商和互动，而在这种协商和互动的过程中，县委和县政府就实现了权力关系的重构。同样，在镇党委和镇政府之间，也存在着这样的权力关系重构现象。但这一种权力关系重构的现象并非是研究者研究的对象。通过前面对不同层级、不同机构的教育现代化政策执行的考察，我们可以看出，在政策执行的不同链条上，也存在协商和互动的过程，并非如我们所想象中的"上级指挥下级、下级服从上级"的那样死板。也正是在这种上下级组织或机关的互动、协商上，政策执行的"自上而下"和"自下而上"两条路径实现了有机的整合。

通过对 L 县教育现代化政策执行的考察，笔者认为政策执行中影响权力关系重构的因素主要有机遇与需求、资源不足与资源共享、政治任务的行动逻辑、行动者的行动策略等四个方面。

1. 机遇与需求

对于行动者而言，机遇往往意味着其自由余地有了扩展的空间。换言之，机遇往往能够给行动者带来资源，并为其赢得一定的行动选择空间。②机遇是和需求相关的，需求往往会随着环境、机遇的改变而发生改变。政策是一种资源的再分配，国家、政府通过各种政策对社会资源进行分配、重组，以达到有效治理的目的。因此，一项政策的出台，就是为政策执行者提供了一种机遇。江苏省教育厅依据江苏省省政府在《关于加快建设教育强省率先基本实现教育现代化的决定》（苏发［2005］15 号）提出的"到 2010 年，江苏全省教育整体水平和综合实力要达到或接近中等发达国家水平，率先基本实现教育现代化"精神和要求，于 2007 年 5 月制定了"江苏省县（市、区）教育现代化建设主要指标"，并于同年启动江苏省县（市、区）教育现代化建设水平评估工作，可以说江苏省的

---

① 巫烈光：《中国党政双塔型权力结构体制的调适》，《探索》2003 年第 6 期。

② 姚华、耿敬：《政策执行与行动者的策略》，北京大学出版社 2010 年版，第 187 页。

教育现代化政策为整个江苏省教育的发展提供了"机遇"。L县作为江苏苏北地区的一个经济欠发达的县份，其教育虽然有诸多良好的办学传统，但是其在社会经济发展的过程中，L县的教育尤其是农村义务教育存在着迫切发展的需求，这一点笔者在与L县诸多不同人群的交谈中得到印证，而且这一"迫切发展的需求"也是随着时空条件的变化而有所变化。正是在江苏全省"县（市、区）教育现代化"这一政策提供的机遇中，L县委县政府达成"教育立县"共识，于2007年下发了《县政府关于进一步推进全县教育现代化建设工作的意见》（L政发［2007］209号）文件，开始在全县范围内推进教育现代化建设工作，希望通过全县各级各类教育现代化创建，促进全县教育进入一个更高的发展阶段。

2. 资源不足与资源共享

"资源不足"主要体现为政策执行过程中资源往往并不掌握在一个组织手中，而是为多个组织掌握，这时候就出现了"资源共享"的问题。在L县教育现代化创建过程中，县教育局制定的全县教育现代化创建的总目标是"全县于2013年全面实现教育现代化并迎接省教育现代化验收，县级创建必须于2012年前全部达标到位"。[①] 要实现这一政策目标，单靠县教育局的力量或者掌握的资源是远远不足的，原因有三：一是教育现代化创建需要大量的资金，县教育局没有财政资源；二是教育现代化建设的主要指标涉及各级各类教育，诸如要求"校园周边环境无污染，无不健康、不安定因素"等就需要公安局、环保局、文化局等县属部门的参与；三是县教育局对学校的管理重在业务，涉及学校办学布局的调整等问题，县委县政府以及乡镇组织对县教育局的支持是建立在协商、交换的基础上的。韦伯在论述组织时强调了组织的三个特点：（1）行动者对规则的执行；（2）行动者之间形成的权力关系；（3）基于独占利益的理性目的而导致的封闭性。[②] 由于县教育局自身的相对封闭性而导致其资源不足，县教育局为了完成全县教育现代化创建的总目标，就不得不采取通过向县委县政府"汇报"等措施让县委、县政府要求下属的"各镇、部门、单位

① 参见L县教育局于2010年12月5日制订的"L县教育现代化创建方案"。

② 张云昊：《规则、权力与行动：韦伯经典科层制模型的三大假设及其内在张力》，《上海行政学院学报》2011年第2期。

克服'与己无关'的消极思想，积极行动、主动进取"。① 县教育局正是为了解决政策资源不足的问题，通过协商机制使得不同的政策行动者共同行动，在实现"资源共享"的过程中重构了权力关系。

3. 政治任务的行动逻辑

笔者在对县教育局、镇长、校长以及教师等进行访谈中，当问及"为什么 L 县在困难重重的条件下执行教育现代化创建政策并能够取得良好的创建效果？"这一问题时，几乎所有的被访谈者都会说"这是必须完成的政治任务"。"政治任务"是我国具有特殊内涵的一个词语。它意味着某件事情是与党的方针政策密切相关的；在执行过程中必须是各级党委亲自抓；相关执行机构必须无条件接受并完成，无讨价还价的余地，更不可以退出；对执行的任务的考核存在着较大的灵活性。L 县的教育现代化创建工作，县委县政府视为"政治任务"，要求"各乡镇、各有关部门一定要以'三个代表'重要思想和科学发展观为指导，务必从全局和战略的高度，深刻认识实施教育立县、人才强县、基本实现教育现代化的重大意义，进一步增强责任感和紧迫感，增强机遇意识，以与时俱进、奋发有为的精神状态，以时不我待、只争朝夕的工作态度，切实抓紧抓好创建工作，大力推进全县教育现代化建设工作，确保如期实现县委县政府提出的工作目标"。② 正是基于教育现代化创建这一"政治任务"的要求和认识，政策执行链条上的相关行动者才会发挥各自的积极性，主动协商，主动采取相应的行动策略。可见，基于"政治任务的行动逻辑"在 L 县教育现代化政策执行过程中，对政策执行链条中的各级组织的权力重构也存在着不可忽视的影响。

4. 政策执行者的行动策略

在 L 县的教育现代化政策执行中，不同层级、不同部门的政策行动者，都会根据各自对形势的判断、政策的理解，从自身的资源状况等条件出发，利用自身所拥有的自由余地，按照自身的实际需要，围绕教育现代化创建工作采取具体的行动策略，并通过协商互动的过程将政策执行链条上的不同行动者连贯成"政策执行网络"，并在这一"政策执行网络"中

① 见 L 县教育局于 2010 年 7 月 7 日的"推进教育现代化情况的汇报"资料。

② 见 L 县人民政府文件《县政府关于进一步推进全县教育现代化建设工作的意见》（L 政发〔2007〕209 号）。

重构权力关系。由于行动者在政策执行中的协商、互动，并采取了一系列的行动策略，权力关系得以重构，才有效地促使资源向有利于政策目标靠拢，其直接影响着政策的具体化、政策执行的方向与结果。

（二）政策执行中的关系运作问题

在 L 县农村义务教育现代化创建政策执行中，我们看到，关系是重要的政策资源。教育政策的执行是一个需要有人参与的活动过程，在这个活动过程中，政策的执行者和政策的作用对象构成了政策执行活动中人的相关要素。就执行者而言，教育政策的执行既需要执行者在政策允许范围内行使权力，又需要执行者自身具备执行相关政策的能力，如熟练掌握政策、自如执行政策的业务能力等，另外还需具备相应的知识基础，丰富的知识储备；就教育政策的作用对象而言，一方面需要具备自觉遵守政策的义务，另一方面拥有享受政策带来的教育的权利。但是，政策的执行过程中，地方社会的关系网络及其关系运作对政策执行存在着极大的影响，有时候甚至会致使政策执行的变异与偏差。

在县域政治场域中，庇护关系网和地方精英网构成了县域政策执行行动者的权力基础。县域政治场域的权力结构远不是表层上我们看到的各种规章制度明确界定的那么简单，这种非正式的关系网络在某种程度上形塑了县域政治场域的权力结构。也可以说，这种非正式的关系网就是隐藏在正式的科层结构之下的并起实际作用的行动结构。因此，寻找"关系"，就有了"资源"，就有了行动能力。正如 B. 巴尼斯所指出的，人们对幕后活动空间的认识以及在其间活动追求自己的利益，这种行动能力就是权力。[①] 有了关系网络就有了政策行动能力，由此看来，权力就是关系网络。政策执行中关系运作的幕后解决机制成为科层权力运作的补充、改变甚而是抵触。关系作为政策在地方执行的"隐藏的文本"，并没有实体存在，它只是以实践的、表达的、散布的方式存在于科层运作的"后台"。

在 L 县的"教育现代化创建"政策执行中，一些人甚或是农村小学的校长可以对县教育局的政策乃至省一级的教育政策施加影响，"乡镇镇长书记"在"学校现代化创建"中通过"汇报"，在经费分配中施加话语

---

① B. Barnes, The Nature of Power Polity, 1988. 转引自李猛、周飞舟、李康《单位：制度化组织的内部控制》，《中国社会科学季刊》1996 年秋季卷，总第 16 卷。

权，其重要的原因就在于正式的制度、科层组织虽然为政策执行提供了框架和轨道，但关系网络的寻求和建构表明政策执行的轨道并非单一。"汇报"等方式这些地方场域的政策行动者的实践理性并没有作为一种正式的文本被记录或书写下来，虽然这些人们日常生活中"幕后"行动，"无法被转化成'世界历史'进程中的图景或注脚，但它并不处在权力的外面"①，它们本身就构成了权力之源，构成了政策执行的基础，并在具体的场景中产生作用，形成一种稳定的结构。在县域政治场域中，弥散于整个非正式关系网络各个节点的权力构成了日常政治运作机制的重要的"线"，关系网络的建构构成了权力运作的末端，从权力运作的这个末端，我们可以很清晰地看到，权力是如何突破对它的系统化及给它划定界限的科层规则制度，从而不断扩展自身，植入组织、制度之中。权力通过关系网络被运用和运转着，这种运作是在深处的、暗处的、隐秘无声的，构成了地下的、无声的庞大而又细化的权力机制。

在这个隐秘的微观权力运作机制中，对政策执行行动者而言，通过各种途径建构起来的关系网络就成为一种最重要的策略性工具，这不仅可以直接影响政策资源的重新分配，而且还可以促使权力关系的重构。信息、经费、机会等各种资源通过关系网络得以重新配置，信息在关系网络中传递，经费和机会在关系运作中被分配。L 县在"教育现代化创建"政策执行中，地方行动者所采用的关系策略诸如"汇报"、"邀请知名人士考察"等包含的地方性知识构成了政策执行中的非正式规则权力，这是与科层制度规则等普遍性知识所蕴含的权力在本质上是有区别的。地方性知识往往侧重于特定空间范围内日常生活所需要的"实践理性"，或者说它是一种"实践感"。② 在现代国家的框架下，科层制度规则作为一种普遍性权力是现代性的一个重要维度，地方性知识权力则是深深嵌入地方日常政治生活当中的。因此，我们可以说，科层制的运作在某种程度上必须依赖于这一

① 应星：《身体与日常生活中的权力运作》，见［美］黄宗智主编《中国乡村研究》第二期，商务印书馆 2003 年版，第 171 页。

② 参见布迪厄《实践感》，蒋梓骅译，译林出版社 2003 年版。在布迪厄看来，由于实践的紧迫性特征，行动者在实践中遵循的并不是规则，或者说并未经过理性的计算，而是基于惯习的策略，这也就是一种实践感，或者说是一种游戏感。行动者对于游戏的理解和感知实际上已经蕴含了对于过去、现在和未来的无意识的综合判断，各种客观机遇的可能性早已内化为一种具有必然性的实践感，从而支配着自己做出实践选择，它具有模糊性、不确定性特征。

"非话语机制"。而个体行动者仅仅存在于一系列的关系中，并通过这些关系来不断地根据具体情境（即自己与对方的关系）来界定自己的位置、角色以及存在的意义。①

四　本章小结

通过对 L县支持农村义务教育现代化创建政策的执行链条上的政策行动者及其行动的考察，研究者得出几点启示：

第一，江苏省通过实施支持农村义务教育现代化政策，有效地促进了全省农村义务教育办学水平的整体提升。在 21世纪，江苏省对农村义务教育的支持不可谓不大，实施了多项支持性教育政策，这些政策既有支持农村义务教育办学条件改善的，也有支持农村义务教育教师素质和能力提高的，也有涉及学校管理水平提升的，通过多年的坚持不懈的政策支持，江苏省农村义务教育得以快速发展和提升，促进了全省城乡教育的均衡发展。而所有这些政策的效果，最后都体现在县域农村义务教育现代化创建及学校现代化办学水平评估中。因而，对 L县支持农村义务教育现代化政策执行的考察就显得很有意义。

第二，L县农村义务教育现代化创建政策的执行过程，较为直观全面地体现了支持性教育政策执行的"整合推进"路径。从该项政策执行过程的考察来看，存在着自上而下的"行政驱动"和自下而上的"民间驱动"及其相结合、交错进行的状态。政策在"行政驱动"下，遵循着科层运作机制和"政治任务"的行动逻辑，政府在政策执行中有利于调动多方政策资源并对其进行整合，使得政策执行显得很有成效。任何一项政策执行过程都是利益博弈的过程，各种利益团体通过利益博弈机制来实现自身利益在政策执行中的表达，因而，如何建构利益博弈的平台或者说完善利益博弈机制，是政策的县域执行需要深思考虑的问题。

第三，基层官员对政策的自由裁量行为，影响着政策执行的效果。在科层行政推动的政策执行中，上级政府往往会加强对下级政府尤其是基层官员的自由裁量权，以减少政策执行中的"失真"问题。但在政策执行实践中，基层官员对政策的自由裁量是普遍存在的，为此，上级政府需要

① 阎云翔：《差序格局与中国文化的等级观》，《社会学研究》2004年第6期。

对基层官员、政策的基层执行者进行培训，提高他们对政策的认知，提高政策执行者的政策执行力。这点，在 L 县农村义务教育现代化创建政策执行中有所体现。

第四，地方关系网络对政策执行的影响在县域政策执行中尤为明显。县作为我国政府执行组织中的基层组织，承担着政策"上传下达"功能。一项政策在县域执行，往往面临着处于"幕后"的"非话语机制"的地方关系网络对政策执行的渗透，并成为行政驱动的政策执行网络中不可忽视的部分，有时其甚至影响政策县域执行的进程和效果。

第七章

支持性教育政策县域执行的
反思与建议

在前面的第四章、第五章和第六章里，笔者沿着支持并促进农村义务教育"教师发展—学生发展—办学条件改善"这一线索，着重对江苏省L县支持农村义务教育发展的政策执行情况进行了不同层面的实践考察。通过对江苏省L县支持农村义务教育发展的这些考察，研究者对L县支持农村义务教育发展的政策执行现状、成效及其存在的问题、产生问题的原因等均有了一定的认识和把握。至此，可以说笔者对L县支持农村义务教育发展的政策执行的实践考察已经告一段落。然而，研究者对L县支持农村义务教育发展的政策执行考察并没有结束，还需要进一步对实践考察的情况进行总结和反思，并提出有价值的政策执行建议。在本章里，笔者从L县支持农村义务教育发展的政策执行考察情况出发，首先对支持性教育政策的特性进行分析，进而对支持农村义务教育发展政策县域执行的路径进行反思，最后就如何有效提高支持性教育政策的县域执行成效提出一些政策设想和建议。因而通过本章的研究，研究者力图实现的是对研究个案L县支持性教育政策执行的现实超越，以追寻支持性教育政策的总体特征及其在县域执行的一般性意义。

一 支持性教育政策的特征

对于支持性教育政策，研究者把它界定为是政府为实现教育公平，对落后的农村地区、边远地区实施的一些补偿性的教育政策。支持性教育政策与一般性的教育政策相比，更突出的特征在于政策对特定对象的补偿性、支持性。具体而言，我国政府包括江苏省实施的支持农村义务教育发展的政策具有以下几个方面的特征：

1. 政策理念由促进城乡教育的平等走向均衡

在讨论教育平等的时候，人们往往把它与教育公平混合使用，实际上，教育公平是一种价值判断，教育平等是一种事实判断，教育公平是教育公平的核心，也是教育公平追求的目标之一。按照《教育大辞典》的界定，"教育平等"是指人们不受政治、经济、社会地位和民族、种族、信仰及性别差异的限制，在法律上都享有受教育的权利。[①] 这种对"教育平等"的界定和"教育机会均等"较为近似，而"教育机会均等"则是现代社会政策和教育政策的一个目标，其含义包括入学机会均等、受教育过程的机会均等、取得学业成功的机会均等。[②] 相对于教育平等而言，教育均衡反映了人们在追求教育机会、教育资源配置的平等之后对教育公平发展的一种更高层次的追求。教育均衡指教育资源平等地分配，达到教育需求与教育供给的相对均衡。教育均衡发展，其实质上是指在公平原则下的教育机构、受教育者在教育活动中公平待遇的实现，其最根本的要求就是在正常的教育群体之间公平地分配公共教育资源和份额，达到教育需求与教育供给的相对均衡，并最终落实在人们对教育资源的支配和使用上。[③] 因而，教育均衡是教育的一种均衡发展状态，它是教育平等的一种表现形态。

应该说，改革开放以来中央出台的一系列关于义务教育的政策始终都彰显出一种强烈的平等化的政策精神与政策导向。我们暂且不论各项政策的落实与否、效果如何，但其平等化的价值取向一直贯穿始终。从改革开放到 20 世纪末，中央制定的一系列农村义务教育政策从根本上讲都是在追求教育的平等化，更多的是强调受教育者具有一种同等的受教育权利与地位。1986 年施行的《义务教育法》及 1993 年提出的"双基"目标，分别从法律和政策两个层面上赋予了全国所有城乡儿童相同的受教育权利与义务。让广大的农村儿童享有平等的受教育权，促进广大的农村义务教育平等发展，一直是中央农村教育工作的首要政策议题。进入 21 世纪后，

---

① 顾明远：《教育大辞典·教育哲学卷》，上海教育出版社 1992 年版，第 100 页。
② 同上书，第 413 页。
③ 翟博：《教育均衡发展：现代教育发展的新境界》，《教育研究》2002 年第 2 期。

随着"双基"任务的完成，我国在支持农村义务教育发展的政策设计上开始在教育起点平等的基础上着手教育过程及资源配置方面的制度尝试，试图从"均衡"的角度寻求全国基础教育发展的新路径。诸如：为更好地保障义务教育过程平等化的实现，农村义务教育的管理主体从"由乡到县"改变为"省级统筹、县级管理"；为更好地推进义务教育资源配置平等化，中央财政不断加大转移支付的力度；同样，为了消除农村义务教育受家庭因素所导致的机会不均，义务教育实行"一费制"、"两免一补"、"免费教育"。在21世纪里，江苏省相继实施的"学校布局调整和危房改造工程"、"三新一亮工程"、"四配套工程"、"六有工程"、"校校通工程"、"农村留守少年儿童食宿条件改善工程"、"千校万师支持农村教育工程"、教育现代化工程等诸多支持性教育政策，都是在保障并实现教育平等发展的基础上转向对教育均衡发展的一种政策追求和实践。而国家和各地政府之所以制定并实施这些支持性教育政策，其政策的宗旨均是试图在城乡之间建立相对平等、公平的均衡化教育，以改变因城乡差异而诱发的严重的差异化教育状态。

2. 中央和省级政府成为支持性教育政策的责任主体

我国农村义务教育的责任主体在相当长的时间内都是由基层县、乡政府充当，这是由中央为了调动基层政府办教育的积极性而实行权力下放形成的。农村义务教育实行在中央领导下的"分级管理"体制，中央与省一级政府只是在宏观的大政方针上作出了宽泛的政策指示和安排，具体到实际运作中的经费筹措、教师管理、校舍建设等方面都是由基层政府全权负责，基层政府成为农村义务教育政策的责任主体。1994年我国财政体制改革后，基层政府财力萎缩，农村义务教育投入供需失衡，矛盾凸显，加上少数地方的基层政府一味追求"政绩"，在支持农村义务教育发展上普遍出现"行为短期化"的现象，严重制约了农村义务教育的发展。

长期以来，我国经济发展的区域差异显著，致使各地农村义务教育在发展过程中存在极其显著的差异。而我国对农村义务教育的管理长期以来实行"分级办学"体制，"乡镇"往往成为农村义务教育的管理主体，而乡镇财政的实力及其回旋余地极其有限，这就成为我国的农村义务教育难以发展、很难发展的体制制约与障碍。根据国务院发展研究中心的调查，自实施义务教育以来，在农村义务教育资金的投资比例中，中央政府负担的部分仅为2%，省和地区（包括地级市）的负担比例合计起来也只有

11%，县和县级市的负担为9%，而乡镇则负担了全部的78%。① 进入21世纪后，我国中央政府对各级政府在农村义务教育发展中的权责进行重新界定，加大中央及省级政府在农村义务教育管理中的权责比重，改变中央特别是省一级"政府长期只承担事权而忽视投入的错位现象"。② 诸如加大中央、省级财政投入与转移支付力度；分地域按比例明确各级政府职责；省级统筹下保证"以县为主"的管理体制得以落实；将义务教育纳入公共财政保障范围等。③ 通过相关的教育制度设计和政策安排，中央和省一级政府在支持农村义务教育发展政策中的责任主体地位得以确认，促进与支持农村义务教育发展不再仅仅只是农民、农村、基层政府的事情，而成为中央和省级政府的主要责任。

3. 政府财政逐渐成为支持性教育政策的经费投入主体

教育作为一种全国性公共产品，政府理应拥有义不容辞的责任，其经费应由中央财政提供，不能将其分解或分摊到各级政府头上，更不能变相成为一种负担强加在当地农民身上。④ 从我国农村义务教育经费投入体制上看，改革开放后经历了改革之初的"农民自己办学"，到"以乡为主"投入办学，再到"以县为主"投入办学三个阶段。"农民自己办学"完全是由农民自己掏腰包。1986 年后将"分级办学，以乡为主"的教育管理体制，并在实践中转化成为"县办高中，乡办初中，村办小学"的办学模式，形成了"谁办学谁掏钱"的办学模式。很明显，我国政府将农村义务教育的重担基本"托付"给了乡、村财政及"最广大的农民群众"，经费来源主要是从当地农民身上征收农业税、教育费附加、教育集资等。教育部通过对样本地区的调查数据显示：2001 年农村义务教育投入中央补助约占1%，省补助占9.8%，其余完全由乡、村筹集。⑤ 可见，"以乡为主"办学投入体制并没有体现出农村义务教育的"公共性"特性，从

---

① 张玉林：《分级办学制度下的教育资源分配与城乡教育差距》，《中国农村观察》2003 年第 1 期。

② 王川：《农村义务教育投资体制的反思》，《四川教育学院学报》2002 年第 1 期。

③ 吴家庆、陈利华：《改革开放以来我国农村基础教育政策创新发展的特点》，《湖南师范大学学报》（社会科学版）2008 年第 4 期。

④ 上海财经大学公共政策研究中心：《中国农村义务教育转移支付制度研究》，上海财经大学出版社 2005 年版，第 20—21 页。

⑤ 佚名：《农村义务教育投入 78% 以上为乡村筹集中央仅补 1%》，《领导决策信息》2003 年第 35 期。

实质上看仍然还是在用农民的钱兴办农村义务教育。

直到 2001 年农村义务教育权责主体"由乡到县"后，县一级政府成为农村义务教育办学经费投入的主体，这才真正在一定程度上扩大了农村义务教育的公共性，强化了政府在农村义务教育中的义务和职责，政府在农村义务教育经费投入配置结构中的长期错位问题得以极大改变。据统计，1995 年，各级财政对农村教育投入共 300 亿元，占农村教育总投入的 50% 以下；2002 年，各级财政投入达到 990 亿元，占农村教育总投入的 78%。① 从各级财政在农村教育投入结构中的比重逐渐加大可知，支持农村义务教育发展的政策开始更多地由以往的农民投资、集资转向政府投资。2005 年底，我国首次将农村义务教育纳入公共财政保障范围，建立了中央与地方分项目、按比例分担的义务教育经费保障机制，在政策思路上进一步明确和凸显了政府在支持农村义务教育发展投入中的主体性质，从实践层面有力地推动了"农村教育农民办"向"农村教育国家办"的历史转型。

4. 政策调整对象趋向多元

政策调整的对象是指政策指导或作用的标的物，它不仅指政策过程中"人"的因素，更包括了"事"的面。支持性教育政策主要是对教育领域中特定对象的补偿和支持，政策调整对象选择上具有一定的倾向性。具体到农村义务教育领域，支持性教育政策主要涉及对农村义务教育的条件建设、教师发展、学生发展、课程建设等诸多方面的内容进行专项的、补偿性的支持。近年来，支持农村义务教育发展的政策逐渐从宏观的法律、法规的规范与指引趋于微观的、具体的领域，政策的思路逐渐清晰化、系统化，其数量上也呈现出明显上升的趋势，这使得支持性教育政策的调整对象也逐渐宽泛化、多元化。

20 世纪 80 年代，我国支持农村义务教育发展的政策主要是围绕经费投入及管理体制而进行法律法规上的安排，诸如制定发布《义务教育法》等，也有一些涉及了支持学校条件建设、教师等方面的个别政策，但从总体上来说，这一阶段制定实施的支持农村义务教育发展的政策均是在义务教育管理体制改革这一大框架下所作的笼而统之的描述性补充，政策调整

---

① 袁桂林：《农村义务教育"以县为主"管理体制现状及多元化发展模式初探》，《东北师范大学学报》（哲学社会科学版）2004 年第 1 期。

的针对性、倾向性特征不明显，政策调整对象的范围较窄且相对单一。而之所以出现这种情形，与当时我国农村发展的现实状况密不可分。一方面，农村改革初始，各项事业均处于一个尝试与摸索的时期，作为政策制定主体的中央政府在发展思路完全变更的前提下要调整和完善各方面政策需要一个过程。另一方面，我国当时的农村义务教育发展水平较低，农村义务教育发展速度缓慢，如何对农村义务教育进行体制性的重构和保障投入并从法律层面进行规范和调整，就成为 20 世纪八九十年代中央政府支持农村义务教育发展的当务之急。

进入 21 世纪后，我国政府制定的农村义务教育政策其调整范围开始延伸，对农村义务教育这一特定领域的教师群体、学生群体、学校条件建设等方面均出台了专项政策，这就为各级政府制定并实施支持农村义务教育发展政策起到了较好的规制和引导作用。如以《国家西部地区"两基"攻坚计划（2004—2007 年）》中提出"农村寄宿制学校建设工程"、农村教师特色岗位计划等多项政策，说明新时期我国政府制定的支持农村义务教育政策开始更加关注细节和管理"死角"，政策的操作性、实践性显著增强。在江苏省，诸如实施了"校校通"工程、"千校万师支援农村教育工程"、"选派优秀大学毕业生到苏北农村学校任教计划"、"农村留守少年儿童食宿条件改善工程"、"推进县（市、区）教育现代化"等多项政策，其中尤以 2007 年开始实施的"推进县（市、区）教育现代化"政策为典型，它体现了当前江苏省在支持农村义务教育发展的政策设计上，更加注重政策调整对象的多元化，从教育现代化建设系统性要求出发，全面支持、促进本省区域内农村义务教育的发展。

5. 城市教育对农村教育的政策支持力度明显加大

进入 21 世纪以来，随着我国社会经济的快速发展，政府确立了"工业反哺农业，城市支持农村"的指导方针。在这一方针的指导下，不断加大城市教育对农村教育的政策支持力度。其主要体现在三个方面：一是建立完善义务教育方面的法律制度。2006 年 6 月，我国政府对《中华人民共和国义务教育法》进行了修订，新《义务教育法》建立了一系列促进城乡义务教育均衡发展的制度与机制，确立了义务教育保障新机制。新《义务教育法》进一步从法律层面保障了对农村义务教育发展的主体责任，并提供有力支持。二是加大对农村义务教育的经费投入。中央和各省级政府相继对贫困学生实施"两免一补"（免杂费、免书本费、补助寄读生生活费）。为此，中央财政设立中小学助学金，各级政府设立专项资金，用于支持农村地区家庭经济困难学生就学。为缓解地方义务教育财政困难，我国不断加大中央和省级政府对农村义务教育的投资责任，建立了规范的义务教育财政转移支付制度。如，为了补助贫困农村地区发放教职工工资，中央财政自 2001 年起每年安排农村教职工工资转移支付资金 50 亿元，用于补助贫困农村地区教职工工资的发放。为加快农村中小学危房改造步伐，国务院决定安排专款 30 亿元，从 2001 年起至 2012 年实施"全国中小学危房改造工程"。此外，第二期"国家贫困地区义务教育工程"也于 2001 年开始实施，"十五"期间，国家将投入专款 50 亿元，帮助贫困地区买现普及义务教育的目标。[1] 进入 21 世纪以来，为实施两期"国家贫困地区义务教育工程"，中央和地方财政总投入近 200 亿元，支持 522 个贫困县改建校舍，培训教师，购置图书、仪器设备和信息技术设备。[2] 鼓励机关、团体、企事业单位和公民捐资助学，鼓励全社会加大对农村教育的捐助。鼓励海内外团体和个人，通过设立基金和其他方式，资助农村贫困儿童接受教育。三是实施城镇教师支持农村义务教育发展的支教政策，促进城乡教育共同发展。21 世纪以来，中央政府通过实施"东部地区学校对口支援西部贫困学校的工程"、"大中城市学校对口支援本地贫困地区学校工程"、"农村义务教育阶段学校教师特设岗位计划"、"农村学校教育硕士师资培养计划"、"教育部直属师范大学实行师范生免费教育"、"中小学教师国家级培训计划"等政策，通过选派城镇教师到农村中小学支教、为农村中小学培养培训教师、从物质和资金上援助农村中小学发展等举措，促进发达地区和城市教育资源流向农村学校，有力地促进了广大农村地区义务教育的发展和教学质量的提高。而随着国家提出城乡义务教育均衡发展的目标，在当前以及未来一段时期，随着我国城镇化的快速推进，城市教育对农村教育的政策支持力度仍然不会减弱，城市教育支持农村教育依然是缩小城乡教育差距、实现城乡教育均衡发展的重要手段。

---

[1]　梁伟国：《"全国中小学危房改造工程"和第二期"国家贫困地区义务教育工程实施顺利"》，《人民教育》2002 年第 6 期。

[2]　张乐天：《支持发展农村教育：历史使命与政策行动》，《南京师范大学学报》（社会科学版）2007 年第 3 期。

二　支持性教育政策县域执行
路径的反思

　　美国公共政策专家保罗·A. 萨巴蒂尔（Paul A. Sabatier）曾指出，政策执行研究有自上而下和自下而上两种基本研究途径。[①] 从政策执行研究的方法上来说，一般可以分为向前式研究方法和向后式研究方法两种。向前式研究方法其主要研究决策者对执行过程的影响，其考察的重点放在最基层执行者的具体行为上，而不是放在决策者的意图上，其重视的是靠近"政策之源"的政策决策者的能力和影响，以及以此为基础的科层等级制组织关系。而向后式研究方法等靠近"问题之源"的政策执行者的知识和能力。爱尔莫尔在《向后探索：执行研究和政策制定》一文中认为，在政策执行研究中存在着"前向探索"（forward mapping）和"后向探索"（backward mapping）两种不同的路径。[②] 前向探索采取的方式是自上而下的，但后向探索则改变基本立场和看法，主张利用基层官员的自由裁量权来推进政策执行过程，其方式是自下而上的。我国台湾学者林永波称后向探索的研究路径为"草根途径"，[③] 这一说法，更好地能够体现出政策执行的地域性。

　　依据学者们对政策执行研究阶段、研究路径的划分，笔者结合对江苏省支持农村义务教育发展政策执行的考察情况，认为支持性教育政策在县域的执行从显性路径上看是依靠行政驱动的路径形式，同时在显性路径之下还会一定程度地存在着隐性的民间驱动路径。因为，在一个县域之内，我们可以看到，地方文化往往渗透在政策执行的每一个环节。而政策执行只有当行政驱动与民间驱动在利益追求吻合的情况下，才会显得更有效，反之，则会在一定程度上影响政策执行的效果。因此，从提高支持性教育政策在县域执行的效果出发，有必要对行政驱动和民间驱动这两种政策执行的路径进行分析和反思。

---

　　① 　paul A. Sabatier, "Top－down and Bottom－up Approaches to Implementation Research：A Critical Analysis and Suggested Synthesis", *Journal of Public Policy*, 1986, No. 6, pp. 21－48.

　　② 　Richard F. Elmore, "Backward Mapping: Implementation Research and Policy Decisiongs", *Political Science Quarterly*, Vol. 94, No. 4（Winter）, 1979－1980, pp. 608－612.

　　③ 　参见林永波《公共政策新论》，台北智胜出版公司 1999 年版，第 106 页。

1. 行政驱动

所谓政策执行的行政驱动，意即政策执行主要靠行政驱动，上级政府制定政策，下级政府执行，上级政府对下级政府的执行情况通过行政的隶属关系进行垂直控制和规制。这种单向度的封闭的教育政策执行方式，一方面具有强烈的计划经济的色彩，与当前的市场经济形成了巨大的反差，造成了政策执行巨大的制度成本。"越是运用强制性的权力，制度成本就越高，权威资源的流失越多。比较计划经济和经济转型时期，不同的权力结构具有明显不同的制度成本。"① 另一方面，"科层制实际上更适合于对经济组织和工商活动的管理。在文化、艺术、教育及其他社会服务性组织中的效率导向存在许多问题。学校是文化和个性发展的制度化机构，学校要造就的是独立的、鲜明的、多元化的个性，而不是统一的标准化的产品"。② 如果教育政策执行无视教育所具有的这些特征，那么，仅仅以科层式的控制和规制作为教育政策执行的基本方式，往往会导致教育政策执行的阻滞。在访谈过程中，笔者也深刻感受到基层政策执行者对建立以"绩效"为导向的科层组织系统的厌烦。对此，L 县 T 镇中学的 YAH 校长说：

> 有的教育政策为什么不能顺利执行？源于教育行政系统与其他行政机构一样，自身臃肿、运转效率低、包袱沉重、家长制等现象非常明显。尽管这些年注重选拔高素质的公务员，但是在行政机关中多是文凭提高水平不高，年龄降低能力也低。我国的行政体制有组织严密、结构完整、上下贯通、自成一体的优点，但是也存在着运转不畅、效率低下等弊端。在教育机关中，往往是四五个人干一个人就可以做的工作，很多情况下是不该管的在管，该管的又没人管，想管的又没法管。比如说，教育经费投入就是应该管但是又没有管的，相反，却对学校内部的人事安排指手画脚，随意干涉……行政人员越多，意见越是容易分散，步调越是难以一致，教育政策执行阻滞现象就越明显，作为"一把手"的组织、协调难度就在加大，如果协调

---

① 杨光斌：《制度的形成与国家的兴衰——比较政治发展的理论与经验研究》，北京大学出版社 2005 年版，第 203 页。

② 张新平：《对学校科层制的批评与反思》，《教育探索》2003 年第 8 期。

不好，往轻处说就是"一人一把号，各吹各的调"，重则形成钩心斗角、政策执行不畅的"政策执行不灵"的局面。①

长期以来，由于我国教育行政组织基本上是属于集权式的，这使得行政驱动式的、自上而下的、垂直式的教育政策执行方式形成了路径依赖。这从 L 县支持农村义务教育发展的政策执行中可以看出，每一项政策都是政府出面，统一安排部署，而且一旦离开了政府的安排，政策就难以有效执行。"制度是人类相互交往的规则。它抑制着可能出现的机会主义和怪癖的个人行为，使人们的行为更可预见。"② 诺斯（D. North）也认为"制度提供框架，确立合作和竞争的关系……制度是一套规则，是应遵循的要求和合乎伦理道德的行为规范，用以约束个人的行为"。③ 而人们一旦选择了某种制度，就会导致该制度沿着既定的方向不断地自我强化，生存于制度中的人也是如此，这就形成了路径依赖现象。对于我国教育政策执行中的自上而下式的路径依赖，要求政策制定者的主要任务之一就是规划出完美的政策执行方案，然后交由基层行政人员去执行。其中，科层组织的原则和管理方式是提升政策执行能力和有效性的关键因素。

有学者指出，政策执行的行政驱动基本要求有四点：第一，政策本身的性质必须是清楚的；第二，执行结构必须是从上到下的紧密连锁关系；第三，必须尽量防止外在因素的干预；第四，必须加强对于执行者的控制。④ 对照这些基本要求，我们发现，自上而下式政策执行的必要条件在现实生活中是不可能具备的。事实上，完美的政策执行所需的首要条件应当是政策要有好的品质。所谓政策的好的品质，具体体现为：（1）政策价值取向的正当性；（2）政策目标的明确连贯性（政策执行不会因社会经济条件的变化而中断）；（3）政策执行程序的合法性；（4）政策执行资源的充足性（包括经费充足、上一级领导及利益团体的支持等）；（5）政策执行者的能力，等等。然而，在政策执行的实际观察中，许多时候政策

---

① 来自访谈录音：2011—10—20—YAH。

② 刘复兴：《教育改革的制度伦理：教育公平与政府责任》，《人民教育》2007 年第 11 期。

③ ［德］柯武刚、史漫飞：《制度经济学——社会秩序与公共政策》，韩朝华译，商务印书馆 2000 年版，第 35 页。

④ 周佳：《教育政策执行研究——以进城务工就业农民工子女义务教育政策执行为例》，教育科学出版社 2007 年版，第 62 页。

在目标的设定上是模糊的。一方面，这是由于政策制定者自己故意让政策模糊，以避免政策的真正落实所造成的不利影响；另一方面，是由于政策本身就是利益团体相互妥协的结果，政策制定者如果使政策目标非常清楚，就难以在集团利益最大化上为其提供可能。因而在现实中，这种行政驱动的政策执行路径显得有点机械。支持性教育政策往往是对弱势群体、特殊群体的补偿性支持，其执行需要有对行政驱动的路径依赖，但是仅靠这一条路径，往往人们会忽略政策执行复杂的利益博弈。因此，其政策执行中还要自觉地辅以自下而上的民间驱动路径，在体现国家意志的同时，实现政策目标群体利益的表达。

2. 民间驱动

随着工业社会、政治民主与福利国家的发展，各种公私组织相继兴起，彼此之间的互动与依赖逐渐增强，实际上我们已经进入"组织社会"、"市民社会"。在这种情形下，由市民及市民组织形成的多元组织集群（multi organizational clusters organization society）决定了政策能否有效执行。在多元组织集群中，政策执行更多地要重视组织中的个人（即政策链条上的所有行动者），重视政策链条中较低或最低层次组织、个人在政策执行中的作用。因为，在自下而上的政策执行路径中，基层政策行动者所采取的行动策略有时候会重新形塑高层政府及官员所制定的政策。所以，对政策制定者而言，其核心任务并不是设定政策执行的架构，而是提供一个充分的自主空间，使基层官员或地方政府能采用适当的权宜之计，重新构建一个更能适应政策环境的执行过程。这种自下而上的政策执行方式，笔者称之为民间驱动路径。

采用自下而上的政策执行路径，需要重视在政府组织内部，从"草根"（基层）的角度探索政策执行的效率问题，可称为"基层官员的权力观"。针对科层控制行政驱动模式的内在缺陷，提高政策执行效率与质量的出路在于改变基本立场和看法，充分利用基层官员的自由裁量权来推进政策的执行过程。事实上，在 L 县支持农村义务教育发展的政策执行中，出现了诸多的"草根"性地方行为，它在某种程度是得到上级部门默认的，也是 L 县的地方社会文化在政策执行中的体现。虽然说，在行政驱动路径下，自由裁量权是存在必然性的，但是政策制定者对自由裁量权的不信任和控制却是不争的事实。"在最好的情形下，它被认为是必要的罪恶；在最糟糕的情况下，它则被视为民主制度的威胁，这种对自由裁量权的敌视，与理性官僚制强调等级秩序与层级控制在本质上是一致的。"①

约恩与波特主张彻底抛弃传统官僚科层组织行政驱动的执行观，主张从多元行动者的互动角度来研究政策的执行过程，可称为"执行结构研究"。其特征为，（1）包含多元组织的执行结构是政策执行的核心。（2）政策执行以计划理性为取向。（3）为政策执行包含多元的目标和动机。（4）执行结构的权威关系并非以阶层命令体系为主体。（5）地方自治性。（6）执行结构内部包括由执行特定角色的次级团体与组织所构成的许多的次级结构，当有些组织发展到相当程度，成为具有一定凝聚力的定型组织，形成网络关系，而尚未发展成组织，仅以临时组织的方式出现。② 爱尔莫尔对执行结构间的互惠性及基层官员的自由裁量权的强调，为政策执行的灵活变通行为提供了一种解释。事实上，基层官员受制于法律体系、财政经费和组织体制的约束，这些约束虽然不决定他们的行为，但是为他们的自由裁量活动设置了重要的参数。同时，自由裁量权的大小与政策执行效率的高低是否具有必然的内在联系，绝不是一个自明的问题。③ 我们可以设想一下，如果基层官员的自由裁量权很大的话，又由谁来控制他们？谁能够保证他们一定能够做好？另外，约恩及其同事采用交互主观性的方法论，强调个人或组织的行为与认知对于我们了解资源如何被动员与被应用到执行结构中相当有帮助；在分析技术上，则运用网络技术，以描述出多元行动者之间的互动关系。但是，这种将政策执行研究关注的焦点放在政策执行者互动上面，可能只适用于分权的政策环境，在集权的条件下往往不适用。因而，基于我们当前诸多县域的发展情况，过分地强调"民间驱动"的政策执行路径既是不现实的，也可能导致政策执行阻滞现象的发生。

三　支持性教育政策县域有效执行的建议

政策执行，作为政策系统的主要输出内容，本质上体现了对社会利益

---

① 张金马：《公共政策分析：概念、过程、方法》，人民出版社 2004 年版，第 397 页。

② 丘昌泰：《公共政策：当代政策科学理论之研究》，台湾巨流图书公司 1999 年版，第 138—140 页。

③ 张金马：《公共政策分析：概念、过程、方法》，人民出版社 2004 年版，第 402 页。

的权威性分配。然而，再好的政策在其付诸行动之前，也仅仅是停留在意识观念层面的分配方案，要充分发挥其效能，则必然经过政策执行这一关键环节。因此，政策能否有效执行是保证政策目标能否实现的关键。

支持农村义务教育发展政策在多年的政策实践进程中，其政策成效与问题同在，同样面临着政策有效执行的思考和追求。针对当前支持性教育政策执行中的"行政驱动"特征、政策运行机制不完善、政策执行参与机制缺失、政策环境不佳等问题，研究者认为当前县域内支持农村义务教育发展政策的有效执行，需要从"构建支持性教育政策县域执行的整合推进模式，强化支持性教育政策执行自由裁量权的伦理控制，完善支持性教育政策的县域运行机制，改善支持性教育政策的县域执行环境"等四个方面加以建设。

（一）构建支持性教育政策县域执行的整合推进模式

1. 整合推进模式

政策执行，作为政策过程的关键环节，其不仅具有政策生命过程的各个阶段所具有的共性，也具有其自身的特殊性，它具有对象的适用性、范围的有限性、影响的广泛性、过程的动态性、决策的多层次性、执行的阶段性和连续性、执行的协调性和同步性、目标的统一性和途径的多样性等八个特点。正因为政策执行的动态、复杂的特征，对于大多数政策执行个案而言，政策的失败或成功的理由就不能简单地说成在来自上级错误的政策理念或者是来自下层的政策执行偏差。在 L 县支持性教育政策的实践中，我们可以看到，政策的成功或失败的原因是多元的，从科层体制的控制、组织本身性质分析，到政策行动者个体与群体行为的动机等，都是值得探讨的。詹金斯（Jenkins）指出："执行研究就是研究变化：如何发生的？如何被引导发生？执行研究也可能是政治生活的微观结构：外部组织与内部系统两者如何执行政策，如何彼此互动；究竟是何种动机引导他们这样做，如何才能激励他们做得不一样。"[①] 自 20 世纪 90 年代以后，正是基于对第一代政策执行研究和第二代政策执行研究的反思，才兴起了第三代政策执行研究。

---

① 转引自李允傑、丘昌泰《政策执行与评估》，台北元照出版有限公司 2003 年版，第 16 页。

第三代政策执行研究试图建立能够结合自上而下与自下而上两种研究途径的系统整合研究模式，以研究复杂的、多层次的、多变量的政策执行问题，特别是府际关系问题，其主要目的在于界定和解释为何政策执行会随时空、政策、执行机关的不同而有差异，并预测未来出现的政策执行类型。在第三代政策执行研究者看来，成功的政策执行一方面在于"前向探索"策略的运用，期望由政策制定者科学合理规划政策方案、理性选择政策目标、合理分配政策资源；另一方面必须采用"后向探索"策略，广泛掌握目标团体的诱因结构。第三代政策执行研究的代表人物蒙特乔伊（Robert S. Montjoy）等从政策执行的复杂性、动态性、多样性特征出发，认为影响政策执行的变量很多，而且其变量之间的关系很复杂；政策执行因时间的流逝而变化，政策执行过程和结果在其执行过程中从中央政府向地方政府转移时发生了变化；一项政策执行了以后，在各地的执行结果各不相同。

对于政策执行中的变量，范米特和范霍恩确定了 6 个重要变量作为政策与执行之间的关联，它们是：（1）政策的标准与目标；（2）政策资源；（3）组织间的沟通与有效执行；（4）执行机关的特质；（5）经济、社会与政治条件；（6）执行人员的意向。其间的互动关系相当复杂，有的两者之间是直接的关系，有的两者则是间接的关系，有的变量则受多种变量的影响。① 第三代政策执行研究的主要对象是府际间的政策执行。从这点来看，支持性教育政策更多的类似于第三代政策执行研究的对象，其政策执行的责任主体和经费投入主体是"省级政府"，县级政府是政策执行者。因而其具有"府际间的政策执行"成分。因而，政府间的政策行政绝不能用命令和服从的线性因果关系来说明，这需要强调政策执行过程中地方政府的作用。作为地方政府的县级政府在政策执行过程中，不仅要受到接受上级科层行政的关于政策执行的指示和诱因，同时也受到利益团体的压力。因此，县级政府对围绕政策执行的政府间协作起着重要作用，而各地方政府则各自作出对执行的自主选择。因而，我们会看到，支持性教育政策在各地的县域政策情况均会有所差异。县级政府的这种对政策执行的自主选择，取决县级的外部影响和内部因素。其外部影响包括上级政策所揭示的诸多诱因、利益团体的诱因以及地方政府和利益团体的关系。其

---

① 袁振国：《教育政策学》，江苏教育出版社 2001 年版，第 295 页。

内部影响包括地方政府的倾向、执行政策的能力以及地方经济条件等。由于执行过程中这些因素的作用，支持性教育政策在政策执行中情形各异。诸如出现反抗（这不仅拖延中央和省级政府的执行，而且还任意修改其政策，从而不能实现所期望的政策目标）、延期（虽不修改上级政府的政策，但延期其执行）、战略性延期（为了使上级政府的政策适合于本县的政策而修改，延期执行政策）、依从（修正或原样执行上级政府的政策，因而不发生延期又可取得目标）等现象。如，江苏省早在 21 世纪初就开始实施教育现代化政策，但很多县份从本县的情况出发采取延期执行（类似上文提及的战略性延期），如 L 县，直到 2008 才开始在县域内执行教育现代化创建政策，这就说明了政策与执行之间的复杂关联特征。

R. 蒙特乔伊和 L. 奥图勒（Laurence J. O'Toole）强调组织内执行的理论是整合型执行模式的重要代表之一。他们认为政策执行问题的产生可能来自组织内的因素，而这一原因变量可能来自组织内的问题和组织间的问题。当新的行政命令赋予特定行政机构的时候，新的行动类型和以前的互相成为竞争关系时就产生组织内的问题。而当有两个以上的行政机构参与执行时，就会因机构之间的调整问题而产生组织间的执行问题。为了分析外部命令如何影响行政组织，二人只使用了两个变量，即法规的具体性和以此来提供的新资源，并根据政策的具体性和新资源的存在与否形成四种形态的政策执行。假设其他条件相同，那么政策执行的类型不同对政策执行主体的制约程度也就不同。在第一种类型（抽象、有新资源）下，抽象的政策比目标明确的政策可以给组织管理者以更多的裁量权，同时新资源的提供也提高了组织摆脱传统惯例的可能性。第二种类型（具体、有新资源）以提供新资源的方式为组织变动创造机会。在这种情况下，组织变动的方向受到具体的外部政策的影响，组织为了适应要求的行动应该制造出新的资源，这时，如果新的活动之间具有密切关系或同传统的惯例有很大不同，那么为了有效地达到目标而必须建立下层组织单位。此时，就可能出现启动费用或发生执行拖延的问题。但如果不发生组织间问题或政策影响问题，那么政策执行就会比较顺利。第三种类型（抽象、无新的资源）也比第一种类型在政策执行时面临更多的制约因素。由于没有新的资源提供，自发性组织变动就难以产生，组织很可能为传统惯例所支配。如果外部机关为了获得组织的服从而要制裁或提高政策的具体性程度，那么政策执行就呈现出第四种类型（具体、无新的资源），此种情形下，组织受到传统惯例和具体政策的双重制约，似乎是难以行使裁量权，但其实不然。二人认为，如果在没有得到新资源的情况行政官员受到难以忍受的具体法规要求，他们会以统一的优先顺序（不管新的还是旧的政策）来执行政策。此种情况下，行政管理的裁量权反而会得到增强。

整合推进的政策执行模式强调政策执行是对某一项公共政策所采取的广泛行动，它包含政策执行者一连串的自觉与不自觉的、偶然的与必然的行动，因而行动是政策执行的关键。查尔斯·琼斯认为："政策执行乃是将一项政策付诸实施的各种活动，在诸多活动中，又以解释、组织和实施最为重要。所谓解释活动（interpretation），是把政策内容转化为民众能理解且接受的东西；所谓组织活动（organization），乃是设立政策执行机构，用以拟定政策执行的办法和落实政策；所谓实施活动（application），是由政策执行机构提供例行性的服务与设备，支付各种费用，进而完成政策目标。"[1] G. 爱德华提出了政策执行的沟通、资源、人员特点和官僚体系四项基本条件，执行过程的主要环节包括"发布命令、执行指令、拨付款项、办理贷款、给予补助、订立契约、收集资料、信息沟通、委派人事、雇佣人员、创设机构"等活动。[2] 因而，对于支持性教育政策在县域执行的整合推进，其政策执行过程中的行动是：合法授权的权威性行动；以最大限度实现政策目标为最高价值判断标准的目的性行动；非官员个人行为，而是合法组织采取的组织性行动；面向、动员、组织公众，为公众利益而为之的公益性行动；在发展进程中通过有步骤、分阶段实现目标的持续性行动；执行者依据其经验、资源以及环境变化，创造性地将政策目标变为现实的创造性行动等。政策执行的整合推进模式，既是对政策行动的深入分析，也在一定程度上弥补了政策决定的局限和无能。但是也要看到，由于其对行动主体研究的忽略，以及在阐释执行过程的互动影响时忽略了更广泛的其他社会因素作用的存在，因而在政策执行过程中需要加以规避。

2. 支持性教育政策县域执行整合推进的关键要素

支持性教育政策县域执行的整合推进模式是对自上而下的行政驱动路

---

① Charles. O. Jones, *An Introduction to the Study of Public Policy*, 2nd ed. North Scituate, Mass.：Duxbury Press, 1977, p. 139.

② 陈庆云：《公共政策分析》，北京大学出版社 2006 年版，第 166 页。

径和自下而上的民间驱动路径的一种整合，一般而言，其应具有以下三个方面的关键要素：

第一，政策执行的号令统一。号令统一，即起点统一和目标一致，这是整合推进的典型特征和首要的要素。当中央和省级实施的支持性教育政策下达到县级政府时，县级政府往往通过制定具体实施办法，并采取具体的执行行动以实现政策的目标。在支持性教育政策在 L 县的执行过程中，我们看到，国家或江苏省制定的任何一项教育政策的目标对于每一个县域而言都是一致的。比如，2006 年修订的《义务教育法》规定："县级以上人民政府及其教育行政部门应当促进学校均衡发展，缩小学校之间办学条件的差距，不得将学校分为重点学校和非重点学校。学校不得分设重点班和非重点班。"在这一政策法律要求下，各地县级政府在上级政府领导下纷纷采取行动，拟订本辖区内取消中小学重点学校和重点班的执行方案。从政策执行的时间上看，尽管各县域拟定的执行方案或早或晚，但是其执行时间起点统一，目标一致。当然，支持性教育政策的整合推进是有条件的，其一是政策制定的中央或省级政府的权威可以强有力地影响不同的省份和县域；其二是中央或省级政府还必须有强大的财力支撑，有足够的财政转移支付能力，做好统筹管理，使经济欠发达的县域有最起码的资源来执行政策。

第二，政策执行的因地制宜。在我国，每个县域都是独立的建制，是具体的执行单元。由于经济发展水平、地理特征等方面的差异，县域公共基础教育的财政资源、教学设备条件、师资条件以及生源特征千差万别，因此在政策执行中必须因地制宜。[①] 这种情况，笔者在对 L 县支持农村义务教育政策执行的考察中深有感受。每一个县都会从县情县状出发，寻找适合自己的行动方案。对政策的因地制宜执行，往往会引致两个结果：一是具体执行办法多元化。例如，在 L 县实施的农村义务教育现代化创建等政策的执行中，由于县域财政资源不足，因此，在政策执行过程中，L县往往会想方设法地去解决财源问题。而对于那些经济条件较好的县域，关键问题可能是师资力量不均衡，因而采取多种措施进行教师培训，努力提高师资水平。二是效果不一。因各县的社会经济条件有别，其政策执行的效果亦会有很大的差异。有的县域政策执行过程进展顺利，速度快，目

---

① 李孔珍：《我国基础教育政策执行：整体推进模式》，《中国教育学刊》2010 年第 11 期。

标实现程度高；有的县域进展困难，速度慢，目标实现程度低。

第三，政策执行的相互借鉴。县域之间对政策的执行并行不悖，因地制宜，并不意味着他们之间不存在联络。各县在政策执行过程中，涌现出的成功案例和取得的经验，往往会成为其他县域执行相关政策以及政策的后续执行提供借鉴。例如，在江苏省及 L 县支教政策的推进过程中，国内其他一些省份实施的支教政策以及取得的经验就为本省的支教政策执行提供了重要经验。相互借鉴经验，意味着政策执行主体要从本县的实际条件、资源和需求出发，选择其他县域政策执行经验中可以吸收、采用的成分，并将其运用于本县的教育政策执行中，以求得政策执行的适切性。

3. 支持性教育政策县域整合推进模式的优势

相较于行政驱动、民间驱动的政策执行路径而言，整合推进模式的优势主要体现为能够充分发挥精英作用、基层作用，能够有效地提高政策执行的效率。

支持性教育政策的县域执行，离不开县域内的精英参与及其作用。任何社会都会有精英存在，并且精英总是与民众相对而言的。在现代中国，精英与民众存在三重关系。第一，精英存在于不同的领域，某个领域的精英可能是另一个领域的民众。第二，精英与民众的界限是相对分明的。行政精英作出决策，并引导执行，知识精英进行政策咨询、执行研究和宣传，而县域民众主要处于执行地位。第三，精英具有坚实的民众基础。他们并没有与民众保持距离，他们的决策是在获取县域执行信息的基础上做出的，方案是在调查县域执行进展的境况下拟订的。① 精英与民众的这三重关系保证了精英在政策执行过程引导和推动作用的有效发挥。在 L 县的教育现代化创建中，我们看到，精英不仅在一定程度上左右着政策执行方案的决策和选择，引导着执行的路径和进展程度，而且影响着民众的思想意识和关注焦点。其对政策执行的推动作用表现在多个方面：当执行中的问题处于潜在状态时，精英要分析问题的未来趋势，以防微杜渐；当执行问题出现时，精英要着手解决；当执行按照既定的路径进展时，精英则要分析有无其他更多、更有效的措施可以采用。

从政策执行的链条来看，基层执行是执行的根基，支持性教育政策的目标需要在县域得以实现。在执行中，县域基层拥有较大的裁量权，可以

---

① 李孔珍：《我国基础教育政策执行：整体推进模式》，《中国教育学刊》2010 年第 11 期。

根据当地实际情况采取具体措施和办法。比如，L 县对支教政策的解读、对教育现代化指标的解读和分解等，这对于调动基层的积极性、增强执行意愿有着重要作用。但是，对于欠发达的县域而言，因为政策财政资源的有限，其在政策执行中总会存在一定困难，因此发挥基层作用必须依靠上级政府的统筹这一前提条件，使支持性教育政策能达到起码的水平和标准，以体现教育公平的价值目标。例如，江苏省 21 世纪以来实施的多项支持农村义务教育发展的政策，因江苏省很多县区尤其是苏北的一些县区，如果离开上级政府的统筹，一些贫困县对支持性教育政策的执行效果就会大打折扣。而通过江苏省政府的统筹安排，类似 L 县的经济欠发达县区在支持性教育政策执行中充分发挥基层作用，有效地平衡了政策执行各方利益团体的利益追求，减少了政策执行中的失真现象。

当然，政策的执行模式产生于特定的社会、经济、政治和教育体制背景，对于这种背景而言，都有其独特的价值和优势。这并不是说政策的行政驱动执行模式、民间驱动执行模式以及整合推进的执行模式之间不可以相互借鉴，它们之间有些成分可以成为参照改进的元素。同时任何一种执行模式，都会随着社会的变革、经济的发展，处于不断改进之中。为了提高支持性教育政策执行的有效性，可以选择有代表性的县域作为试点，在上级政府的正式支持下，在该县试点执行一些支持性教育政策。如果试行成功，则可将其作为典型在同类县域推广。如果很难成功，则损失相对较小，同时为在其他县域执行提供教训。我国当前处于社会转型与发展时期，对于政策执行的整合推进模式，政府部门既要发扬该模式的优势，同时也应针对执行中出现的一些不足，不断对其进行局部的改进。

（二）强化支持性教育政策执行自由裁量权的伦理控制

何为自由裁量权？自由裁量权是行政权力的一项重要内容，也是行政机关在行政执法中最广泛、最经常运用的一种权力。有学者认为："行政自由裁量权指行政机关对于做出何种决定有很大的自由，可以在各种可能采取的行动方针中进行选择，根据行政机关的判断采取某种行动，或不采取行动。行政机关自由选择的范围不限于决定的内容，也可能是执行任务的方法、时间、地点或侧重面，包括不采取行动的决定在内。"[①] 也有人

---

① 王名扬：《美国行政法》，中国法制出版社 1996 年版，第 545 页。

认为："行政自由裁量权是法律授予的在某种情况下依据自己的判断力和道德心，而不是依据他人的判断力或道德心而做出的公务行为的权力。"①因而，自由裁量权是指行政主体在没有法律法规明确规定的情况下，根据法律法规所确定的原则、目的、精神、范围和幅度，在实施具体行政行为的过程中基于客观实际情况，通过主观的合理判断而做出灵活选择的权力。自由裁量权意味着，根据合理和公正的原则做某事，而不是根据个人的意见做某事，自由裁量权不应是专横的、含糊不清的、捉摸不定的权力，而应是法定的、遵循一定规范的权力。②支持性教育政策的自由裁量权，就是指政策执行主体在没有法律法规明确规定的情况下，为实现对国家和社会对公共教育事务的管理，根据法律法规所确定的原则、目的、精神、范围和幅度，结合支持性教育政策执行的具体情况，在政策执行过程中做出具体灵活处理的权力。

支持性教育政策的执行作为教育行政管理的重要活动，它主要依靠教育行政机构运行，是教育行政主体运用教育行政权力，通过实施管理行为实现教育政策目标的过程，所以自由裁量权在教育政策执行过程中也是必不可少的。教育政策执行中自由裁量权的存在，一方面是政策本身的规定具有模糊性，需要运用自由裁量权做出调整和修正；另一方面政策执行本身的复杂性和对效率的追求，需要保持一定的自由裁量权。而自由裁量权的存在，创设了教育政策执行适度的弹性空间，赋予教育政策执行者在执行政策时有一定的选择权，这种"选择权"有利于调动政策执行主体的主观能动性，及时解决教育政策指向的问题。但是，自由裁量权必须在法律明示授权或消极默许的范围内行使，一旦超出这个范围的限制就属于越权，从而导致越权无效的法律后果，破坏政策的合法性；而自由裁量权虚置缺位，则会导致教育政策功能的萎缩和效用的失灵。

尽管政策执行的复杂性和对效率的追求决定了政策执行自由裁量权的必要性，但长期以来政府自由裁量的领域和幅度过大，为政策执行主体权力的膨胀提供了广阔空间，也极大地损害了普通社会成员尤其是弱势群体的基本权利。因而，教育政策执行过程中的自由裁量权是一把双刃剑，其正当行使能产生积极效应，不当行使则会带来消极影响。一方面，教育政

---

① 张明杰：《行政自由裁量权及其法律控制》，《法学研究》1995 年第 4 期。

② ［英］纳德·施瓦茨：《行政法》，徐炳译，群众出版社 1996 年版，第 566—568 页。

策执行自由裁量权的正当行使，能够促使政策执行主体审时度势、灵活机动地处理问题，提高教育政策执行效率，顺利实行教育政策目标；另一方面，教育政策执行自由裁量权由于允许一定的自由度和弹性空间，容易掺杂政策执行主体的个人判断和私人情感，导致滥用职权、谋取私利、拖延履行法定职责等行为的发生，从而给行政相对人的合法权益造成侵害。因此，教育政策执行主体行使自由裁量权时，必须受到自由裁量权原则和相应伦理机制的制约。

在教育政策执行过程中，自由裁量权不应该无限制地扩张和膨胀。因此，必须在合法性、合理性、应急性三项原则的要求下，严格遵循有关教育政策的精神实质，坚持从实际出发，通过合理有效地运用教育政策的自由裁量权，采取灵活多样的方式方法，使政策目标得到有效的实现。首先，教育政策执行自由裁量权应符合合法性原则的要求。即教育政策执行主体按照法定的授权、形式和程序执行政策，并对其执行行为承担相应的法律责任。任何教育政策执行中的自由裁量权必须符合教育政策规范的目的，不得为达到某种企图而故意偏离政策目标，不得违背已有的规范性文件对教育政策的规定，甚或损害教育政策合法性与正当性的要求。其次，教育政策执行自由裁量权要符合合理性原则的要求。即教育政策执行主体所实施的行为必须适度、公正，必须符合教育政策的意图和精神，给予正当和适当的考虑。任何一项教育政策执行中自由裁量权的行使，必须从社会公平正义的价值观出发，充分考虑行为的原因、性质、情节和后果，必须考虑相关因素，不得偏向一方或忽略某些应该考虑的因素和情况，亦不得考虑不相关的因素，不得在执行过程中掺杂个人情感而滥用职权。教育政策执行自由裁量权的行使，应当符合教育政策的精神和价值目标，符合公认的基本原则，不得做任意扩大或缩小的解释。再次，教育政策执行自由裁量权必须符合应急性原则的要求。政策执行中的应急性原则是教育行政合法性、合理性原则的重要补充，即在"必要"情况下为了国家利益和社会公共利益，为了迅速处理突发事件并减少损失，政府在执行教育政策过程中，可以运用紧急权力，采取各种有效措施，包括采取必要的对个别人正当权利和利益带来某些限制和影响的措施来应对紧急情况。因此，对教育政策自由裁量权的行使，必须符合现实性、程序性、适当性的要求，做到合法、合理、公正、有效，才能有效防止教育政策执行中自由裁量权的滥用。

为保证教育政策执行过程中的自由裁量权能被正当行使，必须在依法行政、加强制度约束的前提下，同时加强对自由裁量权的伦理约束。只有使法律规制与道德约束形成合力，才能使教育政策执行自由裁量权真正发挥积极作用，避免政策执行的失真和政策目标的落空。

第一，建立教育政策执行自由裁量权责任追究制度。建立责任追究制度是教育政策自身性质决定的。教育政策执行的原则性、灵活性和科学性决定了必须建立责任追究制度。教育政策的原则性产生了政策执行中的政治责任、道德责任及人格责任。教育政策执行的灵活性规定了行使自由裁量权的空间和弹性，灵活性要受制于原则性的统领，要求政策执行者在执行政策中抓住政策的精神实质，允许"神似"下的政策变通，对一味追求政策"形似"而抛弃其精神实质的应追究其责任。政策执行的逻辑也要求执行人员严格按科学的程序进行，对违反程序者同样应追究其责任。因而，教育政策主体必须明确自身的责任意识，执行政策以身作则，严格要求，符合政策的价值原则。对于政策执行人员，必须建立与职位、职务、职权相一致的教育政策执行责任追究制度。因此，建立教育政策执行责任制，可以有效防止自由裁量权的滥用，减少、避免和纠正政策执行中的种种机会主义行为，提高教育政策执行的效率与质量。

第二，加强对政策执行自由裁量权的伦理监督。由于政策执行主体有可能滥用自由裁量权牟取私利，因此，需要加强对自由裁量权的伦理监督。教育政策是以公共教育利益为出发点和归宿的，政策执行的过程也是围绕着实现和增进公共教育利益的价值取向而展开的，政策执行主体行使自由裁量权必需基于公共教育利益的考量。另外，对自由裁量权实施伦理监督的有效方式是政策执行公开化、民主化、透明化，让公民参与到政策执行的过程中，有效监督政策执行者，用公民权利约束政策执行者自由裁量权的运作，防止自由裁量权的滥用，从而最大限度地避免政策执行的偏差和扭曲。①

第三，提升教育政策执行主体的道德信念，合法有效地运用自由裁量权。在教育政策执行过程中，政策执行主体由于自身的态度、素质和能力等原因，教育政策执行的自由裁量权往往不能被正当行使。虽然我国现有

---

① 陈洪连：《公共政策执行自由裁量权的伦理困境及其制约机制》，《中州学刊》2008 年第3 期。

的法律制度在约束主体行为上起到主要作用，但法律法规所设定的只是公民所应承担的最低责任，而不能鼓励人们追求更高的善、正义和效率，这一制度本身的缺陷决定了我们不可能在制度主义中寻求更有效的规约机制，而必须进入人的内心，用道德来激发人们向善的动机。① 因而，在教育政策的县域执行中，必须加强道德建设，提升政策执行的县域人员的道德信念，激励政策执行人员在道德的指引下合法有效地运用自由裁量权。一方面，政府要加强人事制度的改革，选拔、培养和造就一支政治思想好、业务能力强、政策水平高的政府公务员队伍，从而增强教育政策执行行为的理性化、民主化程度；另一方面，政策执行主体可以通过实践，提高其理论水平和专业水平，为政策执行自由裁量权的正当行使奠定基础。同时，开展对政策执行主体的伦理培训活动，强化职业道德，提高自律精神，规范执行行为，使其具备较高的思想政治觉悟和全局观念，这有助于减少和克服教育政策执行过程中滥用自由裁量权行为，从而最大限度地实现教育政策的目标。

（三）完善支持性教育政策的县域运行机制

教育政策的运行机制是指承担教育政策执行任务的机构与人员所形成的组织体系以及规范教育政策执行活动的各种制度的总称。从系统论的观点来看，政策执行是由若干执行机构和人员等要素构成的一个有机的整体，各执行机构和人员之间相互依存、相互制约，其中，任何一个要素的不合理、不协调都会引起矛盾，影响执行系统整体功能的发挥。当前，我国教育政策执行中确实存在着一些不可忽视的教育政策执行失真的问题，这些问题的存在在一定程度上影响了教育政策的正确贯彻和执行。从本质上说，教育政策是对整个社会利益结构在教育领域中的规范，政策执行的最终结果就是通过社会利益结构的调整与确立来解决政策问题，促使教育健康发展。因而支持性教育政策在县域内的有效执行，需要建立政策执行的利益平衡机制、民主参与机制、沟通协调机制、执行监督机制、激励机制等，以完善教育政策的运行机制。

1. 利益平衡机制

教育政策从原则上规定着教育领域内的基本利益格局，而教育政策的

---

① 张康之：《公共政策道德化的双重向度》，《北京行政学院学报》2001 年第 2 期。

执行是对公共利益和价值的最直接的配置。公共选择理论认为，人都是以追求个人经济利益为动机的，一个"有限理性经济人"必定是追求效用最大化。因此，教育政策的执行过程中，无论是政策制定者还是决策的执行者以及目标群体等组织和团体，都有追求自身利益最大化的动机和愿望。同样，博弈理论以完全理性人为假设前提，认为在冲突和竞争的情况下，相关参加者都遵循最大收益——最小损失原则，即都追求得到最大的收获，并把损失减少到最低限度。

教育政策是为了解决教育问题而制定并实施的，它必然涉及社会各方或大或小的利益调整和分配。如果教育政策涉及的各方利益较为趋同，政策执行就比较容易。反之，执行就会遇到更大的阻力。因此，要想政策得到有效的执行，就必须充分考虑各方的利益因素，要有一个利益平衡机制，这样才能为政策执行创造良好的环境。这就要求在政策执行过程中要建立一种利益的表达、利益评价和利益整合的流程，即按照"确定利益相关人—披露政策信息—听取利益相关人的意见—分析研究各方的利益要求—评估各利益人的利益性质、利益大小、利益弹性空间、利益底线所在—确定利益分配方案或补偿方案—开展政策宣传，寻求意见一致"等这样一个程序去寻求利益的平衡，并从制度上保证这个程序的严肃性和可操作性。就不同的政策而言，利益平衡要针对不同的利益关联者采取不同的措施，坚持不同的原则。对"正和"（即双赢）的政策，工作的重点就在于进行有效的宣传、阐释清楚政策的实质，使各方认识到政策实施的公益性，坚持利益普惠的原则，即在政策执行中要以实现最大多数人的利益为宗旨，要有全局观，坚持集体利益优先，实行统筹兼顾。对"零和"和"双输"的政策，则要进行有效的沟通、协商、对话，朝着公平公正的立场，坚持"损益补偿"的原则，即要对在政策执行中利益受损的一方进行合理的补偿。这样才能从利益的角度减小政策执行的阻力。

2. 民主参与机制

公民参与是公民依法介入国家社会政治生活，享有真正管理国家和社会事务的权利；是体现民意、反映民情、提高教育政策执行民主化水平的根本要求；是实现公民自我管理、自我教育和自我服务功能的基本途径；是体现"民主自治"原则、增强主体意识和加强民主政治建设的重要内容。

优化公民参与机制，一方面要求公共政策执行体现公民有序的政治参与；另一方面要保证公共政策执行中公民参与的制度化、规范化和程序化。公民参与机制在教育政策执行中主要表现为公民参与制定教育政策的执行方案、监督和评估等方面。第一，公民参与制定政策的执行方案。通过公民参与政策执行方案的制定，有利于提高公民对教育政策执行的关切度，也是对教育政策制定的进一步关注。例如，完善支持性教育政策县域执行方案的听证制度、电视电话会议和网络电子行政制度，有助于公民意愿和实际情况的充分表达，可以大大降低一些支持性教育政策在执行过程中的盲目性和随意性，使支持性教育政策执行计划更具有可操作性或可行性。第二，公民参与执行监督。公民参与执行监督，可以改变政府在政策执行中既当"运动员"又当"裁判员"的双重混合角色，改变传统目标群体在执行机关面前的任其摆布、俯首帖耳的"仆人"形象，实现公民与政府关系的委托——代理机制和服务与被服务关系的良性运行，有效地防止支持性教育政策执行偏差，提高政策执行效率。第三，公民参与执行评估。公民参与执行评估有利于教育政策评估的公开化和有效性，有利于教育政策执行信息反馈的客观和及时，防止教育政策执行评估的"暗箱操作"和扭曲变形，防止教育政策执行结果的浮夸与失真，也有利于加强教育政策执行的责任追究力度和行为监控力度，有利于对教育政策执行主体的重大责任问题和执行偏差问题及时披露，防止执行不良结果的继续恶化，提高政策和法律的权威性。公民参与执行评估主要体现在公民直接或间接参与教育政策执行结果的考核制和执行人员的业绩评价方面，通过建立健全教育政策执行的社会评价机制，如设立意见箱、公众电视讲座、座谈会等制度和措施，保证对教育政策执行评估的公正、公开和高效，为教育政策执行情况的检查评估提供最真实的原始资料。

3. 沟通协调机制

现代政府是多元社会，任何一项政策都不可能穷尽各个方面的利益，围绕政策标准、政策内容、政策后果等问题，可能产生多种歧义和理解，执行过程中难免出现或消极或抵制或阳奉阴违的政策失效局面。另外，由于政策执行机构之间不能有效地进行沟通协调而导致执行时推诿扯皮，使政策执行陷入僵局。可见，建立有效的沟通协调机制是政策执行成功的要件之一。对一项教育政策而言，其沟通应包括两个方面，即政策执行部门内部各个机构之间的相互沟通（内部沟通），以及政策执行部门与目标群体之间的沟通（外部沟通）。

政策执行机构部门之间的内部沟通是指政策执行过程中各级组织人员之间发生的信息交流和传递的过程，是对于政策目标及其相关问题获得统一认识的方法和程序。有效的内部沟通是政策执行成功的重要条件之一，从纵向沟通看，上级机构的政策标准本身是无生命的，它必须通过有效的沟通渠道传达给执行者，而执行者对政策的支持程度，也取决于上级机构对政策的解释和执行者对政策的理解，而且上级机构对执行情况的了解也只有通过沟通渠道方可获得。从横向沟通看，由于一项政策常常涉及众多机构和执行人员的分工合作，在分工合作中难免会产生分歧、误会、隔阂、矛盾，甚至冲突，这就需要有效的沟通，互相交换意见、看法，以弥合意见分歧，消除误会、隔阂，化解矛盾和冲突，增进彼此之间的了解和合作，从而提高政策执行的效率。政策执行的外部沟通是指政策执行组织与其他国家机关、社会组织和社会公众之间的信息交流。由于公共政策涉及社会各阶层的利益，需要处理的社会关系十分广泛，因此政策执行的外部沟通极其重要。政策协调是有关机构为了顺利实现政策目标而谋求自身统一和谐、谋求自身各相关要素匹配调剂和协作分工的一种行为方式。

政策协调可划分为三个层次：第一个层次是执行机构内部的协调，即每一个层次的政策执行的负责人对所属的部门以及工作人员进行协调。这可通过采用制定具体计划、实施工作分配以及检查工作进度等方法来进行。第二个层次是执行机构之间的协调，包括上下级执行机构和平级执行机构之间的协调。下级机构有责任向上级机构汇报情况，请示工作；上级机构要对下级进行工作布置、指导和检查，及时解决和答复下级提出的困难和问题。平级执行机构之间应该相互沟通信息，主动配合，积极合作。第三个层次是执行机构与其他机构之间的协调。为保证政策能够顺利实施，政策执行组织要与其他社会组织和社会公众密切联系，紧密配合，形成良性互动的关系。

要完善支持性教育政策执行的沟通协调机制，研究者认为应从以下几个方面着手：一要建立专门的沟通协调机构。使沟通协调职能专业化、权威化，放眼全局，抓住重点，带动全面。二要畅通沟通渠道。要建立双向沟通的通畅渠道，使上情下达、下情上达和横向沟通畅通无阻。例如，建立并完善政策热线、政策演讲、社区活动等具体的沟通途径。三要缩短沟通距离。沟通距离越长，中间环节越多，信息失真率就越高，沟通效果就越差。四要实现沟通手段和技术现代化。要善于利用现代通信设备和网络技术，巧妙策动大众传播，加快信息传递速度，减少周转环节，保证信息交流的准确性。五要坚持以调适目标和利益一致为主的说服教育协调手段。尽量避免粗暴的行政强制，以获得执行对象的真正合作。

4. 执行监督机制

美国著名行政学家埃莉诺·奥斯特罗姆指出："在每一个群体中，都有不顾道德规范只要一有可能便采取机会主义行为的人；在很多时候，也都存在采取机会主义行为的情况，其潜在收益是如此之高，以至于极守信用的人也会偶尔违反规范，有了行为规范也不可能完全消除机会主义行为。"[①] 因此，在政策执行过程中，必须完善行之有效的政策执行监督机制，对政策执行情况及时地跟踪评估和监督，强化监督控制。针对我国当前教育政策执行的监督主体由于其自身监督意识较弱、体制不顺、制度欠缺等方面的原因以及在政策执行过程中普遍存在"弱监"、"虚监"、"漏监"等监督乏力的现象，笔者认为要从以下两个方面加强政策执行的监督机制建设：

第一，需要强化政策执行的监督意识。长期以来，我国对教育政策的监督偏重于廉政监督，而对于政策执行方面的效能监督重视不够，让"上有政策，下有对策"现象有其生存的土壤。因此，要强化政策执行监督，首先是强化监督机构对政策执行的监督意识，让其必须充分地认识到政策执行监督的必要性和重要性。其次，要有防患于未然的意识，加强政策执行事前监督和事中监督的意识，不能局限于事后监督。再次是要强化人民群众参与政策执行监督的意识，让广大人民群众积极投入到监督活动，提高政策执行监督的有效性。

第二，需要完善政策执行监督制度。首先，应实行政策执行公开化制度。政策执行公开化实质就是要增强政策执行活动的透明度，让政策执行监督主体对政策的执行情况有所了解。对于一般的教育政策而言，其政策执行活动一般不涉及国家秘密，而应当按照一定的法规和程序将其公之于众，使各种政策执行活动置于公众的关注与监督之下，使"暗箱操作"没有生存的空间，只有把政策及执行措施、程序和结果等真实情况全面、及时地公开，才能够对政策执行活动进行有力的监督。其次，应实行政策

---

① ［美］埃莉诺·奥斯特罗姆：《公共事物的治理之道——集体行动制度的演进》，余逊达、陈旭东译，上海三联书店2000年版，第103页。

执行者责任追究制度。为制约政策执行者，把政策执行控制在法律秩序的范围内，使违背政策的责任落实到具体的人的身上，从而增强政策执行者的责任感、使命感和危机意识，需要建立政策执行者的责任制度。建立政策执行者责任制，实行风险预警机制，将有助于激发政策执行者的进取精神和创新意识，使政策执行者权责一致，从而便于对政策执行者实行有效的监督。

5. 激励机制

作为一个相对独立的社会行为组织，教育政策执行主体的政府部门也是政策执行过程中的多元利益主体之一，其也要寻求自身的最大利益。"政府中的个人也是经济人，都天生地追求自身利益的最大化，但政府机制并不能以营利为目的，对政府及官员的物质激励非常有限，他们常被置于'公仆'的地位而不能明显追求自身经济利益，这就使他们的自利动机受到了限制，从而迫使他们采用其他方式实现自己的利益。"① 正是由于对政策执行者的利益需求的忽视或激励的欠缺，在很大程度上导致了公共权力异化等问题产生。因此，必须尽可能在有限资源供给的范围内进行有效的激励机制创新，如实行竞争机制、引入绩效制等。打破单一化的科层行政模式，应强调政府部门的政策执行者的工作绩效，突出政策执行者的能力，体现公平性和公正性，激发政策执行者的创造力，发挥利益分配在政策执行中应有的激励功能。

（四）改善支持性教育政策的县域执行环境

政策执行是一个动态的活动过程，美国学者琼斯认为："政策执行乃是将一种政策付诸实施的各项活动"。美国学者爱德华认为："公共政策执行是一系列'发布命令、执行指令、拨付款项、办理贷款、给予补助、订立契约、收集资料、传递信息、委派人事、雇佣人员、创设单位'的活动过程。"② 因而，教育政策执行与教育政策所处的实际环境密切相关。

从教育政策的制定来看，任何教育政策都应当是由人通过理性来制定的。一般认为，制定一个完全理性主义的教育政策必须具备以下条件：知道所有的社会价值偏好及其在社会人群的比重；详尽了解相关资料，并以

---

① 刘星：《浅析公共政策执行中利益与代价的不均衡分布》，《探索》2002 年第 2 期。
② 转引自张俊生《公共政策的有效执行》，清华大学出版社 2006 年版，第 225 页。

此为基础制定各种可能的政策方案；充分把握每一种政策方案的各种可能的结果；准确估计每一种政策方案的损益期望值和社会价值比；合理选择最为经济有效的政策方案。① 从实际情况来看，由于要完全满足以上条件是不可能的，所以教育政策并非完全理性，它具有一定的不确定性和模糊性。其次，环境因素是影响教育政策制定和执行的重要因素。我国各地政治、经济、文化、教育等各方面发展不平衡，如果教育政策在制定时能充分考虑到各种环境因素的影响及各种环境因素的特殊性，并附有针对性措施，那么，它在执行过程中就可能减少、减轻政策失真，否则，未被考虑的不利环境因素，在政策执行过程中就会产生普遍的或区域性的阻碍作用。教育政策的内部因素和外部环境在不断地变动，制定时与执行时的内、外部情况都会有所不同，因此具有不可预测性。因而，在教育政策的实际执行中，应因地制宜，根据政策执行的反馈和教育政策内、外环境的变化情况不断追踪决策，对执行决策不断调适，最终取得一个满意的结果。

一项好的政策要想成功执行就必须要与特定的政策环境相适应。在众多的政策执行环境中，政策执行目标群体对政策执行的态度、政策运行机制、利益集团以及政策监控机制是影响政策有效执行的关键性因素。针对江苏省支持农村义务教育发展政策运行系统中存在的政策目标群体的态度多元、政策运行机制不健全、利益集团的压力大、政策监控机制不健全等问题，笔者认为，应不断推进优化支持性教育政策的县域执行环境。

支持性教育政策的县域执行环境优化是一项系统性工程。首先，要积极推行行政管理体制改革，进一步精简政府机构，理顺各部门之间的关系，明确各部门的权利和责任，加强政府部门在政策执行过程中的整合程度，提高政策执行的效率。管理体制对政策执行有很大的制约作用，它能整合各种政治资源，协调政策执行机构内部与其他组织机构之间的各种关系，为政策执行提供制度保障。② 其次，要加大县域的经济建设。通过经济建设和县域经济条件的改善，在为支持性教育政策的县域政策提供厚实

---

① 张国庆：《论理性主义公共政策分析的局限性》，《北京大学学报》（哲学社会科学版）1997 年第 4 期。

② 戴艳军、吴非：《我国公共政策执行中的失控及对称探析》，《行政论坛》2003 年第 3 期。

的财源保障的同时，也可以不断促进县域社会经济文化生态的良性发展，从而促进支持性教育政策受惠地区的自我发展机制不断完善，提升其内生力。再次，要建立健全政策监控制度，使监督经常化、制度化。通过政策的监控制度建设，强化政策执行过程中各方主体之间的协调配合，形成多层次、多功能、内外沟通、上下结合的监督控制网络，同时增加政策执行的透明度，通过调查、咨询、罢免、撤销、申诉控告等手段来实现对政策执行过程的有效监督。[①] 另外，要加快政策执行及其管理的信息化建设，创造良好的政策执行条件，优化政策执行环境，为支持性教育政策县域有效执行提供现代化的技术保障。

---

① 　宁国良：《论公共政策执行偏差及其矫正》，《湖南大学学报》2000 年第 9 期。

参考文献

一 历史文献与工具书

1. 教育部发展规划司：《中国教育统计年鉴2004》，人民教育出版社2005年版。

2. 教育部发展规划司：《中国教育统计年鉴2003》，人民教育出版社2004年版。

3. 教育部发展规划司：《中国教育统计年鉴2008》，人民教育出版社2009年版。

4. 《中国教育年鉴》编辑部：《中国教育年鉴2003》，人民教育出版社2004年版。

5. 教育部财务司、国家统计局和社会科技统计司：《中国教育经费统计年鉴2003》，中国统计出版社2004年版。

6. L县地方志办公室：《L县年鉴》（从2002年至2011年）。

7. L县县志编委会：《L县县志》：江苏古籍出版社1997年版。

8. 长三角联合研究中心：《长三角年鉴2006》，社会科学文献出版社2007年版。

二 国内外著作类

1. 陈振明：《公共政策分析》，中国人民大学出版社2003年版。

2. 陈庆云：《公共政策分析》，北京大学出版社2006年版。

3. 陈敬朴：《农村义务教育质量保障机制》，南京师范大学出版社2011年版。

4. 陈燕：《公平与效率》，中国社会科学出版社 2007 年版。

5. 丁煌：《政策执行阻滞机制及其防治对策——一项基于行为和制度的分析》，人民出版社 2002 年版。

6. 高书国：《中国城乡教育转型模式》，北京师范大学出版社 2006 年版。

7. 樊红敏：《县域政治权力实践与日常秩序——河南省南河市的体验观察与阐释》，中国社会科学出版社 2008 年版。

8. 胡春梅：《教育政策执行过程研究——一种运行机制分析视角》，辽宁师范大学出版社 2008 年版。

9. 扈中平等：《中国教育两难问题》，湖南教育出版社 1995 年版。

10. 鲁洁：《教育社会学》，人民教育出版社 1990 年版。

11. 李秉德：《教育科学研究方法》，人民教育出版社 1986 年版。

12. 李允杰等：《政策执行与评估》，北京大学出版社 2008 年版。

13. 李艳等：《农村义务教育制度选择论》，北京师范大学出版社 2009 年版。

14. 刘欣：《基础教育政策与公平问题研究》，华中师范大学出版社 2008 年版。

15. 刘世清：《教育政策伦理》，上海教育出版社 2010 年版。

16. 林永波、张世贤：《公共政策》，台湾五南图书公司 1999 年版。

17. 李成智：《公共政策》，团结出版社 2000 年版。

18. 廖其发：《中国农村教育问题的研究》，四川教育出版社 2006 年版。

19. 马和民等：《教育社会学研究》，上海教育出版社 1998 年版。

20. 丘昌泰：《公共政策：当代政策科学理论之研究》，台湾巨流图书公司 1999 年版。

21. 瞿瑛：《义务教育均衡发展政策问题研究：教育公平的视角》，浙江大学出版社 2010 年版。

22. 祁型雨：《超越利益之争——教育政策的价值研究》，高等教育出版社 2003 年版。

23. 全国妇联儿童工作部：《农村留守流动儿童状况调查报告》，社会科学文献出版社 2011 年版。

24. 任世暄等：《云南农村义务教育研究》，中国书籍出版社 2009 年版。

25. 石绍斌：《城乡基础教育均等化供给研究》，经济科学出版社 2008 年版。

26. 上海财经大学公共政策研究中心：《中国农村义务教育转移支付制度研究》，上海财经大学出版社 2005 年版。

27. 邬志辉等：《农村义务教育经费保障新机制》，北京大学出版社 2008 年版。

28. 魏峰：《弹性与韧性——乡土社会民办教师政策运行的民族志》，上海三联书店 2009 年版。

29. 王春福：《有限理性利益人与公共政策》，中国社会科学出版社 2008 年版。

30. 王景英：《农村义务教育整体办学模式与评价》，北京大学出版社 2008 年版。

31. 王国强：《江苏教育现代化实践》，红旗出版社 1999 年版。

32. 谢妮等：《农村留守儿童教育现状研究》，经济科学出版社 2010 年版。

33. 王名扬：《美国行政法》，中国法制出版社 1996 年版。

34. 谢炜：《中国公共政策执行中的利益关系研究》，学林出版社 2009 年版。

35. 袁振国：《中国教育政策评论》，教育科学出版社 2003 年版。

36. 袁振国：《教育政策学》，江苏教育出版社 2001 年版。

37. 杨冠琼：《公共政策学》，北京师范大学出版社 2009 年版。

38. 姚华等：《政策执行与行动者的策略》，北京大学出版社 2010 年版。

39. 于发友：《通向教育理想之路：县域义务教育均衡发展研究》，山东人民出版社 2008 年版。

40. 张俊生：《公共政策的有效执行》，清华大学出版社 2006 年版。

41. 张芳全：《教育政策导论》，台湾五南图书出版公司 2006 年版。

42. 张丽华：《西部农村义务教育投入保障制度研究》，经济科学出版社 2009 年版。

43. 张国庆：《公共政策分析》，复旦大学出版社 2005 年版。

44. 张金马：《公共政策分析：概念、过程、方法》，人民出版社2004年版。

45. 张新平：《教育管理实践个案研究：实地研究方式》，上海教育出版社2007年版。

46. 赵克全：《社会转型与压力总动员：改革后中国农村义务教育供给制度研究》，上海人民出版社2009年版。

47. 赵中建：《全球教育发展的历史轨迹——国际教育大会60年建议书》，教育科学出版社1999年版。

48. 周洪宇：《教育公平论》，人民教育出版社2001年版。

49. 周佳：《教育政策执行研究——以进城务工就业农民工子女义务教育政策执行为例》，教育科学出版社2007年版。

50. 国家教育发展研究中心：《2006年中国教育绿皮书——中国教育政策年度分析报告》，教育科学出版社2006年版。

51. 中央教育科学研究所教育督导评估研究中心：《义务教育均衡发展报告（2010)》，教育科学出版社2010年版。

52. 联合国教科文组织、国际教育发展委员会：《学会生存——教育世界的今天和明天》，华东师范大学比较教育研究所译，教育科学出版社1996年版。

53. ［美］英格尔斯：《人的现代化》，殷陆君译，四川人民出版社1985年版。

54. ［美］弗朗西斯·C. 福勒：《教育政策学导论》（第二版），许庆豫译，江苏教育出版社2007年版。

55. ［美］斯图亚特·S. 那格尔：《政策研究百科全书》，科学技术文献出版社1990年版。

56. ［美］托马斯·戴伊：《理解公共政策》，彭勃译，华夏出版社2004年版。

57. ［美］托马斯·戴伊：《自上而下的政策制定》，鞠方安等译，中国人民大学出版社2002年版。

58. ［美］拉雷·N. 格斯顿：《公共政策的制定——程序与原理》，朱子文译，重庆出版社2001年版。

59. ［美］查尔斯·林德布洛姆：《决策过程》，竺乾威译，上海译文出版社1999年版。

60．［美］叶海卡·德罗尔：《逆境中的政策制定》，王满传等译，上海远东出版社 1996 年版。

61．［美］保罗·A. 萨巴蒂尔：《政策过程理论》，彭宗超等译，三联书店 2004 年版。

62．［美］迈克尔豪利特：《公共政策研究——政策循环与政策子系统》，庞诗译，三联书店 2006 年版。

63．［美］迈克尔·W. 阿普尔：《意识形态与课程》，黄忠敬译，华东师范大学出版社 2001 年版。

64．［美］乔伊斯·L. 爱泼斯坦、迈韦斯·C. 桑德斯：《联系家庭、学校和社区——社会研究新取向·教育社会学手册》，华东师范大学出版社 2004 年版。

65．［美］欧内斯特·博耶：《关于美国教育改革的演讲》，涂艳国等译，教育科学出版社 2002 年版。

66．［美］埃莉诺·奥斯特罗姆：《公共事物的治理之道——集体行动制度的演进》，余逊达、陈旭东译，上海三联书店 2000 年版。

67．［英］米切尔·黑尧：《现代国家的政策过程》，赵成根译，中国青年出版社 2004 年版。

68．［英］迈克·希尔、［荷兰］彼特·休普：《执行公共政策：理论与实践中的治理》，黄健荣等译，商务印书馆 2008 年版。

69．［英］斯蒂芬·鲍尔：《教育改革——批判和后结构主义的视角》，侯定凯译，华东师范大学出版社 2002 年版。

70．［英］纳德·施瓦茨：《行政法》，徐炳译，群众出版社 1996 年版。

71．［法］布尔迪厄、华康德：《反思与实践——反思社会学导引》，李猛、李康译，中央编译出版社 1998 年版。

72．［法］夏尔·德巴什：《行政科学》，上海译文出版社 2000 年版。

73．［法］布迪厄：《实践感》，蒋梓骅译，译林出版社 2003 年版。

74．［德］柯武刚、史漫飞：《制度经济学——社会秩序与公共政策》，韩朝华译，商务印书馆 2000 年版。

75. Odden. Allan. R：*Education Policy Implementation*. State University of New York Press，1991.

76. Charles. O. Jones，*An Introduction to the Study of Public Policy*，

2nd ed. North Scituate, Mass：Duxbury Press, 1977.

77. Hothstein, Stanley W. Identity and Ideology：*Sociocultureal Theories of Schooling.* New York：Greenwood Press, 1991.

78. Gibson. Rex. *Critical Theory and Education.* London：Hodder and Stoughton, 1986.

79. James M. Buchanan et al. *The Economics of Politics.* London：Institute of Economic Affairs, 1978.

80. David. Bachman, *Implementing Chinese Tax Policy*, in Lampton, 1987.

三　学术论文类

1. 毕正宇：《教育政策执行模式研究》，华中师范大学博士学位论文，2006 年。

2. 陈桂生：《"教育理论与实践关系问题"的再认识》，《湖南师范大学教育科学学报》2005 年第 1 期。

3. 陈洪连：《公共政策执行自由裁量权的伦理困境及其制约机制》，《中州学刊》2008 年第 3 期。

4. 陈玉云：《教育政策变异之我见——关于政策执行与政策实现的讨论》，《教育理论与实践》2005 年第 11 期。

5. 戴艳军、吴非：《我国公共政策执行中的失控及对称探析》，《行政论坛》2003 年第 3 期。

6. 邓涛、孔凡琴：《关于推进基础教育师资配置均衡化的思考——吉林省城乡师资差异和教师流动意愿的调查与分析》，《中国教育学刊》2007 年第 9 期。

7. 段兆兵：《论推进教育公平中的"顶层设计"与"问计于民"》，《教育理论与实践》2011 年第 8 期。

8. 冯建军：《内涵发展：推进义务教育优质均衡的路向选择》，《南京社会科学》2012 年第 1 期。

9. 付卫东：《支教生参与"农村教师资助行动"的调查与思考》，《教师教育研究》2009 年第 3 期。

10. 郭爱君：《论政策能力》，《政治学研究》1996 年第 1 期。

11. 高如峰：《对农村义务教育各级政府财政责任分工的建议方案》，

《教育研究》2005 年第 3 期。

12. 高庆蓬：《教育政策评估研究》，东北师范大学博士学位论文，2008 年。

13. 高庆鹏、朱安妮：《转型期我国教育政策评估模式的选择》，《教育理论与实践》2011 年第 8 期。

14. 蒋园园：《复杂理论视阈下的教育政策执行研究》，华东师范大学博士学位论文，2010 年。

15. 蒋园园：《教育政策执行复杂性研究：复杂理论的视角》，《教育发展研究》2011 年第 7 期。

16. 江文涛：《改革以来我国农村义务教育相关投入政策问题与评价》，《农业经济问题》2006 年第 6 期。

17. 何杰：《新时期我国义务教育师资配置政策的变革论析》，《教育学术月刊》2011 年第 5 期。

18. 何世雄：《农村"留守子女"学习状况研究——以甘肃省通渭县为例》，西北师范大学硕士学位论文，2003 年。

19. 胡伶：《教育政策评估标准体系的架构研究》，《教育理论与实践》2008 年第 12 期。

20. 胡春梅：《教育政策执行运行机制分析——以有关新课程改革在 X 省的执行为例》，北京师范大学博士学位论文，2005 年。

21. 霍海燕：《优化公共政策执行体制的设想》，《理论探讨》2002 年第 3 期。

22. 康钊：《农村留守儿童问题及对策》，《黑龙江社会科学》2007 年第 2 期。

23. 课题组：《农村留守儿童问题调研报告》，《教育研究》2004 年第 10 期。

24. 梁伟国：《"全国中小学危房改造工程"和第二期"国家贫困地区义务教育工程实施顺利"》，《人民教育》2002 年第 6 期。

25. 李庆丰：《农村劳动力外出务工对"留守子女"发展的影响——来自湖南、河南、江西三地的调查报告》，《上海教育科研》2002 年第 9 期。

26. 李孔珍：《我国基础教育政策执行：整体推进模式》，《中国教育学刊》2010 年第 11 期。

27. 李江源：《教育政策失真的因素分析》，《教育理论与实践》2001年第 11 期。

28. 李树峰：《宏观教育政策决策研究》，华东师范大学博士学位论文，2009 年。

29. 李明阳：《论教育公平》，《安徽大学学报》2009 年第 1 期。

30. 林小英：《教育政策执行的理论模式评析》，《民办教育研究》2006 年第 1 期。

31. 林丽群等：《和谐社会构建中的政策执行利益整合机制创新研究》，《湘潭师范学院学报》2007 年第 11 期。

32. 林敏娟：《国内外教育政策绩效评估研究若干问题探析》，《社科纵横》2011 年第 3 期。

33. 刘惠林：《中国农村教育财政问题研究》，东北林业大学博士学位论文，2007 年。

34. 刘星：《浅析公共政策执行中利益与代价的不均衡分布》，《探索》2002 年第 2 期。

35. 刘成玉、蔡定昆：《教育公平：内涵、标准与实现途径》，《教育与经济》2009 年第 3 期。

36. 刘耀明、熊川武：《论义务教育内涵性均衡发展的边界》，《华东师范大学学报》（教育科学版）2011 年第 1 期。

37. 刘泽云：《中国义务教育财政体制困境与对策研究》，北京师范大学博士学位论文，2003 年。

38. 刘复兴：《教育改革的制度伦理：教育公平与政府责任》，《人民教育》2007 年第 11 期。

39. 刘复兴：《教育政策活动中的价值问题》，《北京师范大学学报》（人文社会科学版），2002 年第 3 期。

40. 刘春花：《未成年学生家庭教育责任转移的思考》，《教育理论与实践》2006 年第 10 期。

41. 罗汉书：《农村初中学生辍学问题研究》，东北师范大学硕士学位论文，2002 年。

42. 吕开宇：《外出务工家庭子女教育决策机制及其政策内涵——以甘肃农村为例》，中国农业科学院博士学位论文，2006 年。

43. 马晓燕：《关于教育公平的现实选择之我见》，《教育与经济》，

2000 年第 2 期。

44. 宁国良：《论公共政策执行机制问题》，《求索》2004 年第 6 期。

45. 宁国良：《论公共政策执行偏差及其矫正》，《湖南大学学报》2000 年第 9 期。

46. 秦长江：《论公共政策执行手段的选择》，《决策探索》2004 年第 11 期。

47. 祁型雨：《利益表达与整合——关于教育政策的决策模式研究》，华中师范大学博士学位论文，2003 年。

48. 苏晓艳、范兆斌：《我国农村义务教育的公平性分析》，《软科学》2006 年第 1 期。

49. 苏延骏：《教育公平的法理意义分析》，《教育探索》2003 年第 5 期。

50. 孙艳霞：《教育政策道德性研究》，东北师范大学博士学位论文，2006 年。

51. 宋秀波：《关于科尔曼社会资本理论的解读》，《社科纵横》（新理论版）2011 年第 2 期。

52. 谭英俊：《试论构建有效的公共政策执行机制》，《中共济南市委党校学报》2004 年第 3 期。

53. 唐松林：《农村中小学教师队伍建设研究》，华东师范大学博士学位论文，2004 年。

54. 王泽德、赵上帛：《我国农村中小学布局调整的现状及对策研究》，《现代教育科学》2009 年第 2 期。

55. 王东宇、王丽芬：《影响中学留守孩心理健康的家庭因素》，《心理科学》2005 年第 2 期。

56. 王怀兴：《中国农村基础教育政策研究》，东北师范大学博士学位论文，2009 年。

57. 王素荣：《教育政策评估指标体系研究》，《教育理论与实践》2006 年第 6 期。

58. 王世忠：《关于教育政策执行的涵义、特征及其功能的探讨》，《湖北教育学院学报》2001 年第 1 期。

59. 汪志强、袁方成：《"打工村留守儿童"的教育现状与对策建议——来自湖北英山的报告》，《宁波党校学报》2006 年第 1 期。

60. 邬志辉：《农村义务教育基本价值追求的政策表达》，《湖南师范大学教育科学学报》2011 年第 5 期。

61. 吴群芳、张宇光：《多维政策网络视野下的政策环节协调及政策执行力提升途径》，《理论月刊》2011 年第 7 期。

62. 吴家庆、陈利华：《改革开放以来我国农村基础教育政策创新发展的特点》，《湖南师范大学学报》（社会科学版）2008 年第 4 期。

63. 吴霓：《农村留守儿童问题调研报告》，《教育研究》2004 年第 10 期。

64. 熊亚：《公共政策视野下的农村留守儿童教育问题探析》，《江西教育科研》2007 年第 1 期。

65. 许国动：《我国地方教育政策执行异形病理探究》，《当代教育科学》2007 年第 5—6 合期。

66. 姚晓春：《论教育政策的能力限度》，《教育理论与实践》2000 年第 5 期。

67. 殷世东、朱明山：《农村留守儿童教育社会支持体系的构建——基于皖北农村留守儿童教育问题的调查与思考》，《中国教育学刊》2006 年第 2 期。

68. 杨玉琼：《我国义务教育阶段教师资源配置均衡状况研究》，中国教育经济学年会会议论文集，2007 年。

69. 杨玉春：《中小学教师待遇问题调研报告》，《当代教育科学》2009 年第 5 期。

70. 杨润勇：《区域教育政策行为研究——以县级区域为例》，北京师范大学博士学位论文，2005 年。

71. 于维涛：《县域教师发展支持体系建设研究》，华东师范大学博士学位论文，2009 年。

72. 袁桂林：《农村义务教育"以县为主"管理体制现状及多元化发展模式初探》，《东北师范大学学报》（哲学社会科学版）2004 年第 1 期。

73. 赵宁宁：《寻找教育政策制定的研究基础》，北京师范大学博士学位论文，2007 年。

74. 赵爽：《教育政策合法性研究》，东北师范大学博士学位论文，2005 年。

75. 周宗奎等：《农村留守儿童心理发展与教育研究》，《北京师范大学学报》（社会科学版）2005 年第 1 期。

76. 朱晓斌：《流动人口子女义务教育政策的价值分析》，《教育评论》2003 年第 2 期。

77. 朱金花：《教育公平：政策的视角》，吉林大学博士学位论文，2005 年。

78. 朱永坤：《教育政策公平性研究——基于义务教育公平问题的分析》，东北师范大学博士学位论文，2008 年。

79. 翟博：《教育均衡发展：现代教育发展的新境界》，《教育研究》2002 年第 2 期。

80. 张明杰：《行政自由裁量权及其法律控制》，《法学研究》1995 年第 4 期。

81. 张盛仁：《基于人口流动的湖北省农村义务教育资源配置研究》，华中师范大学博士学位论文，2008 年。

82. 张国庆：《论理性主义公共政策分析的局限性》，《北京大学学报》（哲学社会科学版）1997 年第 4 期。

83. 张康之：《公共政策道德化的双重向度》，《北京行政学院学报》2001 年第 2 期。

84. 张云昊：《规则、权力与行动：韦伯经典科层制模型的三大假设及其内在张力》，《上海行政学院学报》2011 年第 2 期。

85. 张艳萍：《农村"留守子女"的教育问题及对策研究》，《当代教育科学》2005 年第 13 期。

86. 张新平：《对学校科层制的批评与反思》，《教育探索》2003 年第 8 期。

87. 张新平：《实地研究：教育管理研究的第三道路》，《教育理论与实践》2005 年第 5 期。

88. 张乐天：《城乡教育差别的制度归因与缩小差别的政策建议》，《南京师范大学学报》（社会科学版）2004 年第 3 期。

89. 张乐天：《发展中国家农村教育补偿政策实施状况及其比较——中国、印度、马来西亚、尼泊尔四国案例分析》，《比较教育研究》2006 年第 11 期。

90. 张乐天：《我国农村教育政策 30 年的演进与变迁》，《南京师范大学学报》（社会科学版）2008 年第 6 期。

91. David Easton. The Political System：An Inquiry into the State of Political Science. New York：Knopf, 1971.

92. Paul A. Sabatier, "Top - down and Bottom - up Approaches to Implementation Research：A Critical Analysis and Suggested Synthesis", *Journal of Public Policy*, 1986, No. 6.

93. Richard F. Elmore, "Backward Mapping：Implementation Research and Policy Decisiongs", *Political Science Quarterly*, Vol. 94, No. 4（Winter）, 1979—1980.

四　其他类

1. 江苏省、委省政府：《关于切实加强民生工作若干问题的决定》（苏发［2008］14 号）。

2. 江苏省教育厅财政厅：《关于实施"千校万师支援农村教育工程"的通知》（苏教师［2006］23 号、苏财教［2006］220 号）。

3. 江苏省教育厅、财政厅：《关于实施农村留守少年儿童食宿条件改善工程的意见》（苏教合［2008］2 号、苏财教［2008］153 号）。

4. 江苏省教委：《江苏省乡镇教育基本实现现代化评估意见（试行）》（苏教综改办［1996］10 号）。

5. 江苏省政府办公厅：《关于转发省教育厅〈江苏省县（市、区）教育现代化建设主要指标〉的通知》（苏政发［2007］59 号）。

6. 江苏省教育厅：《关于开展县（市、区）教育现代化建设水平评估的通知》（苏教评［2007］2 号）。

7. 江苏省政府办公厅：《关于转发省教育厅江苏省义务教育学校现代化办学标准的通知》（苏政办发［2012］35 号）。

8. 江苏省人民政府：《关于中小学校舍安全工程的实施意见》（苏政办发［2009］62 号）。

9. 南京市 B 区教育局：《关于实施江苏省"千师万校支援农村教育工程"的通知》（B 教发［2007］2 号）。

10. 淮安市教育局：《关于印发〈淮安市城乡教育结对帮扶"三百工程"实施意见〉的通知》（淮教发［2005］10 号）。

11. L 县人民政府：《县政府关于进一步推进教育现代化建设工作的意

见》（L 政发 ［2007］209 号）。

12. L 县教育局：《关于转发〈省教育厅关于进一步完善区域教育现代化创建规划暨做好 2010 年县（市、区）教育现代化建设水平评估工作的通知〉的通知》（L 教发 ［2010］85 号）。

13. L 县教育局：《关于组建教育集团暨开展城乡学校结对帮扶工作的意见》（L 教发 ［2010］81 号）。

14. L 县人民政府：《L 县农村留守儿童实施方案》（L 政发 ［2006］62 号）。

15.《L 县城市总体规划（2008—2030)》。

16.《L 县教育局 2009 年年终工作总结及 2010 年工作计划》。

17.《L 县教育局 2010 年年终工作总结及 2011 年工作计划》。

18.《L 县妇联 2012 年工作总结》。

19. 江苏省委书记罗志军同志 2011 年 10 月 11 日在纪念江苏省关工委成立 20 周年暨全省关心下一代工作表彰大会上的讲话。

20. 江苏省教育厅沈健厅长 2009 年 1 月 8 日在 2009 年全省教育工作会议上的讲话。

21. 江苏省教育厅王斌泰厅长 2007 年 7 月 5 日在 "送优质教学资源下乡工程" 实施工作会议上的讲话。

22. L 县委 LWP 书记 2011 年 6 月 27 日在中国共产党 L 县第十次代表大会上的 "真情真意爱家乡、同心同德奔小康，把 L 县建设得更加受人尊敬令人向往" 讲话稿。

23. L 县教育局 LGJ 副局长 2011 年 7 月 17 日在 "全县填报教育现代化建设水平相关数据工作会议上的讲话" 讲话。

24. 贺劲松：《温家宝在陕西看望农村留守儿童》，《中国教育报》2007 年 5 月 29 日。

25. 陈瑞昌、陈昌华：《江苏校安工程 3 年将投 252 亿》，《中国教育报》2010 年 10 月 19 日。

26. 袁桂林：《关注农村中小学布局调整：应充分考虑服务半径》，《中国教育报》2011 年 8 月 29 日。

27. 沈大雷、缪志聪：《江苏校安工程撑起 "安全伞" 累计投入 102.3 亿元》，《中国教育报》2011 年 1 月 26 日。

28. 陆岳新：《从 "学有所教" 向 "学有优教" 跨越》，《中国教育报》2012 年 5 月 17 日。

29. 吴红萱、淮财、孙昂:《L 县化解教育负债初战告捷》,《中国财经报》2006 年 7 月 21 日。

30. 任松筠:《江苏省启动千校万师支援农村教育工程》,《新华日报》2007 年 3 月 13 日。

31. 华中文:《江苏"三新一亮"工程造福苏北农村中小学生》,《现代快报》2005 年 5 月 31 日。

32. 蔡蕴琦:《首批农村学校教育硕士 9 月免费入学》,《扬子晚报》2009 年 5 月 7 日。

33. 禹成余、陆卫国:《L 县财政局积极支持教育发展》,《淮安日报》2008 年 9 月 19 日。

34. 马杰、张一浩:《建设教育强县　打造智慧之乡》,《淮安日报》2007 年 11 月 14 日。

35. 张小燕:《警惕,夏季儿童溺水事故频发》,《淮安日报》2011 年 6 月 15 日。

36. 南京市 B 区教育局编:《这片美丽的土地》(2009 年)。

37. L 县教育局 2010 年 8 月 23 日的"L 县推进教育现代化工作情况汇报"。

38. L 县教育局 2010 年 12 月 16 日的"关于创建教育现代化有关情况的汇报"。

39. L 县人民政府 2010 年 9 月 17 日的"L 县教育现代化创建规划"。

40. L 县教育局 2010 年 12 月 5 日的"L 县教育现代化创建方案"。

41. L 县教育局 2010 年 12 月 16 日的"关于创建教育现代化有关情况的汇报"。

42. L 县教育局 2011 年 3 月 18 日的"L 县教育现代化创建工作情况汇报"材料。

43. L 县教育局于 2010 年 7 月 7 日的"推进教育现代化情况的汇报"资料。

44. L 县教育局:《L 县教育现代化创建工作资料汇编》(2011 年卷)。

45. L 县支教老师的支教笔记。

46. 个人访谈录音。

附 件 一

支教政策执行调查问卷与访谈提纲

尊敬的各位老师：

　　支教政策是一个牵涉面比较广的课题，为了能够真实地了解您对支教的想法，研究者设计了如下的调查与访谈问题，希望您按照问题的提示和要求进行回答。如果是通过网络调查，请填写后发到 hynuhejie@163.cn。本问卷的调查信息为课题研究所用，研究者将为您保密。谢谢您对本研究的支持。

第一部分　问卷部分

1. 您的姓名是 _____

2. 您的就职单位为 _____

3. 您的年龄是 _____．

4. 您的性别是（　　）

（1）男　　（2）女

5. 您的职称是（　　）

（1）高级　（2）中级　　（3）初级

6. 您支教的时间是（　　）

（1）1 学期　（2）1 学年

7. 您参与支教的农村学校处于哪一阶段？（　　）

（1）小学　（2）初中

8. 您的工作角色是（　　）

（1）普通教师　（2）学校中层领导　　（3）副校长　　（4）校长

9. 您是否属于骨干教师、优秀教师、学科带头人（　　）

（1）是　（2）否

10. 您属于（　　　）

（1）骨干教师　　（2）优秀教师　　（3）学科带头人

11. 您任教的学科是（　　　）

（1）语文　　（2）数学　　（3）英语　　（4）物理　　（5）化学

（6）历史　　（7）音乐　　（8）体育　　（9）美术　　（10）政治

12. 您认为参与支教的老师的教学业务水平属于（此题为农村教师做）（　　　）

（1）较高　　　（2）一般　　　（3）薄弱　　（4）较差

13. 您认为自己的教学业务水平属于（此题为支教教师做）（　　　）

（1）较高　　　（2）一般　　　（3）薄弱　　（4）较差

14. 您获取支教的机会是由于（　　　）

（1）教育局指派　　　　（2）学校领导确定

（3）学校教师推荐或选出来的（4）自愿申请　　（5）其他

15. 您认为当前支教中存在的最大问题是（　　　　　）

（1）缺乏理论指导

（2）没有成为学校的日常工作

（3）作秀成分多

（4）对农村学校作用不大

（5）没有考虑到我们自身的困难

（6）宣传力度不够，没有获得支教老师的理解

16. 您当年参与支教的考评结果是（　　　）

（1）优秀　　（2）合格　　（3）基本合格　　（4）不合格

17. 您了解支教工作考核的依据吗？（　　　）

（1）了解　　（2）不了解

18. 您觉得到支教的单位后，最大的不适应是（按程度大小可多选）：

（1）单位比较闭塞，交通不便

（2）经济收入低

（3）学校文化氛围淡薄，教师不求上进

（4）单位人际关系紧张

（5）学校对支教人员不重视

（6）说不上适应不适应

19. 您觉得您选择到农村支教的原因是（　　　）

（1）为了圆农村教育梦，丰富自己的教育经历

（2）评职称有农村经历者可以优先

（3）支教有补助，可以增加收入

（4）学校安排，自己并不想去

20. 您支教中主要做什么工作？（　　　）

（1）教学　　（2）带班主任　　（3）科研指导　　（4）参与学校管理

第二部分　访谈提纲

1. 如果您参与支教，支教的地方在哪里？请详细描述一些您的支教对象学校的情况。

2. 作为受援学校中的老师，您觉得支教老师给学校带来了哪些方面的变化？（以支教中的感人事迹和一些细节佐证）

3. 您在支教工作中遇到什么样的困难？又是如何克服这些困难的？请详细叙述自己的支教经历和感受以及反思。

4. 您觉得当前 L 县的支教政策在实施中存在哪些问题？请提供您的建议和设想。

附 件 二

支持农村留守儿童政策执行情况
调查问卷与访谈提纲

亲爱的各位同学、父母和老师：

  支持留守儿童发展、关爱留守儿童健康成长是政府当前着力推进的一项民生工程。了解留守儿童的状况是保证政策执行的前提。为此，我们制作了调查问卷。希望您按照问题的提示和要求进行回答。本问卷的调查信息为课题研究所用，研究者将为您保密。谢谢您对本研究的支持。

第一部分 问卷部分

下面 1—28 题请同学们填写

1. 你今年上几年级？（   ）

（1）1 年级   （2）2 年级   （3）3 年级   （4）4 年级   （5）5 年级

（6）6 年级   （7）初一   （8）初二   （9）初三

2. 你父母外出打工的情况是（   ）

（1）父亲打工   （2）母亲打工   （3）父母都打工

3. 你多长时间回来一次（   ）

（1）1 个月   （2）3 个月   （3）半年   （4）一年

4. 你的性别是（   ）

（1）男   （2）女

5. 你父母都打工不在家时，谁来照看你？（   ）

（1）爷爷   （2）奶奶   （3）邻居   （4）老师

（5）外公外婆   （6）姐夫或姐姐，哥哥或嫂子

6. 你爷爷或奶奶照顾你，他（她）多大年纪了？（　　）

（1）50 岁以下　　　（2）50 至 60 岁　　　（3）60 岁以上

7. 你爷爷或奶奶等人除了照顾你，还有别的孩子吗？如有，一共有几个人？（　　）

（1）没有了，就 1 人　　（2）2 人　　　（3）3 人

8. 平时你会帮大人做什么事？（　　）

（1）洗衣服　（2）做饭洗碗　　（3）喂猪　　（4）打扫卫生

9. 你是否愿意同学、老师等其他人知道你父母打工的事情？（　　）

（1）愿意　　（2）不愿意　　（3）无所谓　　（4）其他

10. 你不愿意让别人知道父母打工的原因是（　　）

（1）同学欺负，看不起　　（2）自己会难受　　（3）说不上

（4）不想被关注过多　　　（5）自己的事情与别人无关

11. 你认为父母不在家的孩子是否更容易受到欺负（　　）

（1）是　　　（2）否　　　（3）说不上

12. 你认为容易被人欺负的原因是（　　）

（1）父母不在家，没有人保护　　（2）与父母是否在家无关

（3）不知道

13. 你认为自己有几个好朋友（　　）

（1）没有　　（2）1 个　　　（3）2—3 个

（4）4—5 个　（5）6 个以上

14. 当父母不在身边的时候谁是你的好朋友？（　　）

（1）老师　　（2）邻居同伴　　（3）同学　　（4）家里其他人

15. 你平时接触和联系比较多的人是谁？（　　）

（1）爷爷奶奶等家里人　　（2）同学　　　　　（3）老师

（4）邻居　　　　　　　　（5）小卖部里的人　（6）亲戚

16. 当你生活上有困难一般是谁给你帮助？（　　）

（1）家里人　　（2）同学　　（3）亲戚朋友　　（4）邻居

（5）老师　　（6）父母　　（7）其他人

17. 当你生病时一般是谁给你帮助？（　　）

（1）家里人　　（2）同学　　（3）亲戚朋友　　（4）邻居

（5）老师　　（6）父母　　（7）其他人

18. 当你安全遇到困难一般是谁给你帮助？（　　）

（1）家里人　　　（2）同学　　　（3）亲戚朋友　　（4）邻居

（5）老师　　　　（6）打电话给父母　　　（7）村干部

19. 当你学习上遇到困难一般是谁给你帮助？（　　　）

（1）家里人　　（2）同学　　（3）亲戚朋友　　（4）邻居

（5）老师　　　（6）父母　　（7）其他人

20. 你有了心里话一般都和谁说？（　　）

（1）家里的爷爷或奶奶　　（2）同学或好友（3）亲戚或邻居

（4）打电话给父母　　　　（5）老师　　（6）放在心里谁也不告诉

21. 你自己认为你的学习成绩怎么样（　　　）

（1）优秀　　　（2）较好　　（3）一般　　（4）较差　　（5）很差

22. 你自己认为喜欢上学吗？（　　　）

（1）很喜欢　　（2）喜欢　　（3）一般　　（4）不喜欢

23. 你不喜欢上学的原因是（　　　）

（1）学习压力大（2）缺乏兴趣（3）喜欢玩耍（4）不够聪明

24. 你对自己的成绩满意吗？（　　）

（1）满意　　（2）一般　　（3）不满意　　（4）不知道

25. 你对自己成绩不满意的原因是（　　　）

（1）成绩不理想　　（2）学习没用功　　（3）不够聪明　　（4）其他

26. 当父母不在家时，你学习上遇到困难会向谁求助？（　　　）

（1）父母　　（2）爷爷奶奶　　（3）同学或朋友

（4）老师　　（5）其他人

27. 当父母在家时，你学习上遇到困难会向谁求助？（　　　）

（1）父母　　（2）爷爷奶奶　　（3）同学或朋友

（4）老师　　（5）其他人

28. 你认为学习上的困难是什么？（　　）

（1）没有人督导　　（2）学习成绩下降　　（3）不方便买书

（4）因想念父母而精力分散　　（5）没有困难　　（6）其他

下面三题请父母填写：

29. 你对你孩子的学习成绩看法是（　　　）

（1）优秀　　（2）较好　　（3）一般　　（4）较差　　（5）很差

30. 你对你孩子的成绩满意吗？（　　　）

（1）满意　（2）一般　（3）不满意　（4）不知道

31. 你对你孩子的成绩不满意的原因是（　　）

（1）成绩不理想　（2）学习没用功　（3）不够聪明　（4）其他

下面三题请老师填写：

32. 你对他（她）的学习成绩看法（　　）

（1）优秀　（2）较好　（3）一般　（4）较差　（5）很差

33. 你对他（她）的成绩满意吗？（　　）

（1）满意　（2）一般　（3）不满意　（4）不知道

34. 你对他（她）成绩不满意的原因是（　　）

（1）成绩不理想　（2）学习没用功　（3）不够聪明　（4）其他

第二部分　访谈提纲

1. 作为父母，你觉得自己的孩子发展情况怎么样？

2. 你觉得县妇联在留守儿童的教育方面能够做哪些工作？

3. 你认为学校在留守儿童的教育上能够做哪些工作？学校做得到位吗？

附 件 三

支持农村义务教育现代化政策
执行情况访谈提纲

1. 你认为江苏省的教育现代化政策有哪些指标？你是如何理解这些指标的？

2. 对于县域教育现代化创建，县教育局主要采取了哪些措施？

3. 作为乡镇领导者又是如何对待教育现代化创建工作的？谈谈本乡镇的一些做法。

4. 你们学校的基本情况如何？教育现代化给学校带来了什么样的变化？为了教育现代化创建，学校采取了哪些措施？

5. 作为教师，你觉得教育现代化创建给我们学校、教师带来了什么样的变化？

附件四

江苏省教育厅、省财政厅关于实施"千校万师支援农村教育工程"的通知

苏教师〔2006〕23 号、苏财教〔2006〕220 号

各市、县（市、区）教育局，财政局：

为贯彻《义务教育法》、《中共江苏省委江苏省人民政府关于加快建设教育强省率先基本实现教育现代化的决定》和《教育部关于大力推进城镇教师支援农村教育的意见》精神，落实好省政府社会主义新农村建设的新五件实事，探索建立城镇教师支援农村教育的新机制、新办法，提升农村教师队伍整体素质和农村教育水平，促进城乡、区域教育协调发展，经研究，决定在"十一五"期间组织实施"千校万师支援农村教育工程"（以下简称支教工程），现就有关工作通知如下。

一、工作目标

从 2007 年到 2010 年底，在全省义务教育阶段遴选千所优质学校、万名骨干教师，与苏北农村千所薄弱学校实行"校对校"结对帮扶、对口支教，全面提升苏北农村学校的教育教学质量和水平。

二、参与学校

参与支教工程的项目学校由千所支教学校和千所受援学校结对组成。千所支教学校在全省城镇优质学校（原则上为原省、市级示范初中和实验小学）中遴选，其中初中 450 所左右、小学 550 所左右；千所受援学校主要在苏北 5 市农村最薄弱的初中和小学中确定。根据各市义务教育事业

规模和优质学校数量，我厅初步拟定了各市项目学校名额分配表（见附件 1），具体项目学校由各市教育局确定。

三、支教方式和经费保障

1. 对口支教学校双方要结合实际，协商制定有利于促进受援学校全面提升质量和水平的多样化的支教方案。支教方式可以采取选派教师支教、安排受援学校教师来校短期学习、联合组织集体备课、共同开展教科研课题研究、共享校本研修资源和课程改革成果等多种方式。通过 4 年的结对帮扶，使受援学校在教学管理、课程实施、师资素质、教科研工作和教育教学质量等方面有显著提高。

2. 支教学校要根据受援学校的实际需要，每年安排 3 名以上骨干教师赴受援学校支教。支教教师到受援学校承担教学任务、指导教研活动、参与教学管理等。支教时间原则上不少于 1 学年。

3. 省级师资队伍建设专项经费每年给予每所支教学校 4 万元支教补贴。各地也要给予支教学校适当经费支持。

4. 支教学校在教师支教期间应按每月不低于 500 元的标准发放支教教师生活补助费，具体标准由各支教学校自行确定。支教教师不在受援学校领取任何报酬，工资、医疗等福利待遇以及探亲差旅费等由支教学校发放和报销。

受援地县（市、区）教育行政部门和学校要为支教教师提供必要的工作、生活条件，努力帮助他们解决具体困难，确保他们安心工作。派出地县（市、区）教育行政部门和学校也要定期了解、关心支教教师的生活、学习、工作情况，帮助解决可能出现的问题和困难。

四、组织管理与考核

1. 省教育厅成立支教工程领导小组，在厅党组的领导下，负责全省支教工程的组织实施、统筹协调和监督工作。领导小组组长由分管师资工作的厅领导担任，成员由师资、基教、财务、人事处负责同志组成，领导小组办公室设在师资处。

各市、县（市、区）教育行政部门也应成立相应的领导小组，负责本辖区内支教工作的组织、管理、考核、协调和监督工作。

支教学校和受援学校间要建立定期研究协调支教工作的制度，双方校长要作为支教工作的第一责任人，共同承担支教组织实施和具体管理工作。

2. 每年年底前，省教育厅会同省财政厅组织支教工程项目执行情况的考核检查并下拨支教补助经费。各市、县（市、区）教育局要对本辖区内各项目学校的工作情况进行逐一检查，及时总结经验，研究问题，改进工作。各市教育局的支教工作总结、支教教师名册（式样见附件2）请于当年11月底前报省教育厅师资处。

3. 教师支教期间，以受援地县（市、区）教育行政部门和学校为主管理，年度考核由受援学校负责。支教教师统一填写《江苏省千校万师支援农村教育工程支教教师考核表》（式样见附件3），考核表存入教师档案。

4. 省教育厅每两年对支教工作表现突出的单位和个人进行一次评选表彰，给予适当的奖励。支教一年且考核合格的教师，参评省、市级优秀教师、先进教育工作者、特级教师以及晋升职务时，在同等条件下予以优先。

五、工作要求

实施支教工程，是我省加快社会主义新农村建设，推动城乡协调发展，缩小城乡、区域教育差距，提高农村教育质量，促进教育公平，构建和谐社会的重要举措。各地、各校要提高认识，统一思想，增强责任感、使命感和光荣感，切实加强领导，统筹安排，精心组织，落实好支教工作的各项要求，确保支教工作任务的顺利完成。

各地在组织实施好省支教工程的同时，要结合本地实际，组织开展本区域范围内城镇优质学校支援农村教育工作，形成省、市、县、校四级联动的态势，合理配置城乡教育和教师资源，促进城乡教育事业的全面、均衡、协调发展。

请各市根据省教育厅初步拟定的参与支教工程项目学校名额分配和遴选条件，确定本市项目学校的具体名单，并将项目学校申报汇总表（式样见附件4）及其电子版于12月31日前报省教育厅师资处，联系电话：025－83335128、83335127，电子信箱：zhoum@ ec. js. edu. cn。2007年元月初，省教育厅将与各市协商确定结对帮扶学校，组织支教学校与受援学校签署项目责任书。

附件：1. 各市参与"千校万师支援农村教育工程"项目学校名额分配表

2. 市年度支教教师名册汇总表

3. 江苏省"千校万师支援农村教育工程"支教教师考核表

4. 市参与"千校万师支援农村教育工程"项目学校申报汇总表

江苏省教育厅　江苏省财政厅

二○○六年十二月十一日

附 件 五

江苏省政府办公厅关于转发省教育厅《江苏省县（市、区）教育现代化建设主要指标》的通知

苏政办发 ［2007］ 59 号

各市、县人民政府，省各委、办、厅、局，省各直属单位：

省教育厅制定的《江苏省县（市、区）教育现代化建设主要指标》已经省人民政府同意，现转发给你们，请遵照执行。

江苏省人民政府办公厅

二○○七年五月二十二日

江苏省县（市、区）教育现代化建设主要指标

根据《中共江苏省委江苏省人民政府关于加快建设教育强省率先基本实现教育现代化的决定》（苏发 ［2005］ 15 号）要求，到 2010 年，全省教育整体水平和综合实力要达到或接近中等发达国家水平，率先基本实现教育现代化。为此，特制定江苏省县（市、区）教育现代化建设主要指标。

一、学前教育毛入园率（在园人数与 4—6 岁年龄组人口数之比）达 90％以上。

二、九年义务教育巩固率达 99％以上。

三、初中毕业生升学率达 95％以上。

四、19 周岁人口高等教育入学率（19 周岁人口进入各类高等教育机构学习的比例）达 50％以上。

五、每个乡镇（街道）具有适应需要的社区教育资源并得到充分利用，基本满足群众多样化学习需求。从业人员年培训率达 50％以上。

六、困难群体享有平等接受教育的权利。经济困难家庭子女义务教育资助体系健全；盲聋哑及智障儿童少年义务教育入学率达 95％，外来务工农民的子女义务教育入学率达 99％。

七、幼儿园均建成省标准幼儿园，其中 60％建成"江苏省优质幼儿园"。

八、小学初中（含民办）的办学条件均达到省标准化建设要求，初步建立教育思想先进、管理水平较高、办学质量优良的义务教育体系。

九、普通高中、中等职业学校均达到省优标准。

十、素质教育全面实施。政府及有关部门按教育规律和实施素质教育相关规定管理学校；各学校认真贯彻国家教育方针，面向全体学生，促进学生全面发展；基本形成学校、家庭、社会相结合的思想道德教育体系。

十一、在岗教师全部具有相应的教师资格，教师综合素质普遍较高。小学教师具有专科及以上学历的比例达 70％，初中教师具有本科及以上学历的比例达 60％，高中教师具有研究生学历的比例达 5％，中等职业学校的"双师型"教师比例达 50％以上。

十二、教育信息化建设全面达标。教育城域网与辖区内大部分学校实现光纤连通，网上资源丰富、利用率高；中心小学、初级和高级中学校建有校园网络、教学辅助系统和教育管理系统。

十三、教育经费纳入财政保障范围。政府教育财政拨款的增长比例高于财政经常性收入的增长比例；学生生均公用经费逐步增长，义务教育阶段学生生均公用经费达到省定标准；教师的平均工资水平不低于当地公务员的平均工资水平。

十四、义务教育阶段学校布局合理，城乡学校的教育经费、办学条件和师资力量基本均衡。

十五、办学行为规范。教育法律法规普遍得到贯彻落实，办学许可、教育教学管理、招生收费等行为符合规定。

十六、学校安全保障体系完备。政府建立定期对校舍进行安全检查、维修的制度。校园周边环境无污染，无不健康、不安定因素。有健全的安全、卫生管理制度和应急机制。

江苏省教育厅

2007 年 5 月

附 件 六

江苏省教育厅关于开展县(市、区)教育现代化
建设水平评估的通知

苏教评〔2007〕2号

各市、县（市、区）教育局：

《江苏省县（市、区）教育现代化建设主要指标》已经省政府批准，我厅研究决定将启动江苏省县（市、区）教育现代化建设水平评估，现将有关事项通知如下：

一、县（市、区）教育现代化建设水平评估是对区域教育整体水平的综合评估，凡已基本具备《江苏省县（市、区）教育现代化建设主要指标》各项规定条件的县（市、区）均可申请评估。省教育厅将于2007年10月份组织首批县（市、区）教育现代化建设水平评估，申请评估的县（市、区）须在9月20日前申报。今后每年均在9月份接受申报。

二、各地要对照《江苏省县（市、区）教育现代化建设主要指标》进行自评和总结，做到硬件从实、软件从硬、评建结合、以评促建，进一步更新教育观念、加强教育管理、增加教育投入、提高教育质量与办学效益，实现真正意义上的、人民群众普遍认可的现代化教育。评估要坚持实事求是原则，杜绝任何弄虚作假行为和形式主义做法。

三、自评达标的县（市、区）经省辖市人民政府审核同意后向我厅提出评估申请。申请时应提供如下资料：

（1）《江苏省县（市、区）教育现代化建设水平评估申请表》3份；

（2）近三年来县（市、区）人民政府关于教育工作的主要文件汇编；

（3）近三年来教育事业年度报表复印件和县（市、区）财政预决算

报告复印件。

　　四、本评估由江苏省教育评估院实施。评估院组织专家对自评材料及数据进行审核并赴实地进行现场考察。现场考察时间一般为3天，专家组将听取县（市、区）人民政府关于创建工作的汇报，采取多种形式对教育现状进行了解，对有关项目进行重点调查，形成综合考察意见。省教育厅组建专家评审委员会对综合考察意见进行复核，审定符合教育现代化建设主要指标的县（市、区）。

　　　　　　　　　　　　　　　　　　　　　江苏省教育厅
　　　　　　　　　　　　　　　　　　　　　二○○七年六月八日

附 件 七

L县政府关于进一步推进全县教育现代化建设工作的意见

L政发〔2007〕209号

各乡镇人民政府，县各委、办、局，县各直属单位：

　　根据《江苏省县（区）教育现代化建设主要指标》和省教育厅《关于开展县（区）教育现代化建设水平评估工作的通知》精神，现结合实际，就进一步推进全县教育现代化建设工作提出如下意见：

一、充分认识推进教育现代化建设的重要意义

　　近年来，全县大力实施"教育立县"战略，不断加大教育投入，稳步推进教育改革，各级各类教育有了长足的发展，全民受教育程度和科学文化素质有了较大提高，为全县经济社会发展提供了人才支撑和智力支持。同时也应当看到，全县教育发展水平和质量总体上还不够高，城乡教育、区域教育发展不平衡的矛盾仍较突出，教育可持续发展的能力、服务经济发展的能力、满足人民群众优质教育需求的能力需要进一步增强。

　　当前，我县经济和社会发展已进入关键时期。我县要实现"加速奔小康，建设新L，做振兴苏北的一面新红旗"的宏伟目标，关键要推进教育事业优先发展、率先发展、加快发展、科学发展。全省已把基本实现教育现代化作为教育改革发展的目标。根据全省统一部署及县委县政府"教育立县"战略要求，到2010年全县要基本实现教育现代化。

　　各乡镇、各有关部门一定要以"三个代表"重要思想和科学发展观为指导，务必从全局和战略的高度，深刻认识实施教育立县、人才强县、

基本实现教育现代化的重大意义，进一步增强责任感和紧迫感，增强机遇意识，以与时俱进、奋发有为的精神状态，以时不我待、只争朝夕的工作态度，切实抓紧抓好创建工作，大力推进全县教育现代化建设工作，确保如期实现县委、县政府提出的工作目标。

二、切实抓好教育现代化建设的重点工作

1. 营造促进教育优先发展的氛围。全面贯彻落实科学发展观，把教育摆在优先发展的战略地位并作为基础设施建设的重点领域。要制定促进县内各类教育持续、健康、协调发展的政策和措施，切实予以保障。

2. 建立人民满意的区域教育体系。进一步巩固提高基本普及九年义务教育和基本扫除青壮年文盲（简称"两基"）的成果，建立高质量、高标准的九年义务教育。加快普及高中阶段教育和学前3年教育，努力做到县域内义务教育、幼儿教育、普通高中教育、职业教育和成人教育协调发展，公办教育与民办教育共同发展，形成基础教育、职业教育和成人教育"三教统筹"以及经济、科技和教育相结合的教育改革与发展格局。

3. 实现优质均衡的办学质量。教育结构和学校布局更趋合理，逐步缩小校际差距，促进义务教育均衡发展。生均建筑面积、图书、实验仪器、现代远程教育设备等各项教学设施设备，达到国家和省级规定的标准，教育信息化进程明显加快，城乡公共教育资源配置基本接近。班级学额符合国家的规定标准，逐步实行小班化教学。教师数量、结构和素质基本满足教育事业发展的需要，教师编制逐一核定到校，全面实施教师资格制度和聘任制度，严格聘任程序和准入制度。建立城镇教师到农村或薄弱学校任教服务期制度，以师资力量的均衡配置，促进教育事业的均衡发展。

4. 形成优良的素质教育环境。坚持依法治教、依法行政，遵循教育规律，规范办学行为，实施科学管理，建立起比较完善的决策、执行、监督相结合的教育管理体制。形成全面实施素质教育的运行机制，贯彻国家的教育方针，全面推行素质教育，面向全体学生，将德育、智育、体育、美育等有机统一在教育教学活动中，促进学生全面发展。形成有利于青少年健康成长的社会环境，社会公共资源向教育免费开放使用，校园周边环境无污染、无不安定因素、无重大安全隐患。

5. 健全教育经费的保障机制。依法加大对教育的投入力度，财政拨

款的增长比例高于财政经常性收入的增长比例；学生生均公用经费逐步增长，义务教育阶段学生生均公用经费达到省定标准；教师的平均工资水平不低于本县公务员的平均工资水平。

三、加强对教育现代化建设的组织领导

基本实现教育现代化是"十一五"期间我县教育改革发展的重要目标和重点工程。根据全县区域之间、城乡之间教育发展不平衡这一实际状况，全县拟分批分期推进县域教育现代化建设，坚持强化领导、快速推进、分类指导、序时达标的原则，分指标、分时段、分步骤创建。各地要根据排定的推进规划表，制定计划，强化措施，狠抓落实。

实施教育现代化工程，在县委、县政府的统一领导下，县教育局负责统筹协调组织，并把好质量评估关。各乡镇人民政府对本辖区基本实现教育现代化工程负总责，组织教育、财政等部门建立实施基本实现教育现代化工程的领导小组与专门工作班子，保障工程有序进展。

教育系统是实施教育现代化工程的主力军，教育局要把基本实现教育现代化作为各项工作的重中之重，重点规划、重点突破。主要负责同志要把主要精力放在思考运筹和决策整个工程的实施上，要把各项具体目标和任务分解落实到基层，落实到各个科室和直属单位，努力形成工程实施的合力。要善于发现和培植先进典型，总结和推广先进经验，推动乡镇、学校加快实施进度，提高实施质量。

要进一步完善督查、考评机制。要对照实施规划、方案和评估指标，定期组织专项督查、跟踪督查和自评活动，及时发现问题和差距，及时采取补救措施，确保在规定期限内，以乡镇为单位一次性通过评估。县政府办公室督查室、县教育局和县政府教育督导室也将组织力量，强化对各乡镇的督查考评。

附件 1：江苏省县（区）教育现代化建设主要指标
附件 2：L 县教育现代化创建工作推进规划表

二〇〇七年十月二十四日

后 记

　　这是我的第一本专著。农村义务教育是我国基础教育的重要组成部分，由于受到我国社会经济发展的城乡二元体制的影响，农村义务教育长期以来一直成为国家实施义务教育的"薄弱"环节。在当前推进城镇化的进程中，随着大量农村人口向城镇转移，农村义务教育遭遇了更多的困难。笔者选择以支持农村义务教育发展的政策执行作为研究选题，不仅是基于这一研究问题具有重要的理论意义与实践价值，更为重要的是来源于导师张乐天教授对这一问题的深入思考与启发。张乐天教授一直强调做教育政策研究要有"理论感"和"实践感"。当我深入研究本问题的时候，才更加深刻地体会到一项研究既要体现"理论感"又要体现"实践感"是一件多么不容易的事情。

　　本书是在博士论文的基础上修改完成的。论文从选题到研究方法、从框架建构到具体撰写，从学习到工作，都承载了张乐天教授的诸多心血。我能够顺利成为张乐天教授的学生并在张乐天教授的指导下学习与研究，从而踏入教育政策这一学术研究领域，想来确实是自己的幸运。博士研究生阶段的学习时光虽然短暂，却足以使我明了和敬佩先生为人和学术上的谦虚、严谨、踏实和坚持，先生循循善诱，为困惑迷茫中的我拨云见日，引导我在教育政策研究的学术道路上不断探索，努力前行。借此，我向张乐天先生表示深深的谢意与崇高的敬意！

　　感谢南京师范大学教育科学学院的吴康宁教授、杨启亮教授、金生鈜教授、顾建军教授、张新平教授、冯建军教授、程金宽教授、叶忠教授等各位老师，他们无论是授以课业，还是在我的论文开题中对我的学术指点，都让我能感受到南京师范大学老师们对每一个学生的关心、爱护和期望。感谢论文答辩委员会的范国睿教授、扈中平教授、贺晓星教授、金生鈜教授、冯建军教授等老师在论文答辩中对本论文的充分肯定以及对论文存在的不足与进一步完善提出的宝贵建议。

在博士研究生学习期间，魏峰、邵泽斌、田一聚、张胜军、李传红、刘孙渊以及彭华安、金礼久、王宁、王正惠、刘佳等同学，在先生的指导下我们经常聚在一起开展学术沙龙活动，从学术研讨中大家不断吸收学术养料，在学术碰撞中我们生成友谊，而南京师范大学这种浓郁而纯正的学术研究氛围让身处其中的每一个南师学子将终身受益，同时也感谢他们在我的论文写作中给予的无私帮助。在博士研究生学习期间，一起求学的有严从根、张桂、孙启进、徐金海、史晖、赵翠兰、胡金木等博士同学，大家在一起学习、研讨，这一段共同求学经历将成为我人生的宝贵一页，值得永远珍藏铭记。

感谢淮阴师范学院教育科学学院顾书明教授等领导和老师，他们的理解和支持为我省却了许多繁琐的工作，使我能够安心并顺利完成学业。在写作过程中，相关调查访谈工作得到了有关部门的领导、老师以及同学们的大力支持与协助配合，同时参考了国内外大量已有的研究成果，在此一并表示谢意。而当张乐天教授欣闻本书由中国社会科学出版社出版，先生亦允学生之求而欣然为本书作序。感谢中国社会科学出版社的罗莉等老师，感谢他们为本书的顺利出版而付出的辛勤努力。

最后，我要特别感谢我的父母、岳父岳母，他们的无私大爱，显示了亲情的永恒与伟大，感谢妻子颜世敏女士和儿子何逸溥对我求学的支持，他们永远是我生活中的坚强后盾和避风港湾。

农村义务教育如何发展？如何支持农村义务教育发展？支持农村义务教育的政策执行如何才能更有成效？研究者对此问题做了一些思考与研究工作。但由于研究者能力所限，对支持农村义务教育发展的政策执行所做的思考还需要不断深入。南宋朱熹有诗云："半亩方塘一鉴开，天光云影共徘徊。问渠那得清如水？为有源头活水来。"为学之道，须不断积累，不断地吸收新的营养。在以后的日子里，我将持续努力。

何　杰

2013 年 9 月 10 日